WERNER FRANKE · UDO LUDWIG
DER VERRATENE SPORT

**ZS DEBATTEN**
Das kritische Sachbuch
im ZS Verlag Zabert Sandmann.
Eine Kooperation der ZS Verlag Zabert Sandmann GmbH
und der Elisabeth Sandmann Verlag GmbH.
**www.zsdebatten.com**

Gestaltung: Werner Kopp
Herstellung: Karin Mayer, Peter Karg-Cordes
Lithographie: Christine Rühmer
Druck und Bindung: Mohn media Mohndruck GmbH, Gütersloh

© ZS Verlag Zabert Sandmann GmbH 2007
Alle Rechte vorbehalten
1. Auflage 2007
ISBN: 978-3-89883-185-7

WERNER FRANKE · UDO LUDWIG

# *Der verratene Sport*

Die Machenschaften der Doping-Mafia.
Täter, Opfer und was wir ändern müssen

# INHALT

| | | |
|---|---|---|
| 1 | **Späte Tränen** | 9 |
| 2 | **Das Komplott der Wissenden – eine kurze Geschichte des Dopings** | 23 |
| | Mächtige Brandbeschleuniger | 24 |
| | Zieglers Muskelmacher | 28 |
| | Vom Müllern zum Inszenieren | 34 |
| 3 | **Gefahr für junge Sportler – der Fall Springstein und die Verführung junger Athletinnen** | 41 |
| | A star was born – der steile Aufstieg des Thomas Springstein und sein tiefer Fall | 42 |
| | Exkurs: Krankhafte Lust und bizarre Zwitterwesen – die dramatischen Folgen des Anabolikadopings bei Frauen | 55 |
| | Fit mit Grit – die Wiederauferstehung | 67 |
| | Der Zusammenbruch – der dritte Dopingskandal | 72 |
| | Schreckgespenst Gendoping – Interview mit Professor Werner Franke | 80 |
| | Das mutige Opfer – Springstein stolpert über eine tapfere Leichtathletin | 83 |
| | Gedopt und doch immer sauber – das Gerücht vom besten Kontrollsystem der Welt | 87 |
| 4 | **Falsche Helden – der Fall Jan Ullrich: Ganz oder gar nicht?** | 89 |
| | Die Ullrich-Geschichte – vom Helden zum Deppen | 96 |
| | Erste Dopingvorwürfe – ein Makel, den keiner sehen wollte | 101 |
| | Die Wiedergeburt – das Märchen vom geläuterten Athleten | 109 |
| | Der Absturz – die »Operación Puerto« macht der Karriere ein Ende | 111 |
| | Der Abschied – wie der Held zur tragischen Figur wird | 123 |

## 5 Olympia, ein einziger Schwindel – internationale Netzwerke und der Fall Marion Jones — 127

Beweis aus dem Müll – wie der Sportbetrug enttarnt wird — 128

Eine schöne Party ist vorbei – wie der Informationsfluss der Doper funktionierte — 132

Größter Skandal der US-Sportgeschichte – wie sich Contes Reich immer weiter ausdehnt — 142

Der Fall einer Diva – wie Marion Jones in den Dopingstrudel gerät — 144

Das Geständnis des Meisters – wie ein Sportler schnell und stark gemacht wird — 153

Viel heiße Luft – Juristen legen einen Mantel über die Balco-Affäre — 157

Das internationale Netzwerk – Dopingmittel werden als heiße Ware gehandelt — 160

Weltweit hergestellt – die Anwendung von Dopingmitteln ist unkontrollierbar — 165

Medizinische Barbarei und Verbrechen am Sportler – Interview mit Professor Werner Franke — 169

## 6 Gemästete Jugend – Aufstieg und Tod des Andreas Münzer — 177

Der Fall eines Muskelhelden – die Pillen, die einen Menschen zerfraßen — 178

Das einsame Sterben – Kraftsportler bezahlen den Muskelaufbau mit ihrem Leben — 194

Der Muskelrausch – Dopingpillen treiben in die Verzweiflung — 200

In den Knast trainiert – die unkontrollierbare Wirkung der Pillen — 209

Gewinnmargen wie auf dem Drogenmarkt – die dunklen Kanäle der Pillen — 212

Bestens versorgt durch deinen Freund und Helfer – die Polizei und der Dopingmarkt — 216

| 7 | **Der verratene Sport – ist er noch zu retten?** | 221 |
|---|---|---|
| | Schritt 1: Radikale Trennung vom Zirkussport | 229 |
| | Schritt 2: Radikale Repression über die Grenze des bisher Vorstellbaren hinaus | 231 |
| | Schritt 3: Radikaler Umbau des Kontrollsystems | 236 |
| | Schritt 4: Entschlossene Entwicklung von Aufklärungs- und Präventionsprogrammen | 240 |
| | Dopen, ohne erwischt zu werden: Warum auch in Zukunft Athleten trotz Kontrollen nicht auffliegen werden – Interview mit Professor Werner Franke | 244 |
| | 15-Punkte-Rettungskatalog für einen dopingfreien Sport | 252 |
| Danksagung | | 255 |
| Editorische Notiz | | 257 |
| Literatur | | 258 |
| Weitere Quellen | | 260 |
| Bildnachweis | | 261 |

# Späte Tränen

Erik Zabel konnte pampig sein und zornig, wenn ihn jemand auf Doping im Radsport ansprach. Erik Zabel konnte richtig frech werden, etwa als er die Autoren dieses Buches beschimpfte, weil sie öffentlich über Doping im Radsport – auch in seinem Team Telekom – geschrieben und gesprochen hatten. Und Erik Zabel konnte lügen. Selbst in juristischen Auseinandersetzungen stritt er ab, Dopingmittel eingenommen zu haben.

Doch dann kam der 25. Mai 2007, und spätestens an diesem Tag hat der deutsche Radprofi erkannt, was Doping wirklich heißt. Zabel saß auf einer Bühne im Bonner T-Mobile-Forum, er sprach über seine Vergangenheit als Dopingsünder. Er musste schlucken. Er legte eine lange Pause ein, und dann sagte er, dass sich im Radsport endlich etwas ändern müsse, so wie bisher könne es nicht weitergehen: »Mein Sohn fährt selbst mit Leidenschaft Rad. Ich möchte nicht, dass diese Jungs – wenn einer in den Leistungssport kommen sollte – eine ähnliche Situation wie ich damals vorfinden.«

Mit einem Mal war Zabel bewusst geworden, was Doping wirklich ist. Es ist nicht nur der Betrug am Gegner, die Aufgabe von Fairplay und von Regeln, ohne die es im Sport nicht geht. Doping ist Körperverletzung. Wer Sportlern Dopingmittel gibt, ist ein Verbrecher, weil er zumeist hochwirksame Präparate verteilt, die Leib und Seele der Athleten zerstören, ohne dass es dafür einen medizinischen Grund gibt. Doping verführt junge Menschen, die aus Freude am Sport angefangen haben zu trainieren und dann womöglich als Krüppel enden.

Doping wirkt lebenslang: Wer sich einmal darauf eingelassen hat, ist gleichzeitig zum Schweigen auf Ewigkeit verdammt. Er unterwirft sich einem Zwangssystem aus Vertuschen und Lügen, er verdängt und betrügt sich selbst, dass er ohne großen Verlust des eigenen Selbstwertgefühls nicht mehr aus dem Sport herauskommt. Wer die hohe

Zahl der Dopingfälle in den vergangenen Jahre verfolgt, kann nur zu einem Schluss gelangen: Der Sport ist tot. Doping hat ihn kaputt gemacht. Die Doper haben ihn verraten.

Bei jedem Wettkampf zwischen zwei Mannschaften, zwischen Läufern oder Werfern gibt es Schiedsrichter und Kampfrichter, die genau darauf achten, dass die Regeln des sportlichen Wettkampfes eingehalten werden. Wer sich nicht daran hält, wird bestraft oder gar ausgeschlossen. Der Sportbetrug mit Doping aber ist anders: Man sieht ihn nicht, er ist kaum zu kontrollieren. Und er zerstört so den Gedanken des Sports. Im Sommer 2007 diskutierte ganz Deutschland über Doping im Radsport. Aber warum nur über diese Sportart? Doping gibt es in der Leichtathletik, im Boxen, im Schwimmen, im Biathlon. Wer glaubt denn noch ernsthaft, dass der Leichtathletik-Olympiasieger der Spiele 2008 in Peking über 100 Meter niemals Dopingmittel genommen hat? Glaubt jemand wirklich, dass die Skiläufer im Sommertraining nur Schwarzbrot und grünen Tee zu sich nehmen? Und wie viel Prozent der Leichtathletik-Weltmeister sind wirklich sauber? 90 Prozent, die Hälfte oder doch nur 10 Prozent, wie viele Fachleute glauben? Der Betrug ist überall, Radsport ist nur die Spitze des Eisberges – die Spitze, an der sich gezeigt hat, wie Doping funktioniert.

Wie zerstört der Grundgedanke des Sports ist, konnte man nirgends besser sehen als bei der Tour de France im Jahre 2006. Floyd Landis war ein Bild des Jammers. Kaum noch hob der US-Amerikaner den Blick, das vom Schweiß durchnässte Gelbe Trikot klebte dem damals Dreißigjährigen am Körper, als er sich den Anstieg zum Etappenziel La Toussuire hochquälte, langsam wie ein Radtourist. Es war aber auch ein Bild der Hoffnung. Darauf, dass nicht mehr hemmungslos gedopt wird. Landis' Leistung auf jener 16. Etappe der Tour de France sah ehrlich aus. Er hatte den Strapazen nicht standhalten können. Hier fuhr kein Übermensch, der auf den 3657 Kilometern Strecke niemals schwächelt, nicht einmal auf den Gebirgspässen der Pyrenäen und Alpen. Der Radsport schien ein Stück Glaubwürdigkeit zurückzugewinnen.

Doch diese Hoffnung trog. Sie hielt bloß eine Nacht. Am nächsten Tag hängte Landis alle Konkurrenten ab. Unaufhaltsam und leicht erklomm er Berge der höchsten Kategorien, und als er nach 200 Kilometern Fahrt bei sengender Hitze in Morzine ankam, reckte er die Faust. Nichts erinnerte an das Desaster tags zuvor. Stattdessen war er zurück im Kampf um den Gesamtsieg. »So eine Leistung«, staunte Tour-Direktor Christian Prudhomme in einem Interview nach der Etappe, »habe ich in 20 Jahren nicht erlebt.«

Es dauerte einige Tage, da wusste Prudhomme, dass er einen mutmaßlichen Betrüger bewundert hat. Denn bereits eine Woche nach seinem Parforceritt war Landis des Dopings verdächtig – und ging als Erster in der Geschichte der Tour ein, der nur noch pro forma auf der Siegerliste steht. Analytiker in Paris hatten in der Probe, die ihm in Morzine abgenommen worden war, eine überhöhte Konzentration von Testosteron nachgewiesen, einem Sexualhormon.

Es musste eine Mischung aus Verzweiflung und eiskalter Berechnung gewesen sein, die den Mennonitensohn aus Farmersville, Penn-

Floyd Landis, Tour de France 2006 – statt Sieg: erwischt bei der Dopingkontrolle.

sylvania, dazu bewogen hatte, ausgerechnet das leicht nachzuweisende Mittel anzuwenden. Er wollte die Tour de France unbedingt gewinnen – und er musste auf jener 17. Etappe, der letzten durch die Alpen, rund acht Minuten Rückstand auf den Spitzenreiter wettmachen, um seine Chancen zu wahren.

Niederlage oder Betrug? Landis wählte den Betrug – und bescherte einer Sportart den nächsten Tiefschlag in einer Kette von Dopingskandalen. Landis bestritt, gedopt zu haben. Es sollen »zwei Bier und mindestens vier Whisky« gewesen sein, die seinen Testosteronwert ansteigen ließen. Fuhr Landis der Weltelite tatsächlich mit ordentlich Promille im Blut mal eben so davon?

Eine kabarettreife Begründung.

In den vergangenen Jahren wurde der Radsport von vielen solcher Skandale durchgerüttelt. Mit spektakulären Affären hat die Zweiradbranche die Aufmerksamkeit auf sich gezogen. Sie hat damit abgelenkt von den anderen Sündern. Um Leichtathleten, Schwimmer, Boxer und Ringer ist es gerade etwas ruhiger geworden, aber dort geht es wohl kaum sauberer zu. Es geht in diesem Buch nicht so sehr um einzelne Athleten oder einzelne Sportarten. Es geht auch nicht darum, ob die Fälle in Deutschland stattgefunden haben, in den USA, in Österreich oder in der Schweiz. Die Ereignisse um die österreichischen Skisportler während der Olympischen Winterspiele in Turin oder die Dopingaffären um die Schweizer Radsportler Rolf Järmann und Alex Zülle haben gezeigt, dass Doping keine Frage von spezifischen Landeseigenschaften ist. Es geht vielmehr in diesem Buch darum, zu entlarven, wie schnell Helden zu tragischen Figuren, wie schnell junge Athleten zu Opfern des Sports werden können. Es geht aber auch darum, aufzuzeigen, wie junge Menschen in einem System gefangengehalten werden, das aus Lügen und Betrügen besteht und aus dem sie zumeist aus eigenem Antrieb nicht mehr herauskommen können.

Das Buch beschreibt detailliert die Geschichten der wichtigsten Dopingfälle der vergangenen Jahre: den Fall Jan Ullrich, den Fall der US-Olympiasiegerin Marion Jones, den Fall des deutschen Leichtathletiktrainers Thomas Springstein, den Todesfall des Bodybuilders Andreas Münzer. Anhand dieser Fälle sollen die Machenschaften der Doping-Mafia beschrieben werden. Mithilfe dieser Skandale der Sportgeschichte wird die aktuelle Dopingproblematik erläutert und ihre Bedeutung für die Existenz des Sports erklärt.

Vor allem wird das Buch deshalb die Geschichten der Sportler erzählen, die die Hauptrollen in den Dopingaffären spielten. Es sind Geschichten über junge Menschen, die am Anfang einfach Sport treiben, sich mit anderen Sportlern messen wollten. Sie wollten gewinnen und Titel holen, und vielleicht wollten sie auch Geld verdienen mit dem, was sie am besten konnten: Gewichte heben, laufen oder Rad fahren.

Doch dann rutschten sie in ein System, in dem eine Bande von Menschen das Sagen hat, die nichts weiteres wollten als von ihnen zu profitieren: Funktionäre, Trainer, Mediziner, Agenten. Aus dem Spaß am Sport wurde nicht nur ein Beruf, es wurde ein Job, der daraus bestand, seinen eigenen Körper immer weiter auszuquetschen und ihn den Interessen vieler anderer zu unterwerfen. Doping ist der Höhepunkt dieses hemmungslosen Ausschlachtens menschlicher Körper.

Doch ist es damit getan, alte Helden gegen neue auszutauschen? Reichen der Rücktritt von Jan Ullrich, der deutschen Welt- und Europameisterin im 400-Meter-Lauf Grit Breuer und die Degradierung einer Marion Jones aus? Wohl kaum. Aus neuen Helden werden stets aufs Neue befleckte Helden, wenn sich nichts Grundsätzliches ändert.

Dieses Buch wird deshalb nicht nur die Hintergründe beschreiben, wie junge Menschen in die Mühle der Sportbranche hineingeraten. Es wird auch über Hintergründe aufklären, die bisher nicht einmal den Beteiligten dieses Dopingbetrugs bewusst waren. Das Buch wird – verständlich für jedermann – erklären, wie die Mittel wirken, was sie im Körper auslösen, vor allem aber welche negativen Folgen sie für die Gesundheit haben. Es wird aufzeigen, dass Doping nicht nur den Sport kaputt macht. Es wird vor allem zeigen, dass Doping Sportler töten kann.

Doping gab es immer und Doping wird es immer geben, sagen einige Zyniker, die sich nicht an der Debatte über die Leistungsmanipulation beteiligen wollen. Zumindest der erste Teil dieser Aussage ist unbestritten richtig. Allerdings lässt sich über den zweiten Teil streiten: Die unterschiedlichen Reaktionen der Öffentlichkeit auf die Enthüllungen der vergangenen Jahre zeigen zumindest, dass die Zuschauer durch die Skandale sensibilisiert sind, sie sind entsetzt über die Tatsachen, mit denen sie nicht gerechnet hätten. Der Dopingtod der Siebenkämpferin Birgit Dressel entfachte 1987 in Deutschland erstmals eine breite Diskussion. International gab der positive Befund des 100-Meter-Olympiasiegers Ben Johnson während der Olympischen Spiele 1988 in Seoul den Startschuss für eine öffentliche Auseinandersetzung.

Es gab Untersuchungskommissionen von Regierungen und Sportverbänden. Und es folgten neue Enthüllungen: über das systematische Doping in der DDR, über umfassende Dopingmanipulationen während der Tour de France, über Dopingnester in den USA oder über Dopinggerüchte im Ski-Langlauf in Deutschland und in Österreich. Bis heute ähnelten sich die Antworten der Verantwortlichen auf die Affären wie der morgendliche Gang auf die Toilette: Man habe ge-

Als sie noch Deutschlands Heldin war – Grit Breuer beißt auf ihr Gold und strahlt. Die schönen Tage sind vorbei.

lernt, sagten sie, man werde jetzt schärfer kontrollieren, härter bestrafen, eben alles ändern. Und dann tat sich – vielleicht von kleineren Reförmchen abgesehen – wieder nichts.

Beispielhaft ist der Radsport: Es gab den Skandal um das Team Festina im Jahr 1998, als ein Betreuer der Festina-Mannschaft vor der Tour de France mit einem Wagen vollgepackt mit Epo-Ampullen erwischt wurde. Es folgte im Jahr 2006 die »Operación Puerto«: Spanische Ermittler nahmen einen Arzt fest, der mindestens 50 Radsportler – unter anderen mutmaßlich die Deutschen Jan Ullrich und Jörg Jaksche – mit einem Blutaustausch schneller gemacht haben soll. Und als Reaktion auf die Titelgeschichte des *Spiegel* im April 2007 gab es eine Welle von Beichten deutscher Radfahrer, die endlich zugaben, in den vergangenen Jahren gedopt zu haben.

Im Sport sei eine Mafia am Werk, sagte Michael Vesper, nachdem er wenige Wochen im Amt des Generaldirektors des Deutschen Olympischen Sportbundes war. Dieses Buch wird die kriminellen Machenschaften beschreiben, es wird erstmals bis ins Detail die Hintergründe dieser Skandale aufdecken. Vor allem aber will es Grundsätzliches veranschaulichen. Doping unterliegt nämlich einer gewissen Gesetzmäßigkeit, einer geheimen inneren Logik, die unter der allgemeinen Aufregung spektakulärer Dopingfälle stets vergessen wird.

Und deshalb ist auch der zweite Teil der Argumentation von Kritikern, Doping werde es immer geben, richtig. Zumindest bis heute. Aber das Buch wird auch Wege aufzeigen, weshalb es nicht für immer so bleiben muss. Als sich im Mai 2007 mehrere Radfahrer des ehemaligen Teams Telekom geoutet hatten, meldete sich Sylvia Schenk zu Wort. Schenk war selbst als Leichtathletin Hochleistungssportlerin, sie ist Politikerin und war dreieinhalb Jahre lang Präsidentin des Bundes Deutscher Radfahrer. Nach den Enthüllungen schrieb sie: »Von Moral und Ethik war auf der Pressekonferenz nicht die Rede, beides spielt offenbar schon lange keine Rolle mehr.« Das Unrechtsbewusstsein funktioniere »bei den meisten offenbar so gut, dass allenfalls die Angst um möglicherweise auffällige Blutwerte ihnen schlaflose

Nächte bereitete, nicht aber das schlechte Gewissen.« (*Süddeutsche Zeitung* vom 25. Mai 2007)

Ist die Bekämpfung von Doping wirklich eine Frage von Moral und Ethik? Müssen wir wirklich eine Diskussion über Werte im Sport führen, oder geht es auch eine Stufe tiefer? Kann man mit Aufklärung, mit der Vermittlung von Wissen Veränderungen bewirken?

Das Buch wird umfassend über die Dopingpraxis, über die Ursachen und Folgen informieren. Und es geht dabei auch ungewöhnliche Wege. Erstmals wird es eine Verknüpfung mit einer Faktensammlung im Internet geben. Parallel zur Herausgabe des Buches schaltet der Verlag Zabert Sandmann eine Website frei (www.zsdebatten.com/dopingfrankeludwig), auf der außerordentliche Informationen zum Thema Doping nachzulesen sind. Dort gibt es Protokolle von Dopinguntersuchungen, die Leser können Gerichtsurteile, Unterlagen des Ministeriums für Staatssicherheit der DDR, wissenschaftliche Veröffentlichungen und Doktorarbeiten einsehen und anderes mehr. Auf diese Weise entsteht eine ganz besondere Dokumentation über Doping. In den einzelnen Kapiteln werden entsprechende Hinweise zu diesen Veröffentlichungen gegeben, durch die es dem Leser erleichtert wird, Vertiefendes in der Dopingbibliothek zu finden.

Nahezu jede große Weltmeisterschaft und alle Olympischen Spiele sind inzwischen begleitet von der Frage, wie sehr man den Athleten trauen kann. Als im Jahre 2006 die Berlinerin Britta Steffen als neuer Star erschien, fragten sich viele, wie ehrlich die fantastischen Zeiten der Schwimmerin zustande gekommen waren. Und viele Eltern fragten sich, ob sie ihre Kinder überhaupt noch zum Schwimmtraining schicken können – einer Sportart, die ein offensichtliches Dopingproblem hatte. Nach der Lektüre des Buches sollte Eltern die Entscheidung, wohin sie ihre Kinder noch gehen lassen können und worauf sie achten sollten, leichter fallen. Denn eines zeichnet sich schon jetzt deutlich ab: Die Olympischen Spiele 2008 in Peking werden von Dopingtätern und Dopinggerüchten geprägt sein wie keine Spiele zuvor. Zwar betonen Funktionäre, Analytiker und Kontrolleure immer wieder wortreich und gern, wie gut ihre Testmethoden inzwischen sind. Aber dieses Buch wird zeigen, wie Athleten immer noch dopen können, ohne aufzufallen. Kritiker werden einwenden, mit diesen Informationen würden Sportler erst auf neue Betrugsmaschen aufmerksam gemacht. Wir haben uns entschlossen, diese Verfahren dennoch zu beschreiben, weil nur das Wissen um die modernen Manipulationsmethoden den Sport zwingen wird, frühzeitig gegenzusteuern.

Dieses Buch setzt den Schwerpunkt auf Aufklärung. Es folgt damit der Überzeugung, dass die Ausbreitung der Dopingseuche vor allem eine Frage der Unwissenheit ist. Würden die Eltern wissen, wie korrupt einige Sportarten sind, würden sie ihre Kinder nicht mehr dorthin schicken. Würden junge Sportler wissen, was Trainer mit ihnen anstellen, wenn sie ihnen Dopingmittel anbieten, würden sie diese häufiger ablehnen. Und würden dopende Athleten wirklich wissen, wie gefährlich einige Präparate für sie sind, würden viele die Finger davon lassen.

Eines ist auch klar: Aufklärung allein wird die Dopingpest nicht besiegen. Es bedarf anderer, radikaler Maßnahmen. Im letzten Kapitel dieses Buches werden wir sagen, was zu tun ist, damit der Sport doch noch gerettet werden kann. Es sind harte, zum Teil revolutionäre Vorschläge. Aber sie sind notwendig, wenn man den Sport, der eigentlich schon tot ist, wiederbeleben will.

Um das Dopingproblem wirklich in den Griff zu bekommen, sind vor allem auch präventive Maßnahmen notwendig – auch deshalb, weil das Schneller- und Stärkermachen mit Pillen nicht allein auf den Leistungssport beschränkt ist. Immer mehr Jugendliche sind bereit, ihre Muskeln mithilfe der Chemie aufzupumpen. Immer mehr Jungen und Mädchen beginnen, im Fitnessstudio als Freizeitspaß Hanteln zu heben und landen dann in der Abhängigkeit von Tabletten.

Diese Sucht, sich den Alltag mit Pillen zu verschönern, fängt oft ganz harmlos an. Selbst dort, wo man es gar nicht erwarten würde. Vielen gilt Laufen als die gesündeste Sportart, ein Erlebnis, bei dem der Aktive zu sich selbst finden kann, körperlich erfahren, was er zu leisten imstande ist. Doch einige tausend Marathonläufer glauben nur noch mit Aspirintabletten laufen zu können. Mit Schmerzmitteln wollen sie die unangenehmen Folgen des Langlaufes vermindern und merken nicht, dass sie das tun, was jeder Doper tut: Sie betrügen sich selbst, weil ein Teil ihres Erfolges nicht ihnen selbst, sondern den Pillen gehört.

Wie sehr dieser Selbstbetrug bereits zum (Freizeit-)Sport dazugehört, konnten die Teilnehmer des New-York-Marathons im Jahr 2006 erfahren. Zusammen mit den Startunterlagen bekam jeder Läufer eine Tasche, in der sich allerlei Krimskrams befand: Werbung, kleine Geschenke, Warenproben. Doch diesmal steckten bei den Startunterlagen auch zwei Packungen von Tylenol 8 Hour – ein Schmerzmittel der Firma Johnson & Johnson, dessen Pendants in Deutschland apothekenpflichtig sind. Offensichtlich sieht der amerikanische Pharma-Multi die Läufergemeinde als attraktive Kundschaft an.

Zwar stehen weder Asprin noch Tylenol auf der Dopingliste, doch sie zählen zu diesem Graubereich – sie sind noch kein Doping, aber auch kein sauberer Sport. Und die weit verbreitete Einnahme solcher Mittel weist darauf hin, dass diese Dopingmentalität nicht nur auf den Spitzensport beschränkt ist. Sie durchdringt längst viele Bereiche des Freizeitsports.

Wer an der Dopingpraxis wirklich etwas ändern will, muss hier ansetzen. Er muss verstehen, dass Pillen und Spritzen nur therapeutischen Zwecken dienen dürfen. Sie sollen Kranke heilen. Jede Verwendung bei gesunden Sportlern ist ein erster Schritt in den Dopingsumpf.

Wenn dies erst verstanden ist, wird auch die ewige Wiederholung, Doping doch einfach freizugeben, weil man es eh nicht verhindern kann, ein Ende haben. Dieses Buch wird das Argument der Freigabe nicht diskutieren, weil es abwegig ist.

Dies aus vier Gründen:
- Erstens ist es schlicht kriminell, Dopingmittel an gesunde Sportler zu vergeben. Wer dies will, müsste zunächst bestehende Gesetze

ändern. Ebenso könnte er aber auch die Straßenverkehrsordnung abschaffen, weil gegen sie in Deutschland täglich Millionen Mal verstoßen wird.
- Zweitens ist die Vorstellung, Dopingmittel medizinisch begleitet zu verabreichen, schlicht Unsinn. Schon in der DDR funktionierte dies nicht. Es gab immer Trainer und Athleten, die mehr und bessere Mittel wollten, und die Sportler nahmen tatsächlich auch mehr ein, als dies der von Ärzten akzeptierte Plan vorsah.
- Drittens wäre die Freigabe ein Verbrechen an der Jugend. Denn wie will man ernsthaft verhindern, dass Jugendliche dopen, wenn ihre dopenden Vorbilder und Helden es tun. Die Idee, Doping ab dem 18. Lebensjahr zu erlauben, ist deshalb Blödsinn.
- Und viertens würde eine Freigabe gleichbedeutend sein mit dem Zwang zu dopen, weil Sportler ohne Unterstützung der Chemie keine Chance mehr hätten. Geschützt werden müssen aber nicht die Doper, sondern diejenigen, die mit sauberen Mitteln Sport betreiben wollen.

Der Sport, so wie er heute betrieben wird, ist am Ende angelangt. Aber es gibt die Chance, den Sport für die Zukunft zu retten – wenn junge Menschen aufgeklärt und alte Zöpfe abgeschnitten sind. Dieses Buch will einen Beitrag dazu leisten, dieses Ziel zu erreichen.

Im Juli 2007 schaltete sich erstmals das öffentlich-rechtliche Fernsehen aus der Live-Berichterstattung der Tour de France aus. Der Dopingfall des T-Mobile-Profis Patrik Sinkewitz hatte zu diesem Ausstieg geführt. Ging es ihnen wirklich um den sauberen Sport, wie es die Chefredakteure und Programmdirektoren öffentlich verlautbarten? Oder hatten die TV-Sender begriffen, dass sie als quasi Mitorganisatoren und Mitveranstalter von Sportevents selbst Teil des Problems sind?

Sport ist eine Unterhaltungsindustrie, die jährlich Milliarden umsetzt. Aber das Geschäft braucht Helden und Verlierer. Und wer Held und wer Verlierer ist, das bestimmt der ehrliche Kampf gegeneinander. Der Fernsehzuschauer braucht eine gewisse Unschuld, an diesen ehrlichen Kampf zu glauben – zu häufig ist in den vergangenen Jahren die Hoffnung auf Märchen von Siegern und Tragödien von Verlierern schon enttäuscht worden. Wer glaubt denn noch an neue Rekorde, wenn selbst die so unschuldig wirkende Marion Jones als gedopt gilt? Wer ist noch fasziniert von Seriensiegern, wenn selbst der bayerische Naturbursche Johann Mühlegg bei seinen Olympiasiegen zu Dopingmitteln griff? Am schwersten hat es den Fernsehzuschauern der Radsport gemacht, weiter an die Reinheit und die Emotion der Athleten zu glauben, weil selbst das Idol Jan Ullrich vom Dopingmakel befleckt ist. Der Ausstieg von ARD und ZDF war deshalb kein Sieg der Moral über das Geschäft, es war eine Notbremse. Mit dem Fall des gedopten Patrik Sinkewitz bei der Tour 2007 drohte der Sport endgültig seinen Unterhaltungswert zu verlieren.

Der Tour-Ausstieg war nicht mehr als ein Symbol. Man wird weitermachen, zu attraktiv sind die hohen Quoten von Live-Übertragungen. Selbst in der aufgeheizten Diskussion des Sommers 2007 stellte niemand ernsthaft die Übertragung der zu erwartenden Dopingspiele von Peking infrage, und niemand wollte aus dem Profiboxen oder der Formel 1 aussteigen, weil Dopingkontrollen dort so gut wie gar nicht stattfinden.

Am Verrat des Sports ändert eine einzige Änderung des Fernsehprogramms noch gar nichts.

Als dann auch noch der Tour-Favorit Alexander Winokurow aus Kasachstan und Michael Rasmussen, der Träger des Gelben Trikots aus Dänemark, wegen einer positiven Dopingprobe bzw. wegen versäumter Dopingtests von der Tour de France ausgeschlossen wurden, zeigten sich die Fernsehchefs bestätigt in ihrer Abscheu über die Zweiradbranche. Die Tour 2007 endete im Chaos, und mit einem Mal war nichts mehr wie vorher: Veranstalter setzten Radrennen ab, Sponsoren zogen sich zurück oder kündigten ihren Rückzug an, Politiker drohten mit Kürzungen der Fördergelder. Plötzlich taten alle fürchterlich entrüstet und zeigten mit dem Finger auf die bösen Buben im Radsport. Die Empörung über die kriminelle Sportszene war einerseits sicherlich berechtigt. Die schnelle Flucht aus dem Geschäft war andererseits aber auch die einfachste Art zu reagieren. Niemand der Entrüsteten wollte eingestehen, dass er selbst Teil des Dopingproblems ist, und kaum jemand zeigte sich willens, mutige Maßnahmen vorzuschlagen und es von Grund auf zu bekämpfen, statt sich einfach davonzustehlen.

Die Idee des Sports ist verraten worden. Aber sie ist nicht allein von Patrik Sinkewitz und anderen Dopern verraten worden, sondern von einer großen Schar von Geschäftemachern. Wer das Kulturgut Sport, das zu Recht an jeder deutschen Schule gelehrt wird, retten will, muss mehr tun, als Doper zu sperren und sich aus Fernsehübertragungen ausklinken – er muss das System von Grund auf sanieren.

## Das Komplott der Wissenden – eine kurze Geschichte des Dopings

Die Geschichte des Dopings ist geprägt von den großen weltweit beachteten Skandalen. 1960 starb der dänische Radfahrer Knud Jensen bei den Olympischen Spielen in Rom. Er hatte Amphetamine zur Leistungssteigerung genommen. Der britische Fahrer Tom Simpson kippte 1967 während der Tour de France vom Rad. Spätestens seit diesem spektakulären Medienereignis gilt den Fachleuten das Radfahren als extrem dopingverseucht. Es wunderte fortan niemanden mehr ernsthaft, dass selbst die Helden dieser Sportart wie der Belgier Eddy Merckx oder der Deutsche Rudi Altig des Dopings überführt wurden. Gefahren wurde weiter. Immer weiter und immer schneller. Und die Dopingsünder von einst waren bald die neuen Stars von heute. Sie wurden auf Empfängen hofiert und als Fernsehkommentatoren gut bezahlt. Und so wurde bald vergessen, dass die Geschichte des Dopings nicht nur die eine Seite hat: den Skandal, die Enthüllung, die zumeist kurzfristige Brandmarkung der Täter. Die Geschichte des Dopings hat auch eine zweite Dimension: das Schweigen, das Komplott der Wissenden, das systematische Verschleiern und die ausbleibende Diskussion über die wirklichen Hintergründe des Dopens.

Und so bleibt trotz aller Skandale bis zum heutigen Tag weitgehend verborgen, dass Doping nicht allein das persönliche Fehlverhalten einzelner Sportler ist. Doping hat stets auch eine medizinisch-wissenschaftliche, eine wirtschaftlich-politische und eine kulturell-soziologische Dimension.

Für die Öffentlichkeit ist Doping ein Teil der Skandalisierung des Lebens. Aus dem Helden wurde ein Anti-Held – aber nur für kurze Zeit. Weil weder Sportverbände noch Politiker oder Wissenschaftler echtes Interesse an Aufklärung zeigten, wurde einfach weitergemacht. Bis zum nächsten Skandal.

## Mächtige Brandbeschleuniger – die wirtschaftlich-politische Geschichte des Dopings

Brigitte Berendonk, die ehemalige Deutsche Meisterin im Diskuswerfen und Kugelstoßen, erlebte den Beginn des Hormondopings während der Olympischen Spiele in Mexiko 1968. Drei Jahre später, bei den Europameisterschaften 1971 in Helsinki, war es dann nicht mehr zu übersehen, wie sie in ihrem Buch *Doping-Dokumente* 1991 schrieb: »Auf dem Einwurfplatz neben dem Olympiastadion traf ich Werferinnen des Ostblocks, die ich größtenteils aus früheren Jahren und Wettkämpfen kannte. Sie waren körperlich derart verändert – massiger geworden, behaarter an ungewöhnlichen Stellen, teils mit tiefer oder eigenartig quäkender Stimme, in jedem Falle aber mit ins Sagenhafte gesteigerten Leistungen an der Hantel, bei einigen verbunden mit ostentativ männlichem Kraftgebaren (allen voran der damals neue sowjetische Diskuswurfstar Faina Melnik) –, dass jedem, der die Zeichen sehen und lesen konnte, schlagartig bewusst wurde: Das Endzeitalter des Frauensports war angekommen.«

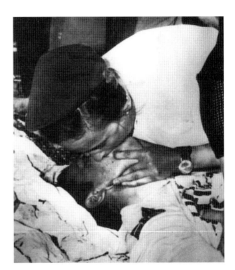

Der britische Radrennfahrer Tom Simpson starb 1967 bei der Tour de France den Doping-Tod.

Was Brigitte Berendonk ahnte, aber damals noch nicht wissen konnte: Das systematische Dopen von Sportlern hatte begonnen. Und Auslöser waren nicht die Medaillenträume einzelner Athleten, sondern der zu Beginn der Siebzigerjahre weit verbreitete Wunsch von Staaten, mit Titeln bei Weltmeisterschaften und Olympischen Spielen ihr Image aufzubessern. Für Bulgarien, die Sowjetunion oder Rumänien gingen fortan Sportler an den Start, die mithilfe von Dopingmitteln zu mutierten Menschenwesen umgezüchtet wurden.

Und nirgendwo war dieser Ehrgeiz größer als in Deutschland-Ost gewesen. Der DDR-Staatsratsvorsitzende Walter Ulbricht hatte den Spruch von den »Diplomaten im Trainingsanzug« geprägt. Die Idee war: Sportler sollten mit ihrem Auftreten die DDR als eigenständigen deutschen Staat ins Bewusstsein der Weltbevölkerung transportieren. Ein sozialistischer Staat – nach außen modern und extrem leistungsstark. Keine kapitalistische Werbeagentur hätte sich eine bessere Kampagne ausdenken können.

Aus der Idee wurde eine einzigartige Erfolgsgeschichte. Bezogen auf die Einwohnerzahl war die DDR sportlich betrachtet das mit Abstand erfolgreichste Land der Welt. Das war die Sonnenseite. Nur wenige Eingeweihte wussten damals, dass hinter diesen Triumphen ein gigantisches Betrugssystem stand. Funktionäre aus Partei und Sport hatten das so genannte Staatsplanthema 14.25 beschlossen. Diese Vorgabe verfügte bindend, dass alle Kräfte der Dopingforschung gebündelt und gefördert wurden. Mit den gewonnenen Forschungsergebnissen betrogen ganze Sportlergenerationen in fast allen wichtigen olympischen Sportarten ihre Konkurrenten aus aller Welt.

Das System der DDR war allumfassend, es war perfekt organisiert und es war brutal – aber es war nicht das einzige in der Welt. In anderen Ländern des Ostblocks dürfte es vergleichbare Programme gegeben haben, auch wenn sie bis heute nicht enthüllt sind. Und nicht nur dort. Als 1988 der Sprinter Ben Johnson des Anabolikadopings überführt wurde, versuchte eine kanadische Untersuchungskommission den Fall grundlegend aufzuklären. Das Ergebnis: Johnson war nicht der alleinige Schurke. Der kanadische Leichtathletik-Verband wurde wegen seiner kollaborativen Haltung ebenso beschuldigt, an dem Dopingsystem mitgewirkt zu haben.

Besonders in Deutschland etablierte sich bereits Mitte der Siebzigerjahre eine vom Klassenkampf zwischen Ost und West geprägte Grundhaltung, die sich immer weiter von den Idealen des Fairplay entfernte. Die beachtlichen Erfolge der DDR bei den Olympischen Spielen lösten in der Bundesrepublik eine Art Sputnik-Schock aus. Ähnlich wie die Amerikaner entsetzt waren von den Erfolgen der sowjetischen Weltraumforschung, mochten viele Bundesdeutsche die Erfolge des feindlichen Bruders im Sport nicht einfach hinnehmen. Sportmediziner und Trainer sprachen sich mehr oder weniger öffentlich für die Vergabe von Dopingmitteln aus. Die Sportfunktionäre und die Sportpolitiker wussten zwar, dass dieses Verhalten gegen die internationalen Regeln verstieß, aber klammheimlich waren sie stets auf der Seite der Dopingfreunde.

In einer Anhörung des Sportausschusses sagte der Abgeordnete Wolfgang Schäuble (CDU) am 28. September 1977 im Deutschen Bundestag: »Wir wollen diese Mittel nur sehr eingeschränkt und nur unter der absolut verantwortlichen Kontrolle der Sportmediziner einsetzen, weil es offenbar Disziplinen gibt, in denen heute ohne den Einsatz dieser Mittel der leistungssportliche Wettbewerb in der Weltkonkurrenz nicht mehr mitgehalten werden kann.«

Rund 30 Jahre später will der heutige Bundesinnenminister, der sich sonst so vehement für Recht und Ordnung in Deutschland einsetzt, von seinen damaligen Gedanken und Äußerungen nichts mehr wissen. Tatsache aber ist: Solch schwungvolle Reden spiegelten das Klima in West-Deutschland wider, in dem die Gesundheit der Sportler der nationalen Sucht nach Medaillen geopfert wurde. Und so mancher Arzt, Trainer und Sportler fühlte sich berechtigt mitzubetrügen, weil er glaubte, quasi im Auftrage des Staates zu handeln. Es gab kein flächendeckendes Doping wie in der DDR, aber funktionierende Dopinginseln in einzelnen Orten und in einzelnen Sportarten.

»Wir wollen diese Mittel nur sehr eingeschränkt.«
Wolfgang Schäuble – auch früher schon beim Doping hintendran statt vorneweg.

Mit dem Fall der Mauer ist die Bedeutung des Wettlaufs der Nationen allmählich zurückgedrängt worden. Aber es existiert weiter eine enge Brüderschaft zwischen den Sportverbänden und der Politik. Die Förderung des Spitzensports wurde als staatliche Aufgabe nie ernsthaft hinterfragt. Besonders aber wurde nie die Frage gestellt, ob man die Höhe der Zuschüsse aus Steuermitteln weiter an der Zahl der gewonnenen Medaillen orientieren darf – unabhängig davon, ob eine Sportart als schwer dopingverseucht gilt oder nicht. Schon allein aus der Angst, die eigene Bedeutung zu verlieren, wenn Siege ausbleiben, hat sich an der Dopingmentalität kaum etwas geändert.

Eine Initiative der SPD, Hormon- und Drogenbesitz nach amerikanischem Vorbild strafrechtlich auf eine Stufe zu stellen, wurde noch 1994 von der Regierung abgelehnt. Bundesinnenminister Manfred Kanther (CDU) schmetterte die Forderung der Opposition ab – schließlich, so die Argumentation, betreffe der Anabolikamissbrauch hauptsächlich den Sport. Und der, verkündete Klaus Riegert, Sportpolitischer Sprecher der CDU/CSU-Fraktion, lakonisch, »braucht keine Bevormundung« des Staates.

Mit der Explosion der Sponsorengelder Anfang der Neunzigerjahre ist ein weiterer Brandbeschleuniger ins Spiel gekommen. Durch die Bezahlung von Millionengagen wurden die Sportler zu attraktiven Abnehmern von Hard- und Software aus der Dopingküche. Amerikanische Sprinter etwa, die zumeist aus unteren sozialen Schichten kommen, erhalten in Europa Antrittsgagen in hohen fünfstelligen Dimensionen. Für dieses aufstrebende Klientel ist der Wunsch nach weiteren Leistungssteigerungen viel höher als der Anspruch, sauber und dopingfrei zu bleiben. Und für die Aufsteiger hat sich in den USA eine neue Dienstleistungsbranche etabliert, wie der Skandal um das kalifornische Dopinglabor Balco gezeigt hat: Sportwissenschaftler, Mediziner, Dealer, Pharmakologen, die sich anbieten, ihr Wissen dem Betrug zur Verfügung zu stellen. So sind neue Netzwerke entstanden. Weltweit operierende Banden, die sich das Wissen um neue Wege der Leistungssteigerung aus den Laboren der Pharmaindustrie und der Universitätskliniken besorgen. Vereinzelt fliegen Athleten wie der Skilangläufer Johann Mühlegg auf, die Mittel eingenommen haben, die noch nicht einmal für den Markt zugelassen sind. Es gibt längst Händler, die weltweit unterwegs sind, um neue Einkaufswege für die chemischen Starkmacher aufzutun. Und es gibt Experten, die direkt am Athleten oder der Athletin arbeiten, um ihnen das neugewonnene Wissen oder das neue Produkt zu verkaufen. Die Arbeit dieser kriminellen Verbindungen ist spätestens seit der Jahrtausendwende wirtschaftlich so mächtig geworden, dass sie derzeit kaum kontrollierbar ist.

## Zieglers Muskelmacher – die medizinisch-wissenschaftliche Geschichte des Dopings

Spätestens mit dem Tod des Radfahrers Tom Simpson ist der sportbegeisterten Öffentlichkeit klar geworden, dass auch der Sport ein Drogenproblem hat. Allerdings kam deshalb bis heute niemand auf die Idee, den Sport als Ganzes infrage zu stellen. Doping im Sport war bis in die Sechzigerjahre ein Phänomen, das eher etwas mit den etwas schmuddligen Randbereichen des Wettkampfes zu tun hatte. Sicher: Gedopte Pferde auf der Rennbahn, die der Wettmafia die Taschen füllen sollten, hatte es schon zuvor gegeben. Auch Boxer, die sich mit Aufputschern vollgepumpt hatten, um ihre Gegner besser verprügeln zu können, gab es reichlich. Und dass sich Radfahrer, die die Strapazen der geräucherten Hallen bei Sechstagerennen überstehen wollten, mit Amphetaminen und anderen Pillen fit hielten, war den meisten Zuschauern wohl bekannt.

In der Gesellschaft gibt es seit den Sechzigerjahren eine generelle Medikalisierung; dieser Trend, sich von Pharmaka fit machen zu lassen, lässt sich im Sport an der Geschichte der Anabolika festmachen. Mit der Vergabe der Steroide an junge Kerle und junge Frauen wurde das Wissen der Ärzte und Wissenschaftler erstmals nicht für die Behandlung von Verletzungen benötigt, die Medikation diente allein der Leistungssteigerung.

1956 verkaufte der amerikanische Arzt John Ziegler die Rechte an einem von ihm entwickelten Wirkstoff an die Schweizer Firma Ciba. Ziegler war ein Sportmediziner, der unter anderem die amerikanische Gewichtheber-Nationalmannschaft betreute. Bei der Weltmeisterschaft 1954 in Wien wunderte er sich über die auffällig üppige Körperbehaarung der Sowjetrussen, die den von ihm betreuten Sportlern weit überlegen waren. Sein Kollege aus der UdSSR erzählte ihm freimütig von der Wirksamkeit des Sexualhormons Testosteron, und Ziegler suchte nach einem Wirkstoff, der ähnlich eiweißaufbauend wirken sollte, ohne die lästigen Nebenwirkungen zu haben. Ziegler fand das Steroid Metandienon und hatte gleich einen bahnbrechenden Erfolg. Er behandelte den Amerikaner Harold Connolly, der einen verkrüppelten Arm hatte, so erfolgreich mit dem Wundermittel, dass der Leichtathlet bei den Olympischen Spielen 1956 die Goldmedaille im Hammerwerfen gewann.

Zieglers Muskelmacher fand bald reißenden Absatz: in der Geriatrie, in der Pädiatrie und massenhaft auch im Sport. Ciba nannte das Mittel Dianabol. Auf dem Beipackzettel von Dianabol stand zwar

Harald Connolly, trotz eines verkrüppelten Armes Hammerwurf-Olympiasieger 1956 – mit dem Doping-Wundermittel.

eindeutig: »Warnhinweis: Anabole Steroide (inkl. Dianabol) dürfen nicht zur athletischen Leistungssteigerung verabreicht werden« – aber es gab genügend Ärzte, die ihren Schützlingen trotz des Risikos der Leberschäden, der Akne oder der Klitorisvergrößerungen bei Frauen Anabolika verabreichten.

Ciba konnte die Geister, die die Firma gerufen hatte, nicht mehr loswerden. Der Bestseller, der bald auch unterernährten Kindern in Afrika zur Proteinsynthese gegeben wurde, geriet immer stärker in die Kritik. Im April 1982 nahm der Pharmakonzern das Mittel deshalb vom Markt – das wesentliche Argument: man habe die Nebenwirkungen unterschätzt.

Doch damit war die Karriere des ersten weltweiten Anabolikamittels noch lange nicht vorbei. Andere Produzenten sprangen in die Bresche – zu groß war einfach die Nachfrage nach dem Stoff, der Muskeln macht. Inzwischen gibt es – zumeist illegale – Hersteller in

Bulgarien, Indien, China, Mexiko und Thailand. Und bis heute werden immer noch Athleten erwischt, die Spuren von Zieglers Wirkstoff Metandienon im Urin haben.

Erst die zunehmende Anzahl der Dopingkontrollen drängte die Begeisterung für Dianabol ein wenig zurück, weil es mit den gängigen Labortests leicht nachzuweisen ist. Nach wie vor sind die Untergrund-Ratgeber für Bodybuilder und andere Muskelfetischisten aber voll des Lobes für den Starkmacher.

Wegen der guten Nachweisbarkeit von Anabolika begann Anfang der Neunzigerjahre der Siegeszug des Wachstumshormons. Anfangs konnte der Wirkstoff, der ursprünglich für die Behandlung von kleinwüchsigen Kindern entwickelt worden war, nur aus der Hirnanhangdrüse von Leichen gewonnen werden. Inzwischen sind aber fast ausschließlich gentechnisch hergestellte Präparate auf dem Markt. Derzeit produzieren Pharmakonzerne in aller Welt deutlich mehr Wachstumshormon, als medizinisch notwendig wären. Es gibt Berechnungen, die sagen, dass nur gut 10 Prozent der hergestellten Menge bei Kleinwüchsigen landet, der Rest geht in die Adern von Radfahrern, Leichtathleten und Schwimmern. Das Beispiel des Wachstumshormons zeigt, dass viele Präparate der Pharmaindustrie ihren Marktgewinn zuallererst im Sportgeschäft realisieren.

Mit Erythropoietin, kurz Epo genannt, veränderte sich die Sportwelt noch einmal grundlegend – womöglich ähnlich wie 40 Jahre zuvor, als der Vormarsch der Anabolika begann. Das gentechnisch hergestellte Epo ist eigentlich gedacht für Nierenkranke, die nicht mehr genügend rote Blutkörperchen produzieren können. Epo ist hochwirksam, deshalb muss die Abgabe streng kontrolliert sein. Und dennoch gelangen jedes Jahr viele tausend Liter dieser Droge aus den Produktionsstätten der wenigen Hersteller für Ausdauersportler auf den schwarzen Markt.

Wissenschaftler wissen inzwischen, dass Epo erhebliche körperliche Schäden verursachen kann. Doch auch dieses Mal hat das den Siegeszug des Präparates nicht aufhalten können.

# Wie die 4 DOPING-KLASSIKER den Sport eroberten

## Amphetamine

Werden bereits seit Anfang der Vierzigerjahre als Dopingmittel verwendet, parallel zur massenhaften Einnahme durch Soldaten, vor allem Piloten, im Zweiten Weltkrieg. Im sportlichen Bereich haben sie ihre Hochzeit in den Fünfziger- und Sechzigerjahren.

- Bei den Olympischen Spielen in Rom 1960 fällt Knud Jensen aus der dänischen Mannschaft während des 100-Kilometer-Mannschafts-Zeitfahrens vom Rad. Er wird mit Vergiftungserscheinungen und 42 Grad Fieber in ein Sauerstoffzelt gelegt. Jensen stirbt im Krankenhaus. Offiziell heißt es, er sei an einer Gehirnverletzung gestorben, die er sich beim Sturz nach einem Hitzschlag zugezogen habe. Spätere Untersuchungen ergeben, dass Jensen Amphetamine eingenommen hat.

## Wachstumshormon

(= HGH für Human Growth Hormone, STH für Somatropin): Wird seit den frühen Achtzigerjahren als Dopingmittel verwendet. Damals musste es noch aufwendig aus den Hypophysen menschlicher Leichen gewonnen werden. 1985 stellte sich jedoch heraus, dass dadurch die tödliche Creutzfeldt-Jacob-Krankheit übertragen wurde. Im gleichen Jahr kam das erste gentechnisch hergestellte Wachstumshormon auf den Markt.

- Lyle Alzado, amerikanischer Footballstar unter anderem bei den Denver Broncos und den Los Angeles Raiders, gibt 1991 den exzessiven Konsum von Anabolika und Wachstumshormon während seiner aktiven Laufbahn zu. Er stirbt 1992 an einem Hirntumor, den er selbst auf Doping zurückführt.

## Anabolika

Werden ebenfalls schon seit Anfang der Vierzigerjahre im Sport verwendet, nachdem 1935 die Synthese des Sexualhormons Testosteron gelingt. 1941 fällt ein Ausdauertest von Männern unter Einnahme von Testosteron positiv aus. Wie bei den Amphetaminen beginnt der Siegeszug der Anabolika nach dem Krieg. Erstmals berichtet der sowjetische Mannschaftsarzt seinem amerikanischen Kollegen bei der Gewichtheber-Weltmeisterschaft 1954 freimütig von Anabolikaexperimenten.

- 1976 fällt dem Schweizer Olympiaarzt Bernhard Segesser eine Liste mit leistungssteigernden Medikamenten des Goldmedaillengewinners im Diskuswerfen, Mac Wilkins, USA, in die Hände. Die dort aufgeführten Mengen an Anabolika würde man »nicht einmal einem Elefanten mit gutem Gewissen zuführen«, berichtet der Mediziner. 1994 erklärt der frühere DDR-Sportchef Manfred Ewald, Wilkins habe sich in Montreal vor der Dopingprobe gedrückt, das IOC die Affäre aber mit Billigung der DDR totgeschwiegen. In Montreal wurde erstmals bei Olympischen Spielen auf Anabolika getestet. Zwei Sieger im Gewichtheben müssen ihre Goldmedaillen zurückgeben.

## Epo

Bei den Olympischen Winterspielen 1988 in Calgary wird erstmals öffentlich über die Anwendung von Erythropoietin im sowjetischen Team spekuliert. Offiziell ist zu diesem Zeitpunkt noch gar kein Epo-Präparat auf dem Markt. Zahlreiche Todesfälle bei Radsportlern seit Ende der Achtzigerjahre werden missbräuchlichem Epo-Konsum zugerechnet.

- Im Mai 2007 gestehen ehemalige Telekom-Radprofis, dass sie mit Epo gedopt haben. Noch drei Jahre zuvor hatte die Mauer des Schweigens im Radsport den Enthüllungen des Profis Jesús Manzano standgehalten. Dieser hatte im März 2004 das bis dahin detaillierteste Geständnis über Doping im Radsport abgelegt und Epo als selbstverständlichen Teil der Sportart bezeichnet. Schon 1998 war der Betreuer des französischen Festina-Teams von Zollbeamten mit Epo-Präparaten erwischt worden.

## Vom Müllern zum Inszenieren – die kulturell-soziologische Geschichte des Dopings

Man hat schon immer alles versucht. Selbst Franz Kafka verfiel den Thesen eines Gesundheitspredigers. »Täglich ein Viertelstündchen« dehnte und streckte der Dichter daheim seine Muskeln, stemmte Eisen und ließ dabei frische Luft an den schmächtigen Körper. Schon bald freute er sich über die Fortschritte: »Die Waden gut, die Schenkel nicht schlecht, der Bauch geht noch an.«

Der Mann, der Kafka in Bewegung brachte, war ein dänischer Lehrer namens Jens P. Müller. Seine Anleitung, ein knapp hundert Seiten dünnes Brevier zur Leibesertüchtigung mit dem schlichten Titel *Mein System*, wurde ab 1904 eine Million Mal verkauft. Und weil noch kein Wort für derartiges sportliches Treiben erfunden war, nannte das wilhelminische Deutschland die »tägliche Arbeit für die Gesundheit« ganz einfach »müllern«.

Vergeblich suchte der Schriftsteller, auch seiner Felice die neue Körperkultur nahezubringen. »Langsam, systematisch, vorsichtig, gründlich, täglich zu ›müllern‹ anfangen«, trug Kafka der Verlobten schriftlich auf. Alsbald von ihren Erfolgen zu hören werde ihm »eine große Freude« sein. Die Briefe mit den guten Nachrichten blieben aus, die Verbindung ging in die Brüche.

Erst mehr als ein halbes Jahrhundert später, im Fernsehzeitalter, sollte es der Schauspielerin Sydne Rome gelingen, die deutschen Wohnzimmer zu Turnhallen zu machen. Millionen Hausfrauen folgten ihrer Videobotschaft (»Let's move«) – die moderne Mühsal hieß nicht mehr müllern, sondern Aerobic.

Heute, über zwei Jahrzehnte danach, hat sich der Körperkult allein in der Bundesrepublik 5600 eigene Tempel gebaut – die Fitnessstudios. Sie sind vollgestopft mit Maschinen, die eine an sich widersinnige Aufgabe erfüllen: Sie nehmen dem Menschen nicht die Arbeit ab, sondern lassen ihn malochen. Sie heißen Butterfly, Muscle-Booster oder Doppel-Twister.

Die chromblitzenden Sportgeräte mit den eingebauten Computerchips suggerieren, dass jetzt, endlich, der moderne Zeitgenosse seinen körperlichen Idealvorstellungen nahe kommen kann. Gesteuert wird sein Tun von einer Sehnsucht, die dem Menschen offenbar schon seit Jahrtausenden, zumindest aber, wie das Beispiel Kafka zeigt, seit vielen Jahrzehnten innewohnt: den eigenen Körper wie ein Bildhauer zurechtzumeißeln und ihn zu einem Sinnbild des Schönen zu formen.

So wird mit einem Eifer gehüpft und gestemmt, gekeucht und geschwitzt, als könne in diesen Karosseriewerkstätten des Homo sapiens die Erschaffung des Adam von Michelangelo täglich neu inszeniert werden. Die Fitnessgesellschaft betrachtet den Leib nicht mehr als nachrangig gegenüber den höheren geistigen Werten. Das Selbstgefühl hängt heute in erster Linie vom Erscheinungsbild der irdischen Hülle ab. »Mein Körper ist die Gestalt, in der ich lebe«, hat die amerikanische Schauspielerin Raquel Welch gesagt, »und er gestaltet die Art, wie ich lebe.«

In den Urzeiten der Studios, das erste wurde Mitte der Fünfzigerjahre in Schweinfurt eröffnet, galten die Trainingswütigen der Intelligenzija als Spinner, die nichts als Muskeln im Kopf hätten. Doch der Zeitgeist drehte. Der Boom setzte ein, als auch die gehobenen Schichten, von theoretischen Diskussionen ermattet, einen ansehnlichen Körper als erstrebenswert begriffen. Modedesigner wie Wolfgang Joop oder Calvin Klein entdeckten enthüllte Körper als Medium ihrer Werbebotschaften; und kaum eine Kampagne für exklusive Duftwasser kommt heute noch ohne nackte Haut aus.

Die These »Bodybuilding für die Unterschichten, Fitness für die Yuppies« – von der *taz* 1993 vertreten – ist längst brüchig geworden. Der amerikanische Schriftsteller John Irving ließ sich in seinem Haus ein Studio einrichten – seitdem sitzt der Literat muskelbepackt an seiner Schreibmaschine. Fit sein ist Lifestyle geworden. Wer trainiert, gilt als besserer Mensch – und immer mehr wollen bessere Menschen werden. Seit 1990 hat sich die Zahl der Bundesbürger, die ins Studio gehen, auf 4,5 Millionen mehr als verdoppelt. Über zwei Milliarden Euro setzt die Branche jährlich um.

Angefeuert von den Erfolgsmeldungen prominenter Mitturner, wähnen sich die Freizeitsportler auf dem richtigen Weg. Prinzessin Diana kurierte an der Beinpresse ihren ehelichen Frust; Popstar Madonna, die vergebens per Zeitungsannonce den Erzeuger eines von ihr gewünschten Kindes gesucht hatte, fand selbigen im Fitnesscenter: den kubanischen Übungsleiter Carlos León. Mitunter finden sich die Vorbilder der Körperstylisten aber auch am Gerät nebenan ein: Kraftmenschen, die fast jeden ihrer 434 Muskeln einzeln präsentieren können und sich Bodybuilder nennen. Sie werden bestaunt, als seien sie zum Leben erweckte Herkules-Darstellungen aus der Antike.

Doch genau bei dieser Spezies der Körperarchitektur scheiden sich die Geister: Den einen erscheinen sie als perfekte Interpreten der Ästhetik, den anderen gelten die Kraftprotze immer noch als Schmuddelkinder. Aber das ist eine theoretische Diskussion. Bodybuilding ist längst in der Jugendkultur angekommen. Und es boomt immer noch.

Es ist anders als im Spitzensport – Doping gilt dort nicht als Betrug. Es ist ein selbstverständlicher Teil des Trainings. »Die Profis schlucken ohne Ausnahme«, sagt Nuri, ein Türke, der in Berlin-Kreuzberg trainiert, und auch jeder zweite Amateur habe »schon seine Erfahrungen gemacht.«

Lange Zeit waren chemische Muskelmacher wie Stromba und Winstrol Privatdrogen einer elitären Clique von Leistungssportlern. Inzwischen aber gehen immer mehr Bodyshaper auf den Drogentrip. Anabolika, warnen Insider, sind längst zum Heroin des neuen Jahrtausends geworden – vergleichsweise leicht erhältlich, modern, hochgefährlich. Der Abhängige von heute stirbt nicht mehr blass und abgemagert. Er stirbt in Schönheit.

Es war geradezu niedlich, wie der organisierte Sport auf das neue Dopingphänomen reagierte. Die von oben verordnete, über 20 Millionen Mark teure Aufklärungskampagne (»Keine Macht den Drogen«) in den Neunzigerjahren wirkte wie Geldverschwendung. »Wir sind eine Risikogesellschaft«, sagt der Oldenburger Soziologe Bero Rigauer: »Wir leben im Hier und Jetzt.« Was zählen da die Nebenwirkungen von übermorgen, »wenn ich morgen ein stärkerer Typ bin?«

Die narzisstische Epoche, so scheint es, hat ihren Höhepunkt noch nicht erreicht: Alle Berichte über Nebenwirkungen wie Akne, Impotenz, Aggressionen und Depressionen sind vergessen, wenn TV-Bilder von der scheinbar prallen Vitalität der Körperfetischisten von Venice Beach künden. Das Stückchen Strand in Los Angeles gilt immer noch als Mekka aller Fitnessfans. Und solange die Muskelprotze, vollgepumpt mit Chemie, an Amerikas berühmtester Strandpromenade posen, ist auch in Deutschland ein Ende der Muskelshow nicht in Sicht.

Im Bodybuilding, der modernen Form der kafkaesken Körperertüchtigung, hat Doping wohl die größte Breitenwirkung. Viele Deutsche verhelfen ihren Muskeln mit Pharmaka zu einem stattlichen Aussehen. Es gibt die Meinung, man solle den jungen Menschen doch ihren Spaß lassen. Aber warum existieren seit langem Kampagnen gegen die Zigarette auf dem Schulhof, das Trinken in der Disko und die Haschzigarette im Jugendclub? – Nur den Kampf gegen die Muskelsucht nimmt niemand auf.

Im Spitzensport der olympischen Sportarten hat Doping eine noch dynamischere Wirkung entfaltet. Entscheidend ist nicht der freie Wille, hier entscheidet der Druck des Umfeldes, und deshalb ist hier die Gefahr, in die »Dopingfalle« zu geraten, wie es der Darmstädter Soziologe Karl-Heinrich Bette in seinem Buch *Doping im Hochleistungssport* nennt, ungleich größer. Die Sieger und Erfolgreichen können sich mit einer entsprechenden Leistung sichtbar absetzen von den weniger Erfolgreichen. Und das bedeutet nicht nur – wie im Sport der Fitnessstudios – erhöhte Anerkennung im direkten Umfeld. Mit dem Erfolg, so Bette, bekommen die Sportler »Prämien, dürfen an den Förderkartellen ihrer Vereine und Verbände teilhaben und erlangen knappe Zutrittsrechte in außersportliche Milieus«.

Mit der rasanten Entwicklung der Kommerzialisierung hat sich der Druck auf die Athleten weiter erhöht. In den Siebzigerjahren bekam der erfolgreiche Sportsmann als Anerkennung und Dank einen Tabakladen oder einen Job als Adidas-Vertreter. In den Achtzigern waren die Großen des Sports schon so bekannt, dass ihnen Anstellungen als Versicherungsvertreter gewunken haben. Spätestens ab den Neunzigern waren die Verdienstmöglichkeiten so groß, dass die Berühmten nach dem Karriereende überhaupt nicht mehr arbeiten mussten. Oder sie waren durch die TV-Präsenz im Fernsehen derart bekannt, dass ihnen Nachfolgeangebote als Moderator, Schauspieler oder Firmenrepräsentant angeboten wurden. Forciert hat diese Entwicklung zudem eine veränderte Sport-Berichterstattung. Die zunehmende Personalisierung hat einzelne Sportler noch weiter in den Fokus der Öffentlichkeit gespült. Berühmte Sportler wurden zu Stars und Stars zu Helden. Der Boxer Henry Maske oder der Skispringer Sven Hannawald erreichten Bekanntheitswerte, die bis dahin für kaum möglich gehalten worden waren.

Und solche Karrieren waren Anlass genug für manchen Athleten, sich von den ursprünglichen Idealen zu verabschieden. Und dann unterwarfen sie sich der dopinggestützen Leistungssteigerung. Die von

Kontrollierte Doping-Freigabe – weiß der Schriftsteller Thomas Brussig, wovon er spricht?

Kafka einst besungene Begeisterung der Körperertüchtigung findet längst auch ihre Fortsetzung im modernen Showsport. Schriftsteller, Regisseure und Intellektuelle sind flammende Anhänger vom Fußball, Boxen oder Radfahren. Und erstaunlicherweise erwächst gerade von diesen Konsumenten des Spitzensports die größte Gefahr für dopingfreie Wettkämpfe, weil sie den Sport dem freien Spiel der Kräfte überlassen wollen. Doping sehen sie als lässliche Sünde – wie bei Rot über die Ampel zu gehen oder die Haschzigarette auf der Schultoilette zu rauchen. Im Juli 2007 sagte der Berliner Schriftsteller Thomas Brussig der *Süddeutschen Zeitung:* »Ich bin kein Insider, ich bin Zuschauer wie viele andere. Aber ich sehe eine doppelte Moral in der Dopingdiskussion: Wir wissen alle, was Leistungsdruck ist, und nehmen irgendetwas, ob Schriftsteller oder Journalist. Der koksende Modefotograf ist ja auch so ein ewiges Thema. Sportlern erlauben wir nicht, dass sie ihrer Leistung nachhelfen. Natürlich ist ein sauberer Sport die beste Lösung. Doch wenn man das nicht schafft, muss man die Strategie ändern. Nicht heimliches Spritzen auf der Hoteltoilette, sondern ganz offiziell unter Aufsicht der Ärzte – darüber könnte man ja zumindest mal reden.«

Wer so argumentiert, leitet gedanklich die letzte Etappe des Sports ein. Es ist der Weg, der in den Untergang des Sports führt. Wer so argumentiert, nimmt in Kauf, dass Athleten gezwungen sind, sich zu dopen. Es ist die Kapitulation vor den wirtschaftlich-politischen Mächtigen und dem unheilvollen Einfluss von Medizin und Wissenschaft, der den Sport in den vergangenen Jahrzehnten an den Rand des Abgrunds gebracht hat.

# Gefahr für junge Sportler – der Fall Springstein und die Verführung junger Athletinnen

Wenn es einen Trainer gibt, an dem sich die Debatte um Doping in Deutschland immer wieder entzündet, dann kann es nur einen Namen geben: Thomas Springstein. Über eineinhalb Jahrzehnte ist die Karriere des Diplomsportlehrers aus Leipzig eng mit der Frage verknüpft, wie weit es Betreuer von jugendlichen Sportlern und Sportlerinnen treiben dürfen, denen Eltern ihre Kinder anvertrauen.

Norbert Rietbrock, ehemaliger Leiter der Abteilung für Klinische Pharmakologie am Klinikum der Johann Wolfgang-Goethe-Universität Frankfurt, nannte den Mann einst einen »Halunken«, weil er seine Sportlerinnen gezwungen habe, sich »jeden Dreck, jeden Blödsinn reinzuhauen«. Einige Medien brachten Springstein wegen dessen Experimentierfreudigkeit mit Pharmaka sogar in die Nähe des Monsterschöpfers Frankenstein.

Richter des Landgerichts Hamburg indes verboten Professor Werner Franke im Februar 2007, dem Mit-Autor dieses Buches, seine in einem NDR-Rundfunkinterview geäußerten Formulierungen, die mit sehr drastischen Worten die Verurteilung Springsteins kommentieren, zu wiederholen. Sie sahen darin eine Beleidigung.

Der Fall Springstein ist mehr als die Geschichte eines deutschen Dopingfalls. Er ist ein Sittengemälde des Leistungssports. Er erzählt von skrupellosen, nicht belehrbaren Trainern. Von wehrlosen und gleichgültigen Opfern, von Kindern, die Spaß am schnellen Laufen hatten und dabei zu Konsumenten hochwirksamer Medikamente wurden. Er erzählt aber auch von Funktionären, die sich aus der Verantwortung stehlen, sobald Siege und Erfolge winken. Und er erzählt von Medien, die solche Leistungsfetischisten hofieren, sobald sich diese Trainer im Glanz von Medaillen sonnen.

Thomas Springstein selbst hat sich als Opfer dargestellt, als Opfer eines Sportsystems, das ihm keine andere Wahl lasse, als so zu handeln, wie er es getan hat. So erklärte er am 5. Dezember 2002 in der *Frankfurter Allgemeinen* Zeitung sein fatales Handeln: »Ich sehe keinen Ausweg aus der Dopingproblematik. Der Sport ist unfair, und ich muss damit leben.«

Die Schriftstellerin Ines Geipel, eine ehemalige Weltklasse-Sprinterin und ein Opfer des Zwangsdopings in der DDR, sieht in solchen Sätzen den Abgrund des modernen Showsports: Springsteins Sätze seien, sagte sie in der *Berliner Zeitung* vom 31. Januar 2006, »unverblümte Worte, so klar wie ein ungebrochen agierender Doper mit hoher krimineller Energie in diesem Land eben reden kann. Die Codierung seiner Sätze in die Realität versetzt, sagen diese allerdings nur eins: alles machen, was machbar ist. Für den Tick, sich ein Wesen zu basteln, das siegt und siegt und siegt, wird in den gut vernetzten Subsystemen alles ausgeblendet, was hinderlich sein könnte. Die Szene agiert erbarmungslos modern: faschistoid, entgrenzt, global, geistig autark ... Gedanken über die Folgen eigenen Tuns? Absolute Fehlanzeige.«

## A star was born – der steile Aufstieg des Thomas Springstein und sein tiefer Fall

Es sind Europameisterschaften im Sommer 1990 im jugoslawischen Split – besondere Wettkämpfe. In Deutschland ist die DDR gerade dabei, sich aus der Geschichte zu verabschieden. Und am Mittelmeer kämpfen das letzte Mal zwei völlig unterschiedliche Sportsysteme gegeneinander – aber dieses Mal unter anderen Voraussetzungen als die vielen Jahre zuvor. Auf der einen Seite die DDR, die vielen Beobachtern aus der ganzen Welt als das effektivste und beste Sportsystem der Welt gilt und jetzt ums Überleben kämpft. Auf der anderen Seite die Deutschen-West, deren Funktionäre sich auf die vielen Medaillengewinner aus dem Osten freuen, die bald zu ihnen gehören werden und in deren Glanz sie sich bald sonnen dürfen.

Es wird viel geschachert und gemauschelt in diesen Tagen. Aber einer kümmert sich nicht viel um das Gerangel: Thomas Springstein, ein muskulöser Mann mit adrett frisiertem Schnauzbart. Manchmal sieht es so aus, als verfolge er die Szene der Annäherung zwischen den Deutschen aus dem Westen und dem Osten wie ein unbeteiligter Beobachter, in größerer Runde hält er sich im Hintergrund, er wirkt ein wenig schüchtern, fast fremd in dieser Branche.

In Wahrheit weiß Springstein, dass er sich anders als die meisten seiner Ostkollegen keine Sorgen um die Zukunft zu machen braucht. Der Trainer des SC Neubrandenburg hat das, wonach der Westen lechzt. Schnelle und attraktiv aussehende Mädels. Und besonders extrem erfolgreiche Mädchen. Die blonde Katrin Krabbe holt in Split über 100, 200 und 4 x 100 Meter jeweils die Goldmedaille. Grit Breuer gewinnt über 400 Meter, die 400-Meter-Läuferin Manuela Derr siegt mit Breuer in der 4 x 400-Meter-Staffel.

Eine makellose Bilanz, mit der jeder Trainer, in welchem Sportsystem dieser Welt auch immer, bestehen kann. Und die Fachleute wissen, dass Springstein der Chef dieser Gruppe ist. Ihm genügen kaum wahrnehmbare Gesten, um seine Läuferinnen zu dirigieren. Ein Fingerzeig, und gleichmäßig drehen sie Runden auf der Tartanbahn, ein leichtes Kopfnicken, und sie beginnen zu sprinten. Die große blonde Krabbe und die kleine dunkelhaarige Breuer funktionieren wie die Lorenz'schen Graugänse.

Sechs Jahre lang hat Thomas Springstein getan, was er »die Mädels breiig rühren« nennt. Er hat sie auf der Laufbahn getriezt, bis »ihnen das Grüne aus den Augen tritt«, wie er sagt.

Die Sprinterin Krabbe war 14 Jahre alt, als sie in Neubrandenburg in die Nachwuchsgruppe von Springstein kam, Breuer zwei Jahre jünger. Und nun sagt Springstein ganz offen, so, als sei er der Papst oder gar Gott: »Ihr psychisches Überleben liegt in meiner Hand.« Seine Sportlerinnen haben dies längst verinnerlicht. Katrin Krabbe meint, nachdem sie 1991 in Tokio sensationell auch zweifache Weltmeisterin geworden war: »Ich brauche jemanden, der mir in den Hintern tritt.«

Und Breuer gibt zu verstehen: »Ich habe mich meinem Trainer ausgeliefert. Und wenn er Erfolg hat, denke ich über nichts mehr nach.«

Es ist diese »strukturelle Einheit«, wie es Springstein nennt, dieser Hang zur Machtausübung auf der einen Seite und die Bereitschaft zum bedingungslosen Unterordnen auf der anderen Seite, was überall auf der Welt den Boden für Doping nährt. Besonders im Mädchen- und Frauensport. Die Trainer suggerieren ihren Athletinnen eine gleichberechtigte Schweißgemeinschaft, die sich ganz dem einen gemeinsamen Erfolg verschworen habe. Auf der Jagd nach Siegen und Medaillen entstehen dann diese subtilen Abhängigkeitsverhältnisse mit fatalen Folgen. Die Hemmschwelle für den Einsatz verletzungsträchtiger Trainingsmethoden und die Einnahme von Dopingmitteln wird deutlich herabgesetzt. Der »physiologische Organismus« der Sportlerinnen funktioniert auf diesem Hintergrund als »reines Mittel zum Zweck«, so hat es der Leipziger Psychologe Paul Kunath im Februar 1992 in der Zeitschrift *Psychologie heute* beschrieben.

Manchen Trainern kann die Abhängigkeit gar nicht weit genug gehen. Sie versuchen bewusst, sogar eine erotische Komponente in ihre Trainingsgruppen zu tragen – in der Gewissheit, dass es viele Sportlerinnen gibt, die besonders bereit sind, sich zu quälen, weil sie Trainers Liebling werden wollen. Das Verhältnis zwischen Trainer und Sportlerin sei erst dann richtig leistungsfördernd, sagte etwa Wolfgang Thiele, über viele Jahre Cheftrainer des Deutschen Leichtathletik-Verbandes, »wenn es in der Grundstruktur dem des Zuhälters zur Prostituierten entspricht«.

Auch Springstein lebt ganz für seinen Sport. Er ist von beinahe krankhaftem Ehrgeiz und verlangt den gleichen Einsatz auch von seinen Schützlingen. Die Reaktionen auf die Erfolge der Neubrandenburger Sprinter sind überwältigend. Besonders Katrin Krabbe ist spätestens seit 1991 mit ihren langen Beinen und ihren blonden Haaren längst zu einem Superstar und einer Werbeikone geworden. Das Geschäft brummt, und die Investitionen von Springstein und seiner Truppe beginnen sich schnell auszuzahlen.

Doch nicht alle sind von dem Siegeszug dieser Leichtathletik-Truppe aus dem Norden Deutschlands begeistert. In Köln findet Manfred Donike, einer der weltweit profiliertesten Dopingfahnder, sehr schnell Unregelmäßigkeiten im Urin der Athletinnen. Irgendwann erfasst ihn heiliger Zorn. Er kann keine Spuren von Anabolika nachweisen, aber er weiß: »Da stinkt es ganz gewaltig.« Verärgert informiert Donike den Dopingbeauftragten des Deutschen Leichtathletik-Verbandes und verbittet sich weitere Tricks: »Sagen Sie das dem Springstein.«

Es ist eines dieser grundsätzlichen Defizite der Anti-Doping-Bemühungen. Die Analytiker können oftmals im Urin oder im Blut von Sportlern erkennen, dass diese manipuliert haben müssen: mit Präparaten, die Laboranten bisher nicht bestimmen können, mit dem Austausch von Eigen- oder Fremdblut, indem Athleten mit erlaubten oder nicht nachweisbaren Stoffen die Dopingmittel maskieren oder indem sie die Kontrollproben verändern. Und dennoch können die Dopingfahnder oft nichts tun, weil ihnen das analytische Handwerkszeug, das biochemische Wissen oder schlichtweg die rechtliche Grundlage dafür fehlen.

Doping-Fahnder Professor Manfred Donike: »Da stinkt es ganz gewaltig.«

Auch im Fall des deutschen, für Spanien startenden Skilangläufers Johann Mühlegg vermuteten die Analytiker pharmakologische Manipulationen, weil dessen Blutwerte im Verlauf einer Saison eigenartige Verläufe nahmen. Erst kurz vor den Olympischen Spielen 2002 in Salt Lake City hatten die Fahnder ihre Wissenslücken stopfen können. Bei Olympia in den USA gewann Mühlegg dann zwar dreimal, er musste aber alle Medaillen später wieder abgeben, als ihm die Dopingjäger endlich Manipulation mit einem Blutmittel nachweisen konnten.

Auch Springstein hat offenbar schon frühzeitig bestehende Lücken im Kontrollsystem ausgenutzt. Während 1992 in Albertville die Wintersportler um Olympiamedaillen kämpfen, kommt in Deutschland einer der größten deutschen Sportskandale ans Licht, der später als »Krabbe I« in die Sportgeschichte eingeht. Drei Proben der Springstein-Truppe, die während eines Trainingslagers in Südafrika genommen worden waren, erwiesen sich als manipuliert. Der Urin war extrem verdünnt und wies in allen drei Fällen völlig identische Werte auf, sodass für Donike nur ein Schluss übrig blieb: Der Urin stammt von einer einzigen Person. Die Begleitzettel der Dopingproben wiesen aber drei Läuferinnen auf: Krabbe, Breuer und die ehemalige 100-Meter-Weltmeisterin Silke Möller, die kurz vorher zu Springstein gewechselt war. Springstein reagiert, wie so oft, wenn er sich in die Ecke gedrängt fühlt: Er wittert, so sagt er im Februar 1992 in einem Interview mit Sat.1, »einen politisch motivierten Komplott gegen die unbedarften Ossis«.

Die Mär vom bösen Westen ist ein geradezu lächerlich-abstruses Argument der Verschwörung, da besonders Krabbe längst als erster gesamtdeutscher Star gilt. An ihr haben Medien, Funktionäre, Zuschauer und Sponsoren im Westen mindestens ebenso viel Interesse wie im Osten. Doch selbst 14 Jahre später werden Springsteins Anwälte in einem weiteren Dopingfall das Argument des hinterhältigen Westens erneut hervorholen. Es scheint zumindest so zu sein, als ob viele Menschen im Osten Deutschlands, die von den Folgen der Einheit enttäuscht sind, auf solche Erklärungen immer noch hereinfallen.

Im Dopingfall von Krabbe und Co. liegt die einzige Ungerechtigkeit indes darin, dass sich Donike besondere Mühe gibt, das Rätsel des identischen Urins zu lösen. Dem Kölner Wissenschaftler fällt gleich auf, dass das Urin ungewöhnlich hell gefärbt ist. Zudem kann er durch bloßen Augenschein feststellen, dass alle drei Proben die gleiche Färbung aufweisen – auch das ist ungewöhnlich. Donike forscht weiter. Er stellt fest, dass die Neubrandenburger Sprintgruppe in der Vergangenheit insgesamt dreimal völlig identischen Urin abgegeben hat. Es ist die Arbeit eines Detektivs. Donike vermutet, dass die Springstein-Leute »ein lebendes Depot« besitzen. Irgendeine weibliche Person muss es geben, die für die Sportlerinnen unbelastetes Urin ohne Dopingspuren abgibt. Er kann ausschließen, dass ein Mitglied der Läufergruppe in Südafrika Spender des Urins gewesen ist. Es muss jemand aus dem Umfeld sein – bis heute ist ungeklärt, wer diese Frau ist.

Aber zumindest die Methode des Urintransports scheint klar zu sein. Da die Dopingkontrolleurin versichert, die Athletinnen »beim Pischern« genau beobachtet zu haben, kommt als Erklärung nur infrage, dass die Athletinnen bereits beim Gang zur Kontrolle das saubere Urin bei sich hatten – vermutlich mithilfe eines Femidoms. Dieses Plastiksäckchen ist eine Art Kondom für die Frau, das in die Scheide eingeführt wird. Beim Urinspenden wird der zuvor mit Urin gefüllte Beutel mit einem vorher abgeklemmten Katheter geöffnet.

Krabbe, Breuer und Möller werden wegen der offensichtlich vorgenommenen Manipulation zwar zunächst gesperrt, später vom Rechtsausschuss des Verbandes aber wieder freigesprochen – mit formalen, zum Teil sehr abenteuerlich anmutenden Argumenten: zum Beispiel, dass die Dopingprobe im Labor von einer »untergeordneten Hilfskraft« geöffnet worden sei. Oder dass es keine ausreichende »Rechtsgrundlage für die Probe von südafrikanischen Kontrolleuren« gegeben habe.

Der Fall verweist auf einen weiteren, bis heute grundsätzlichen Aspekt der Dopingproblematik. Die Sportgerichtsbarkeit wird mit den zum Teil hochbrisanten Dopingfällen einfach nicht fertig. Zu

**KAPITEL 3** Gefahr für junge Sportler

# Die **10** spektakulärsten
# DOPINGFÄLLE

**1**

**Jan Ullrich** – eine Nation verliert ihren Helden: Ermittlungen der spanischen Guardia Civil verdächtigen im Sommer 2006 den ersten deutschen Sieger der Tour de France des Blutdopings.

**2**

**Ben Johnson** – Olympia verliert seine Unschuld: Der kanadische Sprinter ist bei den Spielen 1988 in Seoul als erster und bisher einziger Sieger eines olympischen 100-Meter-Finales gedopt.

**3**

**DDR** – »Deutsche Doping-Republik«: Über zwei Jahrzehnte lang dopen Funktionäre, Mediziner und Trainer im Auftrag des Sozialismus systematisch Spitzensportler des Landes und gewinnen seit 1972 auf diese Weise allein 182 Goldmedaillen bei Olympischen Spielen.

**4**

**Dieter Baumann** – der größte Krimi der Sportgeschichte: Im Urin des 5000-Meter-Olympiasiegers finden sich Spuren eines Anabolikums, das später auch in seiner Zahnpastatube entdeckt wird. Es gibt starke Belege für einen Sabotageakt, trotzdem wird Baumann gesperrt.

**5**

**Johann Mühlegg** – auch die Olympischen Winterspiele verlieren ihre Unschuld: Der für Spanien startende Bayer gewinnt 2002 in Salt Lake City drei Goldmedaillen und muss sie alle wieder abgeben, nachdem noch während der Spiele das Blutmittel Darbepoetin nachgewiesen wird.

Gefahr für junge Sportler **KAPITEL 3**

**Marco Pantani** – Tragik eines italienischen Volkshelden: Der Gewinner der Tour de France 1998 gerät ein Jahr nach seinem Triumph wegen zu dickflüssigen Blutes unter Dopingverdacht. Ein Comeback scheitert, der gestürzte Titan stirbt 2004 an einer Überdosis Kokain.

**Katrin Krabbe** – Ende einer deutsch-deutschen Hoffnung: Die Sprinterin wird der Manipulation einer Dopingprobe verdächtigt und später der Einnahme des Asthmamittels Clenbuterol überführt. Ein Comebackversuch des letzten großen deutschen Leichtathletik-Stars misslingt.

**Floyd Landis** – ein Mythos stirbt: Der Amerikaner gewinnt 2006 die Tour de France und wird als erster Sieger direkt überführt. Nach einer schweren Alpenetappe hatte er sich offenbar mit einem Testosteronpräparat gedopt.

**Balco** – das organisierte Verbrechen übernimmt den Sport: Das kalifornische Unternehmen beliefert laut eigenem Geständnis der Balco-Chefs Weltstars wie die Leichtathleten Marion Jones und Tim Montgomery mit schwer nachweisbaren Dopingmitteln und hebelt damit das weltweite Kontrollsystem aus.

**Richard Virenque** – der Liebling der Franzosen lügt und schluchzt: Der Radprofi wird wie mehrere Kollegen 1998 kurzfristig festgenommen, nachdem Zollbeamte einen Betreuer kurz vor der Tour mit Dopingmitteln erwischt hatten. Virenque streitet zwei Jahre jede Dopingeinnahme ab und gesteht erst vor dem Richter unter Tränen.

oft lassen sich die Richter weiterhin von Verfahrenstricks der Anwälte ausmanövrieren. Besonders Profisportler mit ihren Millionengagen sind jederzeit in der Lage, mit ihren Rechtsvertretern das System auszuhöhlen. Auf diese Weise bekommen die Sportgerichte oftmals nicht die Akten oder die Informationen, die sie brauchen. Hinzu gesellt sich nicht nur im Fall Krabbe eine erstaunliche Ignoranz und Unfähigkeit der Sportbürokratie und der Sportgerichte, sich in schwierige wissenschaftliche Fragestellungen einzuarbeiten. In dem Verfahren gegen die drei Springstein-Schützlinge macht sich das Gericht nicht einmal die Mühe, den als sachverständigen Zeugen geladenen Donike anzuhören.

Ein Fehler. Denn Donike kann es gar nicht leiden, wenn Athleten und deren Betreuer versuchen, zu lügen und zu betrügen, und erst recht kann er es nicht leiden, wenn sie versuchen, ihn und sein Labor auszutricksen. Es sport seinen Ehrgeiz nur noch weiter an.

Im Frühjahr 1992 hört er von seinem Biochemie-Kollegen aus Montreal, dass dieser zuletzt im Urin amerikanischer und kanadischer Athleten eine ungewöhnliche Substanz gefunden habe: Clenbuterol – ein Mittel, das als Mastbeschleuniger in der Tiermedizin durchaus bekannt ist.

Donike kennt das Zeug. Er weiß, dass schon vor Jahren Rennpferde damit gedopt worden sind. Er hatte auch schon einmal im Athletenurin nach dem angeblichen Wundermittel geforscht – aber bis dahin vergeblich. Er nahm deshalb die Suche nach dem Stoff aus seinem Routineprogramm.

Doch jetzt wittert er die Gefahr erneut. Sollten wieder einmal Trainer und ihre Helfer eine Lücke in der Dopinganalytik gefunden haben? Er lässt erneut nach Clenbuterol fahnden. Und er landet prompt den Treffer. Donike findet Spuren des Mastmittels zunächst bei Bodybuildern. Und dann die Überraschung: auch bei Krabbe, Breuer und Derr. Es ist der Dopingfall »Krabbe II«. Springstein hat bei seinen Läuferinnen angewendet, was bei Ratten, Hühnern, Meerschweinchen, Schafen und Rindern verblüffende Wirkung gezeigt hatte. Mit Clenbuterol, das geht aus mehr als hundert wissenschaftlichen Forschungsarbeiten in aller Welt hervor, wurden Tiere im Rekordtempo leistungsstark.

Die Berichte vom Muskelgewinn bei Tieren waren so verführerisch für die Fleischproduktion, dass auch die größten Pharmakonzerne mit dem Mastmittel experimentierten. Bei Lämmern wuchs der große Wadenmuskel nach nur zweimonatiger Einnahme von Clenbuterol um 40 Prozent. Ratten legten 21 Prozent an Muskelmasse zu. Und Kälber, denen pro Kilogramm Lebendgewicht täglich vier Mikrogramm Clenbuterol gespritzt wurden, verzeichneten innerhalb von nur 27 Tagen eine Gewichtszunahme von 30 Prozent. (www.zsdebatten.com/dopingfrankeludwig)

Ein solches Wundermittel, das entspricht der perversen Logik der Doper, musste über kurz oder lang auch für die Sportlermast infrage kommen. Nur die extremen Nebenwirkungen hatten wohl lange einen Einsatz bei Athleten verhindert. Clenbuterol hat, in hohen Dosen verabreicht, nicht nur eine muskelbildende Wirkung. Es wirkt auch

Superstar Katrin Krabbe – geschluckt, was bei Ratten und Schafen schon wirkte?

auf das zentrale Nervensystem und stimuliert auf diese Weise den Doper oft bis ins Unerträgliche.

Die Liste der Nebenwirkungen reicht von Herzrhythmusstörungen, allgemeiner Unruhe, Übelkeit und Kopfschmerzen bis hin zur häufigsten und auffälligsten Folgeerscheinung – dem typischen Clenbuterol-Tremor, ein unwillkürliches Vibrieren der Gliedmaßen. Auf dieses »feine Fingerzittern« weist ausdrücklich auch der Beipackzettel des clenbuterolhaltigen Hustenkrampflösers Spiropent hin. Nachdem ihr positiver Dopingtest bekannt geworden war, sagten die drei Sportlerinnen aus Neubrandenburg, sie hätten dieses Mittel genommen, um die Atemwege frei zu bekommen.

Obwohl Clenbuterol bereits zuvor als Geheimtipp in der Szene der Untergrund-Doper kursierte, schaffen es hinzugerufene Fachleute einmal mehr, mit ihren Einlassungen das Problem zu verniedlichen. Springsteins Spiropent-Fall ist deshalb ein Musterbeispiel dafür, wie in Deutschland junge Sportler verführt und deren Eltern beruhigt werden. Der vom Krabbe-Anwalt hinzugeholte Frankfurter Pharmakologe Norbert Rietbrock ist in seiner ersten Erregung über den Fall genauso empört wie weite Teile der Öffentlichkeit. »Jeden Dreck«, sagt Rietbrock, hätten Springsteins Mädels »reingehauen«. Neben Spiropent noch Aspirin, ein Immunstimulanz, ein Magen- sowie ein Magen-Darmmittel – »jeden Blödsinn«, den man sich vorstellen könne. Doch dann erinnert sich der Frankfurter Ordinarius wohl, wer sein Auftraggeber ist, und rudert immer weiter zurück und befindet sich irgendwann auf der Linie des Spiropent-Herstellers, der sagt, sein Präparat sei ein »gut verträgliches Medikament ohne anabole Wirkung«.

Als noch größerer Verniedlicher geriert sich ausgerechnet der Olympiaarzt Joseph Keul. Der Freiburger Professor, immerhin einer der bekanntesten deutschen Sportärzte, diskreditiert Fahnder Donike als »Dopingkrösus« und sagt dann in einem Fernsehinterview im Sommer 1992, so als gebe es all die wissenschaftlichen Arbeiten gar nicht, mit Clenbuterol sei »kein Leistungsvorteil zu erzielen«.

Männer wie Keul sind deshalb mitverantwortlich dafür, dass sich in Deutschland eine weitreichende Dopingmentalität verankert hat. Alle erzieherischen Bemühungen von Eltern und verantwortungsvollen Trainern müssen scheitern, wenn die Herren mit den großen Namen wortreich erklären, all diese Mittel brächten doch gar nichts. Mit ihrem Argument, die Mittel seien doch gar nicht wirksam, wollen sie ausdrücken, Doping sei in Wahrheit gar kein so großes Problem.

Diese Haltung vieler Sportmediziner ist umso erstaunlicher, als sie damit ihre wissenschaftliche Reputation der Lächerlichkeit preisgeben. Denn während in Deutschland noch die große Verniedlichungsprozedur läuft, erscheint in *The Lancet*, der angesehenen britischen Fachzeitschrift für Medizin, im August 1992 ein Grundsatzbeitrag über Clenbuterol. Die Substanz, steht dort, habe auch bei Menschen ein »erhebliches therapeutisches Potenzial«. Selbst mit niedrigen Dosen könnten etwa bei Bettlägerigen und Nervenverletzten medikamentös Muskeln aufgebaut werden, der Patient müsse sich, anders als bei den Anabolika, nicht einmal viel bewegen. »Es wäre traurig«, resümiert *The Lancet*, wenn der zu erwartende Nutzen durch die »Idiotie einiger Sportler« aufs Spiel gesetzt würde. In einem Punkt irrt das Fachmagazin: Die Idiotie liegt zuletzt bei den Sportlern. Verantwortlich dafür sind in erster Linie die Trainer und die sie beratenden Ärzte, Apotheker und Wissenschaftler. (www.zsdebatten.com/dopingfrankeludwig)

Doch die Hintermänner von Krabbe II bleiben wieder einmal ungestraft. Der deutsche Verband sperrt Krabbe und Breuer wegen Medikamentenmissbrauchs für ein Jahr, Derr kommt mit acht Monaten davon. Der Internationale Leichtathletik-Verband legt noch einmal zwei Jahre drauf.

Krabbe wird wenig später ihre Karriere beenden. Springsteins eigene Karriere nimmt nur einen kleinen Knick, er muss seinen Posten in Neubrandenburg räumen, steht aber bald wieder auf den Füßen. Gegen andere Hintermänner wird erst gar nicht ermittelt. Als Werner Franke in Neubrandenburg eine Anzeige bei der Staatsanwaltschaft stellt, um klären zu lassen, auf welchen illegalen Wegen das hochwirksame, verschreibungspflichtige Medikament in die Hände der Sportler gelangt ist, stellt die Anklagebehörde das Verfahren kurze Zeit später schnell wieder ein, ohne ernsthaft ermittelt zu haben.

Dass Springstein trotz Krabbe I und Krabbe II überhaupt weiter als Trainer arbeiten darf – zunächst beim Schweriner SC, dann beim LT 85 Hannover, schließlich beim SC Magdeburg –, ist umso bemerkenswerter, da im Rahmen der Berliner Dopingverfahren Ende der neunziger Jahre gegen ehemalige DDR-Sportfunktionäre weitere Einzelheiten über Springsteins Vergangenheit auftauchen. Es ist ein eindrucksvoller Beweis für die deutsche Lethargie im Anti-Doping-Kampf: Statt ihre Mädchen nur von unbedenklichen Trainern betreuen zu lassen, wollen weder der Staat noch die betroffenen Vereine oder die Verbände so genau wissen, mit wem sie es zu tun hatten. Sie schauen lieber weg. Dabei hatte die Berlinerin Frauke Tuttas, die nach eigenen Aussagen als sechzehnjährige Hürdensprinterin in Neubrandenburg Anabolika erhalten hatte, Springstein schon sehr früh namentlich und eindeutig als Doper bestätigt.

Am 25. November 1997 kommt Tuttas auf das Polizeipräsidium in Berlin. Sie hat dort einen Termin mit Kriminalbeamten, die seit einigen Monaten versuchen, gegen die Verantwortlichen des Dopings in der ehemaligen DDR zu ermitteln. Auf die Frage, ob sie Oral Turinabol (OT), die Anabolika-Hausmarke der DDR, bekommen habe, antwortet sie: »Ja, von Herrn Springstein. Ich erhielt von ihm überwiegend die blauen OTs. Ich bekam von ihm aber auch weiße Tabletten ... Ich war 16 Jahre alt (1985), und eingenommen habe ich die Tabletten bis zum Frühjahr 1987 bis zu meinem Sportunfall.«

Sie sagt noch aus, dass sie niemals über die Nebenwirkungen von OT aufgeklärt worden sei und zwischenzeitlich bis zu drei Tabletten am Tag eingenommen habe. Einmal habe sie so starke Muskelverspannungen – eine typische Nebenwirkung von Anabolika – bekommen, dass sie nicht mehr über die Hürden gekommen sei. Sie sei von der Clubführung im Beisein von Springstein belehrt worden, Stillschweigen über die Pillen zu bewahren. Selbst ihren Eltern habe sie deshalb nichts davon erzählt. Und dann sagt sie noch, dass aus ihrer Trainingsgruppe andere Sportler ebenfalls OT eingenommen haben. In dieser waren damals Katrin Krabbe, Grit Breuer und Manuela Derr.

Als Rechtspflegerin ist Frauke Tuttas eine besonders wichtige Zeugin. Ihre Aussage fließt deshalb auch ein in das Gerichtsverfahren gegen führende Ärzte und Funktionäre der DDR, die wegen Körperverletzung vieler tausend Sportler angeklagt sind. (www.zsdebatten.com/dopingfrankeludwig)

Aber dann verschwindet Tuttas Aussage und das schwerwiegende Dopingindiz gegen Springstein irgendwo in den Gerichtsarchiven. Weil sie nicht genügend Zeit haben, kümmern sich weder die Kripo noch die Staatsanwaltschaft oder die Gerichte weiter um den Fall des Neubrandenburger Trainers. Und auch die Verbände, die durch das umfangreiche Recherchematerial der Berliner Ermittler eine einmalige Gelegenheit haben, ihr Personal zu überprüfen, lassen die Chance ungenutzt verstreichen.

Aufgeklärt wird das Neubrandenburger Mädchendoping letztlich nie. Katrin Krabbe hat stets gesagt, niemals gedopt zu haben. Breuer bestreitet noch im Jahr 2007 eidesstattlich, jemals Dopingmittel eingenommen zu haben. Und auch Springstein erklärt an Eides statt, niemals solche Pillen verabreicht zu haben.

## Exkurs: Krankhafte Lust und bizarre Zwitterwesen – die dramatischen Folgen des Anabolikadopings bei Frauen

Die Zurückhaltung des Staates und der Verbände, Dopingfälle wie die von Springstein lückenlos aufzuklären, ist umso frappierender, wenn man sich die Folgen der Anabolikagaben an Mädchen und Frauen vor Augen führt. Eine besonders dramatische Wirkung für Mädchen und junge Frauen haben Anabolika auf die Haut. Dermatologen sprechen von Dopingakne, womit nicht vereinzelte Pickel gemeint sind, sondern schwere, eitrige Veränderungen der Haut.

Die Steroide vergrößern die Talgdrüsen und steigern damit erheblich die Talgproduktion. Es bilden sich an der Hautoberfläche vermehrt Fettsäuren, und es nimmt die Population von Aknebakterien zu. Es gibt einige schwächer wirkende Anabolika, bei denen die Akne noch moderat verläuft, es existieren aber auch Präparate, bei denen die Pusteln im Gesicht, auf dem Rücken und der Brust derart rasant wachsen, dass die Athleten bald aussehen, als hätten sie einen Giftsäureanschlag hinter sich.

Zwar ist eine Reihe von Antibiotika erhältlich, mit denen die Entzündungen und Wucherungen eingedämmt werden können, doch es sind Fälle bekannt, in denen Sportlerinnen und Sportler ihre blühende Akne mit lebenslangen Narben, so genannten Keloiden, bezahlen. In einigen Fällen bedarf es auch einer aufwendigen, medizinisch-kosmetischen Aknetoilette, bei der die furunkelartige Hautblüte täglich mühsam abgeschliffen werden muss. (www.zsdebatten.com/doping-frankeludwig)

Warum sind diese Nebenwirkungen besonders für Spitzenathletinnen bedeutsam? Hochleistungssport zu betreiben, erfordert Härte, Energie und Konsequenz. Um die Schützlinge anzuspornen, nutzen Trainer die Konkurrenz innerhalb von Trainingsgruppen aus. »Viele laufen nur für ihren Trainer«, hat die Leverkusener Leichtathletin Anette Schenk einmal gesagt, Mädels sehen es als ihr höchstes Glück an, ihren Coach glücklich zu machen. Die Kölner Sportsoziologin Birgit Palzkill hat das Verhältnis zwischen Trainern und Athletinnen untersucht. Sie kommt zu dem Ergebnis, dass das »höchst problematische Abhängigkeitsverhältnis mit einem erheblichen Missbrauchspotenzial« verbunden ist. Denn auf der Basis dieser sehr vertraulichen Beziehung bedeutet auch das Überspringen der nächsten Barriere kein großes Opfer mehr – nämlich Bereitschaft zu zeigen, für den Trainer auch Dopingmittel einzunehmen.

Haben die Anabolika erst einmal ihre Wirkung entfaltet, beginnt ein Teufelskreis. Zunächst fühlen sich die vermännlichten Mädchen und Frauen weniger attraktiv. Breite muskulöse Schultern, ein aggressiver Gang, Akne, Behaarung an Kinn und Schultern setzen das Selbstwertgefühl herab, sodass die Trainer oft die wichtigsten und auch die erotisch attraktivsten Bezugspersonen sind. Zudem lassen Anabolika die Libido in exzessiver, krankhafter Weise steigern. »Die Steroide veränderten auch mein Sexualverhalten. Oft war ich wie eine Nymphomanin«, berichtete die amerikanische Sprinterin Diane Williams vor einer amerikanischen Untersuchungskommission.

Es gibt Trainer, die schöpfen die hormonell künstlich ausgelöste Steigerung der Libido als Art Zusatzprämie für ihre Mühen aus. Von etlichen Betreuern ist bekannt, dass sie sich auf intime Kontakte zu den ihnen unterstellten Schützlingen eingelassen haben.

Wie Sportlerinnen »auf übelste Weise ausgenutzt« (Palzkill) werden, exerzierte der deutsche Diskus- und Kugelstoßtrainer Christian Gehrmann vor. Den durch Anabolikagaben stämmig gewordenen

Claudia Losch – Olympiasiegerin und vom Trainer begehrt.

Mädchen bewies er, dass sie als Frauen noch begehrenswert sind. Nacheinander war Gehrmann mit der Fünfkampf-Weltrekordlerin Eva Wilms, der mehrfachen Deutschen Diskusmeisterin Ingra Manecke und der Kugelstoß-Olympiasiegerin Claudia Losch zusammen. Offenbar verlor Gehrmann aber sein sexuelles Interesse an seinen Schützlingen, sobald deren sportliche Leistungskraft nachgelassen hatte.

Weil der potente Trainer für Medaillen sorgte, scherten sich die Funktionäre nicht um die eigenwilligen Methoden Gehrmanns – obwohl sie seit langem Bescheid wussten. In einem anonymen Schreiben war der Verband informiert worden, dass die Sportlerinnen unter allen Umständen zur Weltklasse aufstreben wollten, um Gehrmanns »Hauptfrau« zu werden. Aber mit einem gelassenen Konter antwortete Gehrmann auf die Vorhaltungen: »Wen geht das was an, wenn ich mit einem netten Mädchen ausgehe?«

In der DDR waren die ausufernden Folgen der Anabolikamast besonders pikant, da hier Mädchen und Jungen eines Sportclubs systematisch gedopt wurden und die angefixte Masse junger Leute gemeinsame Trainingslager besuchte. Der Skisprung-Olympiasieger Hans-Georg Aschenbach berichtete nach dem Ende seiner Karriere in der *Süddeutschen Zeitung* vom 26. Juni 1989 über die fatale Wirkung der Dopingpillen, als er bereits im Westen als Arzt tätig war: »Manchmal war's kaum zum Aushalten. Diese Dinger waren gleichzeitig so potenzsteigernd, dass du plötzlich angefangen hast zu onanieren, im Wald, kurz vor dem Training hinter der Schanze, auf der Toilette oder sonst wo. Es ist wahnsinnig, aber du musst einfach. Die Skilangläufer hatten's gut. Dort fand immer ein reges Sexualleben zwischen Männlein und Weiblein statt. Die Spitzenathleten wurden oft auch von ihren Trainern befriedigt.« Dieser Umgang unter den künstlich stimulierten Teenagern und Twens alarmierte auch die Sportführung der DDR. Obermedizinalrat Manfred Höppner, der verantwortliche Arzt, berichtet dem Ministerium für Staatssicherheit als Inoffizieller Mitarbeiter vertraulich über die Folgen der sexuellen Stimulation, die zu regelrechten Orgien in den Trainingszentren geführt hatten.

Obwohl die gravierenden und zum Teil lebensbedrohlichen Folgen des Mädchendopings seit Jahren bekannt sind und Fachleute immer wieder auf die Gefahr hingewiesen haben, hält es bis zum heutigen Tag an – es ist deshalb ein besonders verwerfliches Kapitel deutscher Sportgeschichte.

Hans-Ludwig Krüskemper, ehemaliger Direktor der Uni-Klinik Düsseldorf, war einer der führenden deutschen Fachleute für den therapeutischen Einsatz von Steroiden. Er ließ schon Ende der Achtzigerjahre keinen Zweifel daran, dass es unverantwortlich, ja geradezu verbrecherisch ist, jungen Mädchen und Frauen Anabolika zu verabreichen. »Welches Anabolikum auch angewendet wird«, machte Krüskemper deutlich, »es entsteht in jedem Fall eine ›vermännlichende Wirkung‹.« Bei Kindern sei dies besonders schlimm, »weil das Sexualzentrum im Zwischenhirn noch nicht voll in Funktion sei«. Zu diesem Zeitpunkt würde die künstliche Zuführung männlicher Hormone dort »definitiv endgültige Veränderung« erzeugen. Und die Folgen? »Wenn sie jungen Frauen ein solches Präparat geben, dann führen sie letzten Endes ein künstliches (Pseudo-)Zwitterwesen herbei.« (www.zsdebatten.com/dopingfrankeludwig)

Sind das Horrorwarnungen eines allzu christlichen Wissenschaftlers? Sind es Übertreibungen, um Sportler und Funktionäre wachzurütteln? Mitnichten. Es ist die Realität. Es sind Mädchen bekannt, die wie Kerle über den Sportplatz laufen, die sich täglich das Kinn, die Achseln und die Beine rasieren müssen. Insider wissen auch von Frauen, deren Klitoris so groß geworden ist, dass sie aussehen wie kleine Penisse. »Meine Klitoris wuchs auf peinliche Ausmaße an«, berichtete Diane Williams, wie in dem Buch *Doping-Dokumente* von Brigitte Berendonk nachzulesen ist.

Und dann gibt es noch den Fall Krieger.

Eigentlich ist Andreas mit seinem Körper jetzt ganz zufrieden. Schwarze, »wenn auch sehr zarte Bartstoppeln« schmücken Kinn und Oberlippe. Die Schulterpartien sind kräftig, selbst der Oberkörper ist passabel. Als Beweis kramt der Berliner ein »richtig starkes« Urlaubsfoto hervor, das ihn ohne T-Shirt zeigt. Unter den Brustwarzen sind leicht gerötete, zehn Zentimeter lange Narben zu sehen.

Nur »hier drunter«, sagt Andreas und zieht mit seiner Hand einen Strich in Höhe des Bauchnabels, sehe er aus wie früher. Über 30 Jahre lang war Andreas eine Frau, sie hieß damals Heidi Krieger und war anfangs stolz auf ihre stattliche Statur.

Den Medaillenplanern der DDR fällt das Mädchen aus Berlin-Niederschönhausen früh auf: Die kräftige Heidi trifft beim Völkerballspiel mit dem rechten Arm derart scharf, dass ihr der Sportlehrer aus Angst um die Mitschüler befiehlt, mit links zu werfen. Gerade mal 13 Jahre alt, empfindet sie es als »wahnsinnige Auszeichnung«, in die Wurfklasse der Kinder- und Jugendsportschule »Werner Seelenbinder«, der Schmiede des Dynamo-Nachwuchses, aufgenommen zu werden. Alle ihre Kumpel sind nun Sportler und die Betreuer eine Art Ersatzeltern.

Und so kommen dem sechzehnjährigen Teenager auch keinerlei argwöhnische Gedanken, als sie ihr Trainer – es ist in der 15. Woche des Jahres 1982 – geheimnisvoll zur Seite nimmt. Er habe hier ein »unterstützendes Mittel«, erklärt der väterliche Willi Kühl, »mit dem kannst du mehr trainieren« – und genau darauf kommt es dem ehrgeizigen Mädchen an. Bereitwillig steckt es die blauen Tabletten ein, die sorgfältig in Silberpapier eingewickelt sind, um sie zu den befohlenen Zeiten zu schlucken. Weder Trainer noch Ärzte klären sie jemals über deren Wirkungen auf.

Heidi Krieger wird 1983 in Wien Junioren-Europameisterin. Im ersten Jahr schluckte sie 885 Milligramm Oral Turinabol, ein Jahr später sind es schon 1820, im Olympiajahr 1984 gar 2590 Milligramm. Parallel verbessern sich die Leistungen. Erstmals stößt sie die Kugel über 20 Meter. Sie ist in der Weltspitze angelangt; für sie ist es »ein Klasse-Erlebnis«.

Um ihre Gesundheit macht sich die 1,87 Meter große Kugelstoßerin keine Gedanken, sie hat »grenzenloses Vertrauen« zu ihren Betreuern, die gynäkologischen Untersuchungen bleiben zunächst ohne

Befund, und die Menstruation ist so pünktlich und selbstverständlich wie bei Gleichaltrigen.

Nur einmal kommt sie kurzzeitig ins Grübeln: Als ihr die Ärzte auftragen, die Antibabypille einzunehmen. »Was soll icke damit?«, fragt sie. Jungen sind für sie nur dufte Kumpel, der einzige sexuelle Kontakt besteht bisher in einem flüchtigen Kuss im Hausflur. Sie weiß nicht, dass Kontrazeptiva Bestandteil des Dopingprogramms der DDR sind. Die Mediziner fürchteten ungewollte Schwangerschaften und Missgeburten, weil Anabolika die sexuelle Stimulanz erhöhen und Föten schädigen können.

Während die Berliner Trainer an ihrem neuen Star basteln, machen sich im fernen Leipzig Experten Sorgen um die früh angefixte Heidi Krieger, deren Anabolikakonsum als »Sportler 54« in den Akten steht. Da es medizinisch unverantwortlich ist, Athleten zu dopen, deren Körper noch nicht entsprechend ausgebildet ist, erscheint dem Trainingswissenschaftler Lothar Hinz die »vorzeitige Anwendung« unbegründet: »Das Ausgangsleistungsniveau liegt deutlich unter den empfohlenen Vorgabewerten«, notiert er. Auch die extrem hohen Dosen der Dynamo-Sportlerinnen passen den Leipziger Kollegen nicht. Eigentlich dürfte die Grenze von 1000 Milligramm Anabolika im Jahr »in keinem Anwendungsfall überschritten werden«, schreibt Hinz in einer vertraulichen Expertise.

Die Betreuer in Berlin haben offenbar jeden Skrupel verloren. 1986 ist für die DDR ein besonderes Jahr, weil die Europameisterschaft im Lande des Klassenfeindes stattfindet und Ilona Slupianek, die Olympiasiegerin, ausfällt. Um für die Wettkämpfe in Stuttgart gerüstet zu sein, steigern sie die Dosis bei Krieger bis auf 25 Milligramm täglich. Im Kraftraum imponiert Heidi jetzt sogar Männern, wenn sie beim Bankdrücken 150 Kilo in die Höhe wuchtet.

Einige Tage vor dem entscheidenden Wettkampf setzt der Verbandsarzt noch eine »Überbrückungsspritze« mit Testosteron ins Gesäß, die Androgene sollen die aufgebaute Kraft konservieren und die Aggressivität steigern. Honeckers Dopingexperten haben wieder einmal ganze Arbeit geleistet: Überraschend gewinnt die Einundzwanzigjährige mit 21,10 Metern; sie liegt vor der ebenfalls hochgedopten Kollegin und Weltrekordlerin Ines Müller aus Rostock.

Doch so sehr ihr die Erfolge Genugtuung schenken, ihr Seelenleben ist längst in eine Schieflage geraten. Äußerlich ist sie eine Frau mit »stinknormalen Brüsten, jeweils eine gute Hand voll«, wie sie sagt. Auf der anderen Seite fühlt sie sich dem eigenen Geschlecht nicht mehr zugehörig. Sie hätte ihre Freundin »sofort geheiratet, wenn ich ein Mann gewesen wäre«, sagt sie.

So müht sich Heidi Krieger, ihre fraulichen Reize zu verstecken. Sie schminkt sich nie, und als vor einem Fernsehauftritt in Stuttgart eine Maskenbildnerin mit einem schwarzen Kajalstift auf sie zukommt, fragt sie sich: Will die mich erstechen?

Hochgedopt zum Europameister-Titel – Heidi Krieger.

Sport wird für Heidi immer wichtiger, er bedeutet nicht Trainingsqual und Leistungsdruck, sondern Befreiung: »Hier kann ich kräftig sein, ohne mich rechtfertigen zu müssen.« Sie ahnt noch nicht, dass ihr auf 103 Kilogramm hochgezüchteter Körper, dessen sich die DDR zur Produktion von Medaillen bemächtigt hat, zur seelischen Last werden würde.

Doch dann machen sich infolge des harten und schnellen Aufbautrainings orthopädische Schäden bemerkbar: Der Rücken tut unaufhörlich weh, sie wird an der Hüfte und am Knie operiert, für Olympische Spiele und Weltmeisterschaften kann sie sich nicht qualifizieren.

Als sie 1987 nur mit einem vierten Platz von den Hallen-Weltmeisterschaften in Indianapolis zurückkommt, wird sie von Cheftrainer Ekkart Arbeit zusammengestaucht. Auch mehr als fünf blaue Tabletten täglich bringen sie nicht mehr voran. Im Kopf verfestigt sich eine Blockade: In Wettkämpfen erreicht sie niemals mehr die Ergebnisse, zu denen sie in der Lage gewesen wäre.

Nach der Wende versucht Heidi Krieger einen neuen Anlauf, doch Muskeln und Knochen können nicht mehr, sie trainiert nur noch unter Schmerzen. 1991 muss sie ihre Sportkarriere beenden – und verliert damit ihren letzten Halt. Und was weitaus schlimmer ist: Die chemisch aufgetrimmten Muskeln werden zur Belastung, sie findet »keine Beziehung mehr zu meinem Körper«.

Sie wirft alle Röcke und Blusen in den Müll, trägt nur noch weite Kleidung, damit niemand denken könne, sie sei eine Frau. Einige Male fühlt sie »sich angemacht von Leuten, die glauben, ich sei ein Kerl«. Sie geht nicht mehr ins Schwimmbad, meidet öffentliche Verkehrsmittel und schämt sich, die Damentoilette aufzusuchen.

Eines Tages bekommt sie von ihrer Mutter das Doping-Enthüllungsbuch der Heidelbergerin Brigitte Berendonk geschenkt, in dem sie als »Hormon-Heidi« beschrieben wird. Erst jetzt wird ihr bewusst, dass ihr Wunsch, ein Mann zu sein, womöglich mit den blauen Pillen, den irrsinnigen Mengen virilisierender Medikamente, zusammenhängt.

Der Sport ist zu diesem Zeitpunkt für Heidi Krieger schon ferne Vergangenheit. Seit 1991 hat sie keine Trainingshalle mehr betreten.

Als Heidi Krieger nach fast zehn Jahren Hormondoping ihre Sportkarriere beendet, ist sie weder Mann noch Frau. Sie fühlt sich als Mann und hasst ihren weiblichen Körper dermaßen, dass sie, wie sie sagt, »am liebsten mit dem Auto gegen einen Baum fahren« würde.

Fünf Jahre lang quält sie sich in diesem geschlechtsneutralen Zustand. Mehr als andere Transsexuelle beschäftigt sich Heidi Krieger mit der Frage nach den Ursachen. Trägt wirklich nur sie selbst Verantwortung für ihren Seelennotstand? Ist es das burschikose Leben im Sportclub gewesen? Oder waren es etwa die blauen Pillen, von denen sie erst sehr viel später erfahren hatte, dass es Muskelmacher mit virilisierender Wirkung waren?

Nachdem ihr bei einer psychiatrischen Behandlung eine Suizidgefährdung attestiert wird, lernt Heidi Krieger 1994 einen Transsexuellen kennen, mit dem sie in langen Gesprächen ihre durcheinandergewirbelte Gefühlswelt ordnet. Sie beschließt, die ungewollt eingeleitete Umwandlung zum Mann zu forcieren. Ein Arzt verschreibt ihr nun genau diese Art von Hormonpräparaten, die sie früher im Sport bekommen hat.

Und dann macht sie den letzten Schritt: Die ehemalige Europameisterin Heidi Krieger lässt sich in einer vierstündigen Operation endgültig »umbauen«, wie sie sagt. Ärzte entfernen ihr Gebärmutter, Eierstöcke und Brüste. Aus der Narkose erwacht Andreas Krieger.

Schon bald nach der Operation genießt Andreas »das Kribbeln im Bauch«, wenn er mit Frauen flirtet, und die Blicke, »wenn sich die Damenwelt nach mir umschaut«. Der gelernte Einzelhandelsverkäufer ist von seiner inneren Zerrissenheit geheilt. Doch er weiß auch, dass er nie »ganz normal« sein wird. Das Geschlechtsleben wird immer eingeschränkt bleiben.

Heute engagiert sich Andreas Krieger im Kampf gegen Doping. Der Verein »Dopingopferhilfe« zeichnet regelmäßig Menschen aus, die sich in diesem Bereich besonders verdient gemacht haben. Im Andenken daran, was die Kraftpillen aus Mädchen machen können, heißt die Auszeichnung »Heidi-Krieger-Medaille«.

Anabolika verändern bei Mädchen aber nicht nur – wie vom Mediziner Krüskemper beschrieben – das Sexualzentrum und das Hormonsystem. Es können zum Teil bizarre Schäden im Genitalbereich auftreten oder sich Zysten am Eierstock bilden (www.zsdebatten.com/dopingfrankeludwig), Anabolika können sich auch dramatisch auf die folgende Generation auswirken.

Auch dafür hat die DDR einige Belege geliefert. Martina Gottschalt und Jutta Gottschalk waren als junge Mädchen Zimmergenossinnen in einem Magdeburger Sportlerinternat, später errangen beide für den DDR-Sport Medaillen. Einige Jahre danach haben die einstigen Schwimmkolleginnen eine weitere Duplizität entdeckt. Beide sind Mütter behinderter Kinder, und beide glauben, so Martina Gottschalt: »Das kann kein Zufall sein.«

Die einstige DDR-Meisterin im Rückenschwimmen brachte 1985 einen Sohn mit einem Klumpfuß zur Welt. Ihr zweiter Sohn war eine

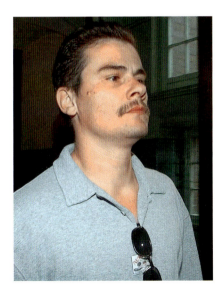

Früher Heidi, heute Andreas – Spätwirkungen des Dopings?

Frühgeburt. Während einer weiteren Schwangerschaft musste sie wochenlang im Krankenhaus liegen, um eine Fehlgeburt zu vermeiden. Die Tochter ihrer Kollegin Jutta Gottschalk wurde 1994 mit einem blinden Auge geboren; in ihren ersten fünf Lebensjahren hat die kleine Corina elf Operationen durchgemacht.

Zur Sprache kamen die Behinderungen und Schwangerschaftskomplikationen auch am Rande eines Berliner Dopingprozesses: Sieben ehemalige Hochleistungsschwimmerinnen, darunter Gottschalt und Gottschalk, traten als Nebenklägerinnen gegen den früheren DDR-Schwimmverbandsarzt Lothar Kipke auf. Der wurde verurteilt, weil er den Sportlerinnen mit der Verabreichung von männlichen Hormonen gesundheitliche Schäden zugefügt hatte.

Die Einnahme der Schnellmacher war in der DDR streng reglementiert. Die Tagesration habe aus fünf bis zehn Milligramm, also ein bis zwei Pillen, bestanden, hat der Mediziner Dieter Binus, Mitglied der Ärztekommission des Schwimmsportverbandes, vor den Berliner Ermittlern ausgesagt. Die Anwendung sei auf drei bis vier Wochen limitiert gewesen: »Somit sollte eine Gesamtdosis von 600 bis 1000 Milligramm pro Jahr nicht überschritten werden.«

Außerdem, so Binus, durften die Hormone nur Sportlerinnen gegeben werden, »die ihre Menarche hatten und gynäkologisch untersucht waren«. In Wahrheit jedoch, so berichteten Sportlerinnen der Kripo, hätten Ärzte bei einigen die erste Monatsblutung künstlich eingeleitet, um früher mit dem Dopen beginnen zu können.

Martina Gottschalt bekam die Folgen der Gewaltkur schnell zu spüren. Doch selbst als ihre Stimme immer tiefer wurde und sie einen Gallengangverschluss erlitt, wehrte sie sich nicht. »Ich habe mich nicht getraut«, sagt sie, »ich dachte nicht, dass mir jemand glaubt.« Noch zwei Jahrzehnte nach ihrem Karriereende war Martina Gottschalts Hormonspiegel gestört: »Hyperandrogenämie« nennen Mediziner den überhöhten Anteil männlicher Hormone.

Martina Gottschalt ist kein Einzelfall. Als das erste Kind von Karin Balzer, Hürdensprint-Olympiasiegerin von 1964, an einem Tumor erkrankte, warnte ein Mediziner: Wenn sie ein zweites Kind bekommen wolle, sollte sie sich weigern, die Mittel zu nehmen. Als die Rückenschwimmerin Rica Reinisch, dreimalige Olympiasiegerin von Moskau 1980, wegen ständiger Eierstockentzündungen einen Gynäkologen aufsuchte, erfuhr sie, »dass mein Blut einen Überschuss an männlichen Hormonen aufwies«. Das sei der Grund, »weshalb meine Entzündung nicht abheilen konnte«. Über Schwangerschaftsstörungen und Erkrankungen ihrer Sexualorgane berichten später auch viele der einstigen Gottschalt-Kolleginnen der Berliner Kripo. Eine Schwimmerin gab an, insgesamt vier Fehlgeburten erlitten zu haben; noch immer leide sie unter einer Eileiterverklebung.

Natürlich wussten auch die Dr. Mabuses des DDR-Sports, was den jungen Sportlerinnen gesundheitlich drohte. In einer Notiz hat Sportarzt Kipke einschlägige Anabolikanebenwirkungen aufgeführt: »Bei Schwangerschaft transplazentare Virilisierung der weiblichen Feten.« (www.zsdebatten.com/dopingfrankeludwig)

Und Manfred Höppner, einer der kundigsten Mediziner der sozialistischen Körperkultur, teilte dem Ministerium für Staatssicherheit mit, dass die Anwendung von anabolen Hormonen während einer Frühschwangerschaft zu Missbildungen führen könne, deshalb werde die gleichzeitige Anwendung von Antikonzeptionsmitteln empfohlen. Trat während des Anwendungszeitraumes von anabolen Hormonen dennoch eine Schwangerschaft ein, wurde in jedem Fall eine Schwangerschaftsunterbrechung angeordnet.

## Fit mit Grit – die Wiederauferstehung

Doch aus der Geschichte hat Deutschland offensichtlich nichts gelernt. Die Abscheulichkeit des Mädchendopings geht nach der Wende weiter, wenn auch nicht so systematisch und auch nicht so flächendeckend wie einst in der DDR.

Schnell ist Grit Breuer unterwegs beim Testlauf über 200 Meter: der Oberkörper kerzengerade, die Arme exakt angewinkelt. »Los,

Grit«, ruft der deutsche Trainer Idriss Gonschinska. »Klasse, Grit«, schreit sein Kollege Paul-Heinz Wellmann.

1996 ist Grit Breuer zurückgekehrt in die deutsche Mannschaft. Es ist Olympia. Drei Jahre lang war sie wegen Medikamentenmissbrauchs gesperrt, in Atlanta ist sie »total happy, dass ich die 400 Meter unter 51 Sekunden laufen kann.« Für diese Aussicht hat der Verband sogar ihren Trainer Thomas Springstein, den viele längst als Drahtzieher der Krabbe-Affären für eine Art »dirty finger« des deutschen Sports halten, sozusagen zur Bewährung in den Begleittross aufgenommen.

Einerseits fühlen sich die meisten Verantwortlichen und Kollegen als Resozialisierungshelfer, wenn sie, wie Werner von Moltke, 1996 Vizepräsident des Deutschen Leichtathletik-Verbandes, immer wieder betonen: »Jeder hat eine zweite Chance verdient.« Andererseits steht die Vergangenheit anfangs doch noch ein wenig im Wege. Und einigen anderen bleibt nichts als ein fast krampfhaftes »Vergessen dieser Vergangenheit«, wie Bundestrainer Paul Schmidt es ausdrückt. Die meisten aber halten das Duo Springstein/Breuer für unverzichtbar, weil es Medaillen verspricht, und die sind wichtig für das Image des Verbandes, vor allem aber für die staatlichen Zuschüsse, die sich nicht an den reinen Werten einer Sportart bemessen, sondern allein an Erfolgen.

Mit Grit Breuer, hofft der Verband, dem die Helden der Vergangenheit wie Krabbe, Heike Henkel oder Heike Drechsler ausgehen, habe man endlich wieder eine, die eine echte Geschichte vorzuweisen hat: Kind der DDR, in Seoul mit 16 Jahren schon einmal bei Olympia.

Grit Breuers Haare sind jetzt kurz und auf frech getrimmt. Zum Training erscheint sie im knappen, zweiteiligen roten Laufanzug und in gelben Schuhen – so wird Selbstbewusstsein demonstriert. »Sie ist wichtig für das Team«, sagt Moltke, »weil sie das Zeug zu einem Weltstar hat.«

Als eine der wenigen deutschen Leichtathletinnen hat sie eigene, insgesamt sechsstellige Werbeverträge, unter anderem mit Polydor und Mizuno. Doch so ganz gelingt dem Duo Sprinstein/Breuer in Atlanta die Flucht vor der Vergangenheit zunächst nicht. Der Mann, der

Mit allen Mitteln – eine Läuferin und ihr Trainer.

den Medikamentenmissbrauch einst so kühl einfädelte, zeigt Nerven. Fällt der Name Katrin Krabbe, zischt Thomas Springstein: »Wer ist denn das?« Krabbe ist zurückgetreten, Krabbe wird nicht mehr gebraucht, Krabbe ist Geschichte.

Und dann trägt Grit Breuer wesentlich dazu bei, dass die deutsche 4 x 400-Meter-Staffel in Atlanta die Bronzemedaille gewinnt. Noch steht Springstein stets etwas abseits, wenn sich die erfolgreiche deutsche Mannschaft in der Öffentlichkeit präsentiert. Denn es gibt Leute wie Manfred von Richthofen, den ehemaligen Präsidenten des Deutschen Sportbundes, die den Trainer nach wie vor für »einen Brunnenvergifter« halten.

Aber die Front der Ablehnung bröckelt mit den Erfolgen der Sportlerinnen immer weiter. Es ist ein Wesensmerkmal für die Haltung zum Doping in Deutschland: Sobald spektakuläre Erfolge da sind, heiligt der Zweck jedes Mittel. Es entstehen Allianzen zwischen Trainern, Funktionären, Sponsoren und nicht zuletzt zu den meisten Medien, gegen die keine Anti-Doping-Bewegung bestehen kann.

Ein Jahr nach Atlanta hat Grit Breuer ihre alte Leistungsstärke wieder. Als fulminante Schlussläuferin der 4 x 400-Meter-Staffel sichert sie der deutschen Mannschaft eine der fünf Goldmedaillen bei den Weltmeisterschaften in Athen. »Ohne Springstein hätte ich das nie geschafft«, sagt sie danach. Und der Trainer trägt nun wieder das alte Selbstbewusstein vor sich her. Gegenüber der *Berliner Zeitung* sagt er im August 1997, die Funktionäre des Deutschen Leichtathletik-Verbandes »nehmen die Leistung in Anspruch, aber honorieren es nicht. Was ist, wenn Grit Breuer keine Staffel mehr läuft, sondern nur noch das macht, was sie braucht, um uns zu ernähren?«

Die Botschaft ist klar: Breuer und Springstein, die inzwischen auch privat ein Paar geworden sind, wird es in Zukunft nur im Doppelpack geben. Nachdem Breuer 1998 bei den Europameisterschaften in Budapest zwei Titel holt, ist damit auch der Weg für Springstein geebnet. Springstein bekommt einen Honorarvertrag. Selbst Helmut Digel, der damalige Präsident des DLV und Sportwissenschaftler mit einem Schwerpunkt auf Fragen der Ethik des Hochleistungssports, knickt jetzt ein. Man könne nicht die Goldmedaillen von Breuer bejubeln und die Anstellung ihres Trainers und Lebensgefährten kritisieren, schleudert er Kritikern des Vertrages entgegen. Basta. »Wir werden Trainern, die an Dopingvergehen beteiligt waren, den Weg zurück eröffnen«, hatte er vorher schon angekündigt. Durch die Hintertür ist somit in Deutschland ein Trainer, von dessen zwielichtigem Ruf jedermann in der Branche weiß, an die Töpfe der vom Staat bezahlten Sportförderung zurückgeführt worden.

Die Verpflichtung ist auch ein Signal. Ein Signal an all jene Eltern, die mitbestimmen wollen, mit wem ihre Kinder zusammen trainieren sollen. In Berlin gibt es eine Initiative von Eltern sportlich begabter Mütter und Väter, die die Forderung stellen, dass auch der Nachwuchsleistungssport unter pädagogischer Anleitung betrieben werden muss. Sie wehren sich gegen die bedingungslose Medaillenjagd auf Kosten der Kinderseele. Springstein hat für solches Gedankengut nichts übrig. So sagt er gegenüber der *Berliner Zeitung* am 26. August

1997: »Wenn die Eltern keinen Leistungssport wollen, dann sollen sie ihre Kinder doch zum Freizeitsport schicken. Oder zum Klavierunterricht.« Die Aussage ist ein Beleg dafür, dass es noch heute Trainer gibt, die einen humanen Leistungssport für ausgeschlossen halten. Dass es im Sport Personen gibt, die Kinder nur als formbare Masse für die Erfüllung nationaler Medaillenträume sehen.

Doch eine offene Debatte über Kinderarbeit im Sport wird in Deutschland längst nicht mehr geführt. So können Breuers Erfolge weiter die Lebensgrundlage des Duos Springstein/Breuer bleiben. Und als bedürfte es noch eines Beweises, wie verankert die Dopingmentalität und die Gedanken der hemmungslosen Leistungsförderung in Verbänden wie dem DLV sind, wird Springstein im Jahre 2002 nach einem erneut erfolgreichen Jahr seiner Partnerin zum »Trainer des Jahres« gekürt. Ganz offen hatte Springstein bekannt, dass er selbst nach den beiden Dopingaffären nicht von seiner Haltung abgewichen ist. Es gehe in seiner Branche um »Geld und Rekorde«, sagte er der *Berliner Zeitung* im August 1997, und Sport ohne Doping sei »ein Traum, das wird man nicht erreichen«.

Mit seinem zurückgewonnenen Ruhm im Rücken kann sich Springstein nun auch wieder trauen, solche Sätze öffentlich zu sagen. Er ahnt wohl, dass die verschwiegene deutsche Dopingallianz die Hände schützend über ihn hält. Auch die *Frankfurter Allgemeine Zeitung*, die für sich in Anspruch nimmt, eine Deutungshoheit über den deutschen Spitzensport zu besitzen, verschleiert jetzt, worum sich der Fall Springstein dreht: Es sei »das Gefecht zwischen Springstein auf der einen Seite und westdeutschen Funktionären und Dopingfahndern auf der anderen« gewesen (5. Dezember 2002).

Springstein – ein Opfer innerdeutscher Spannungen nach einer auch im Sport verkorksten Wiedervereinigung? Wohl kaum. Wie nachlässig sein Verein in Magdeburg handelte, als er zwar die über 60 Medaillen bejubelte, die Springsteins Truppe in fünf Jahre seines Wirkens holte, aber sich offensichtlich nicht darum kümmerte, wie diese Medaillenjagd zustande kam. Wie falsch die Medien lagen, als sie

Springstein hofierten, wie falsch die Sponsoren lagen, die Springsteins Wirken in Magdeburg großzügig begleiteten, und wie nachlässig die Funktionäre handelten, die an eine Resozialisierung Springsteins glaubten, zeigte sich spätestens am 28. September 2004. An diesem Tag führt die Magdeburger Staatsanwaltschaft in der Wohnung des Läufer-Trainer-Paares in Gerwisch bei Magdeburg eine Hausdurchsuchung durch.

### Der Zusammenbruch – der dritte Dopingskandal

Die Razzia bei Springstein geht auf eine Aktivität der Nachwuchssportlerin Anne-Kathrin Elbe zurück. Der Startrainer hatte der jungen Hürdensprinterin ein Mittel gegeben und es als völlig harmloses Kreatin- und Vitaminprodukt bezeichnet. Bei der Analyse stellt sich die Substanz jedoch als Andriol mit dem Wirkstoff Testosteron-Undecanoat heraus, also ein klassisches Dopingmittel.

Und dann finden die Ermittler bei der Durchsuchung bei Springstein ein Dopingarsenal: Steroide, Insulin, Wachstumshormon und Spritzenbesteck, dem weibliches Zellmaterial anhaftet. Die Fahnder nehmen auch den Computer Springsteins mit, um ihn auf verdächtige Korrespondenz zu überprüfen.

Eine Woche nach der Durchsuchung unterschreibt Springstein eine eidesstattliche Versicherung: »Ich habe von mir als Trainer betreuten Sportlern und Sportlerinnen noch nie Mittel verabreicht oder besorgt, deren Einnahme verboten war.« Auch habe er seiner Athletin Elbe niemals Andriol gegeben. »Die jüngst von der Staatsanwaltschaft ... gefundenen Andriol-Kapseln waren ausschließlich für meinen Eigenbedarf bestimmt und nur zu diesem Zweck aufbewahrt worden.«

So richtig kann die Staatsanwaltschaft dieser Aussage nicht glauben. Sie findet auf Springsteins Computer verdächtige E-Mails, in denen es um die Bestellung und Dosierung von Insulin, Wachstumshormon und Anabolika geht. Springsteins Adresse lautete »Top.speed«, ein Berater nennt sich »Top Doc«. Und die Ermittler vergleichen die

Infos in den Mails mit den Präparaten, die sie bei Springstein gefunden haben.

Der E-Mail-Verkehr mit dem spanischen Arzt Miguel Angel Peraita sowie Aufzeichnungen und Dopingpläne zeigen, wie geschickt die Öffentlichkeit jahrelang hinters Licht geführt wurde: Anabole Steroide, Wachstumshormon, Insulinpräparate, Aufputschmittel. Es ist das ganze Pharmaprogramm nach dem Muster des DDR-Dopings, aufgefrischt mit modernsten Mitteln und dem Wissen des Westens.

Grundlage des Aufbauplans von Springstein waren danach vor allem Anabolika. Zum Beispiel das Mittel Oxandrolon, das die Ermittler in einem weißen Kunststoffbehälter mit grünem Deckel im Arbeitszimmer Springsteins finden. 88 gelbe Gelatinekapseln mit dem weiß-beigen Pulver sind noch da.

Normalerweise bekommen es Jungen, bei denen die Pubertät verzögert einsetzt. Peraita schreibt in einer Mail: »Ox ist kein starkes Produkt, aber für Frauen sehr effizient.« Es eigne sich »hervorragend für Schnelligkeit« und habe zudem den Vorteil, dass der Athlet »leicht clean« werde. Ein probates Mittel also, um Dopingfahnder auszutricksen. Der Arzt aus Spanien bestätigt in einem Fax die Bestellung des Präparats und gibt handschriftlich einen Dosierhinweis. In der rechten oberen Ecke steht der Buchstabe »G«. Die Ermittler gehen davon aus, dass damit Grit Breuer gemeint ist. In einer weiteren Betreffzeile einer Mail aus dem Jahr 2004 heißt es: »Comeback G. B.« Beobachter ziehen den Schluss, dass es sich auch dabei um die Initialen von Springsteins Lebensgefährtin Grit Breuer handeln muss. Springsteins Anwalt Peter-Michael Diestel dementiert energisch. Die Buchstabenfolge »G. B.« stehe »auf gar keinen Fall für Grit Breuer«. (www.zsdebatten.com/dopingfrankeludwig)

Fahnder finden im Arbeitszimmer von Springstein auch Testex Elmu, ein in Deutschland nicht zugelassenes Steroidpräparat. Aus einer Packung mit vier Ampullen fehlt eine. Laut Peraita ist es »sehr stark« und für den Beginn eines Trainingszyklus geeignet. Und die Fahnder finden Beipackzettel für Testosteronpflaster. Ausdrücklich weist Pe-

## Die **11** beliebtesten
# DOPINGMITTEL

**1. Epo** – steigert die Zahl der roten Blutkörperchen und bringt am Berg und im Schlussspurt die zweite Luft. Geständig: Rolf Aldag, Bjarne Riis, Erik Zabel (Radfahrer).

**2. Thais** – der Klassiker unter den Anabolika; unter dem Namen Dianabol oder Metandienon seit Jahrzehnten Freund vieler Kraftsportler, weil sie extrem muskelaufbauend wirken. Überführt: Svetanka Christowa (Diskuswerferin).

**3. Salbutamol** – gängiges Mittel für Asthmatiker, wirkt aber auch muskelaufbauend, weswegen viele Radfahrer oder Schwimmer angeben, Asthmatiker zu sein und diese Mittel wegen ihrer Krankheit zu brauchen. Überführt: Alessandro Petacchi (Radfahrer).

**4. Nandrolon** – begehrt, weil es ein sehr lang wirkendes Anabolikum ist, deshalb auch in der Viehhaltung und in der Humanmedizin sehr beliebt. Aber auch lange Zeit nachweisbar. Überführt: Linford Christie (Leichtathlet).

**5. Kortison** – wirkt entzündungshemmend, sehr beliebt bei Sportlern, weil es den Schmerz bei Anstrengungen lindert und die Müdigkeit bekämpft. Geständig: Richard Virenque (Radfahrer).

**Andriol** – erhöht den Testosteronspiegel; es wirkt leicht muskelaufbauend, wird von Sportlern besonders geschätzt, weil es die Regeneration beschleunigt. Bei geringer Dosis schwer nachweisbar. Überführt: Martin Bremer (Leichtathlet).

**Synacthen** – gentechnisch hergestelltes Hormon, das die körpereigene Produktion von Kortikoiden anregt. Wirkt schmerzlindernd und leicht euphorisierend. Geständig: Ludo Dierckxsens, Jörg Jaksche (Radfahrer).

**Insulin** – das gängige Mittel für Zuckerkranke macht Sportler glücklich: wirkt leicht muskelaufbauend und beschleunigt die Regeneration nach Strapazen. Verdächtigt: Marco Pantani (Radfahrer).

**Clenbuterol** – Mittel aus der Gruppe der Beta-2-Agonisten; ein Hustenmittel, weil es die Bronchien erweitert, wirkt aber auch leicht muskelaufbauend und beschleunigt den Abbau von Fett. Überführt: Katrin Krabbe, Grit Breuer (Leichtathletinnen).

**Wachstumshormon** – gentechnisch hergestelltes Hormon der Hirnhangdrüse, wirkt etwas schwächer als Anabolika, schmelzt Fettreserven. Geständig: Jörg Jaksche (Radfahrer).

**Eigenblut** – entnommenes Blut wird gebunkert und bei Bedarf reinfundiert; wirkt wie Epo, ist aber bisher kaum feststellbar. Verdächtigt: Jan Ullrich (Radfahrer).

raita darauf hin, dass die angegeben Einnahmezeiten eingehalten werden müssen – »um beim Wettkampf wieder clean zu sein«. »Holla Doc«, schreibt Springstein in holprigem Spanisch, er könne dieses Produkt in Deutschland bekommen: »Kann ich dieses benutzen?« – »Dear Champ«, antwortete der Arzt, kein Problem, einfach für sechs Stunden auf Rücken oder Schulter kleben.

»Wir brauchen deine Vorschläge für die nächsten Trainingswochen«, heißt es in einer weiteren Nachricht von Springstein an Peraita. In einer anderen geht es um eine Athletin, die nur 3000 Euro aufbringen könne für eine Behandlung. »Wenn sie besser läuft, kann sie nächstes Mal mehr zahlen.«

Außerdem setzt Springstein anscheinend Wachstumspräparate ein, die für Kleinwüchsige entwickelt worden sind. Deren Wirkung ist zwar nicht so stark wie die von Anabolika, sie haben aber den Vorteil, bei Kontrollen nicht entdeckt zu werden. Detailliert gibt Peraita vor, wie Springstein das Mittel injizieren soll: »Ein Schuss alle fünf Tage, vier Einheiten nahe an der Sehne.« Zum »Feintuning bis eine Woche vor einem wichtigen Rennen« gibt es zusätzlich das Hormonpräparat Genotropin.

Bis kurz vor den Europameisterschaften in Budapest 1998 wandten Springstein und Breuer laut Plan das ebenfalls nicht zu identifizierende Insulinpräparat IGF an. In einem Anwendungshinweis heißt es: »Sechs Einheiten vor dem Frühstück ... sechs Einheiten zur Nacht.« Wie bereits erwähnt: Breuer holte zweimal Gold und schaffte damit endgültig die Rückkehr in die Hautevolee der deutschen Leichtathletik.

Ein Mail-Wechsel aus dem Jahr 2000 legt nahe, wie Springstein seine Athletin auf die Olympischen Spiele in Sydney vorbereitete. Trotz harten Trainings bringt Breuer danach nicht die erhofften Zeiten. »Wir haben das ganze Programm absolviert«, schreibt Springstein und bittet vor den Deutschen Meisterschaften in Braunschweig um Hilfe. Der Arzt in Spanien weiß Rat und listet 13 Punkte auf. Unter anderem empfiehlt er »Material«, das Synonym für Epo: »Nimm

1000 Einheiten an zwei aufeinanderfolgenden Tagen, dann einen Tag Pause, über zwei bis drei Wochen.« Außerdem schlägt der Arzt STMR-S vor – ein bis dahin kaum bekanntes Aufputschmittel.

Eingesetzt wird laut dieser E-Mails auch Oxyglobin, eine Substanz aus der Tiermedizin, die ähnlich wirkt wie Epo – ein Stoff, der bisher nirgendwo für den Einsatz beim Menschen zugelassen ist.

Außerdem finden die Ermittler angebrochene Schachteln, Dosierungshinweise und Anwendungsaufzeichnungen für die Steroidmittel Andriol, Neuroglandular F, Stromba, Testis Compositum N und Virormone, ein weiteres vermutlich testosteronhaltiges Präparat, das Tito oder Titos genannt wird, Testosteronpflaster, das Insulinpräparat Ultratard sowie die Aufputschmittel Koffein und STMR.

Wer die Hinweise für diese Programme liest, muss den Sinn von Dopingkontrollen grundsätzlich infrage stellen. Springsteins Freundin gehörte jahrelang zu den meistgetesteten Leichtathleten in Deutschland. Sie war nie positiv. Mit seinem Know-how und dem seines Beraters muss es Springstein gelungen sein, die Lücken des Dopingkontrollsystems rigoros auszunutzen. Breuer tritt im Dezember 2004 zurück, als die Ermittlungen gegen Springstein auf Hochtouren laufen. Auch der Leichtathletik-Verband will jetzt genau von ihr wissen, wie ihre Leistungsstärke von einst zu erklären ist. Doch selbst wenn sich die Funktionäre jetzt um Aufklärung bemühen, belegt der Fall Springstein die Doping duldende Haltung des Verbandes. Zwar waren die Einzelheiten des Vorbereitungsprogramms von Springstein nicht bekannt, wohl aber die Methoden, mit denen der Mann aus Magdeburg seit vielen Jahren arbeitete. Indem der DLV Springstein dennoch im Jahre 2002 zum »Trainer des Jahres« kürte und damit seine Methoden ausdrücklich würdigte, machte er sich mitschuldig an diesem düsteren Kapitel deutscher Sportgeschichte. Niemand würde auf die Idee kommen, einen verurteilten Kinderschänder wieder in einem Heim für Jungen und Mädchen arbeiten zu lassen. Ein Trainer aber, der die Vergabe von Clenbuterol an junge Frauen zugegeben hatte, durfte sich erneut an jungen Sportlerinnen austoben.

Als Einzelheiten aus seinem Computer bekannt werden, schweigt Springstein zu den Anwürfen. Sein Anwalt Diestel begründet den Mail-Austausch mit der »wissenschaftlichen Akribie« Springsteins, der »als Trainer Grenzbereiche« ausleuchten wolle. Grit Breuer bestreitet ihre Schuld. Sie wolle sich ihren »guten Ruf« nach Abschluss ihrer Karriere nicht zerstören lassen, lässt sie durch ihren Anwalt Diestel ausrichten.

Auch der 800-Meter-Olympiasieger Nils Schumann und die Hürdenläuferin Ulrike Urbansky, ebenfalls Springstein-Schützlinge, geraten in den Sog der Ermittlungen, sie müssen sich wie Breuer einem Sportgericht stellen. Gegen Urbansky gibt es nur zarte Hinweise in den Akten. Schumann, der jedes Doping abstreitet und erst 2003 zu Springstein wechselte, soll Wachstumshormon bekommen haben, und es findet sich auch der Hinweis, dass Schumann das Anabolikum Testis Compositum eingenommen haben soll. Ein Sportgerichtsverfahren gegen den Mittelstreckler wird jedoch wegen des Mangels an Beweisen bald eingestellt.

Unklar erscheint nach der vorhandenen Aktenlage, welche Rolle der Leichtathletikmanager Jos Hermens in der Affäre spielt. Hermens ist einer der einflussreichsten Drahtzieher der Leichtathletikbranche. Viele Weltklasseathleten wie der mehrfache äthiopische Weltmeister Haile Gebrselassie lassen sich von dem Holländer betreuen.

Die Spur zu Hermens führt über Peraitas Consulting-Firma in Madrid. Sie bietet, so wird es in den Dokumenten geschildert, umfangreiche Blut-, Urin-, Stoffwechsel- und Allergietests für Einsteiger und komplette Trainings- und Ernährungsprogramme für Fortgeschrittene. Das Jahresprogramm kostet – »Produkte« ausgenommen – 15 000 Dollar, das Folgejahr 12 000 Dollar, das Kurzprogramm 3000 Dollar. Falls »neue Produkte« gebraucht würden, »sollte der Kunde den Geschäftsführer kontaktieren«, heißt es in den Geschäftsbedingungen des Instituts.

Darin steht auch der Satz, der Manager Hermens mit Peraita in Verbindung bringt: »Interessierte Athleten« sollten »zuerst Mr. Jos

Hermans kontaktieren«. Ist der Niederländer ein Vermittler von Drogenkuren? Auch als Adressat von Rechnungen, die eine Firma namens Keynvest mit identischem Madrider Firmensitz ausstellt, taucht Hermens in den Akten auf. Einmal schreibt Springstein an den Lieferanten: »Ich denke, es ist sehr teuer. Also können wir einige Produkte streichen. Sprich mit Jos Hermens wegen der Bezahlung.«
Hermens sagt, dass »Sauberkeit« seine Geschäftsgrundlage sei. Alle Vorwürfe gegen ihn seien »absoluter Wahnsinn«.

Das Dopingverfahren gegen Springstein in Magdeburg endet mit einem Deal zwischen Staatsanwaltschaft und den Anwälten. Niemand in der Justiz hat Interesse, dass alle Einzelheiten der Affäre an die Öffentlichkeit dringen. Was Besucher des Verfahrens schockiert, ist eine verdächtige Mail und ein schier unglaublicher Verdacht – erstmals ergibt sich aus der Kommunikation, die Springstein mit seinen Vertrauten führt, ein Hinweis auf Gendoping. In einer Mail an einen niederländischen Eisschnelllauf-Arzt, die am zweiten Verhandlungstag verlesen wird, erwähnt Springstein die Substanz Repoxygen: »Das neue Repoxygen ist schwer erhältlich ... Bitte gib mir bald neue Instruktionen, sodass ich die Produkte vor Weihnachten bestellen kann.«

Repoxygen ist das Präparat der britischen Gentechnologiefirma Oxford Biomedica, dessen Verwendung praktisch nicht zu nachzuweisen ist. Ist dieser aktenkundige Hinweis wirklich der erste Schritt, dass Menschen das Erbgut verändern, um anschließend bessere Leistungen im Sport zu bringen?

In Chat-Rooms des Internets wird seit einiger Zeit bereits über die Anwendung des Präparats diskutiert und als »neueste Waffe« gepriesen. Das Medikament ist allerdings noch nicht zugelassen und selbst auf dem Schwarzmarkt nicht einfach zu bekommen. Offiziell ist Repoxygen erst in der Phase der vorklinischen Erprobung.

Repoxygen macht das Doping mit Erythropoietin (Epo) überflüssig. Denn es schleust das Epo-Gen in die Muskelzellen ein und regt zur Produktion von Epo an, sodass sich anschließend im Knochenmark vermehrt rote Blutkörperchen bilden. Es wird praktisch ein

Kraftwerk eingepflanzt, um die Muskeln optimal mit den sauerstofftransportierenden Blutkörperchen zu versorgen. Auf diese Weise wird die Ausdauerleistung deutlich erhöht.

Repoxgen ist von daher ein hochwirksames Medikament. Allerdings ist es auch hochgefährlich. Wissenschaftlich gelöst ist, wie das Präparat in den Muskelzellen andockt. Das Problem ist jedoch: Wenn es erst einmal aktiviert ist, bleibt es aktiv. Es lässt sich nicht wieder abschalten – nie mehr im Leben. Und deshalb ist die Gefahr groß, dass die Anwender zu viele rote Blutkörperchen und damit zu dickes Blut bekommen und letztlich an Thrombose sterben.

## Schreckgespenst Gendoping – Interview mit Professor Werner Franke

*Frage:* Bereits im Frühjahr 2006, im Strafverfahren gegen Thomas Springstein wegen des virilisierenden Dopings minderjähriger Mädchen, gab es erstmals einen konkreten Verdacht auf Gendoping. Ist das Schreckgespenst Realität geworden, gibt es eine neue Dopingepoche?
Franke: Ich war platt, als ich das Wort »Repoxygen« las. Dass an solchen Epo-Genkonstrukten in Großbritannien gearbeitet wurde, war unter Wissenschaftlern natürlich bekannt. Das war aber bisher nur ein Experimentierstadium in Kulturzellen beziehungsweise in Versuchstieren, und das Labor, das daran arbeitet, hatte betont, dass aus ihrem Verantwortungsbereich nichts nach draußen gedrungen sei. Muss es aber offenbar doch! Ich hätte allerdings nicht gedacht, dass die Trainer und Sportärzte so weit gehen würden und es anwenden, ohne auch nur erste Forschungsergebnisse und Erfahrungen beim Menschen abzuwarten.

*Frage:* Ist es realistisch, dass Gendoping bereits praktiziert wird?
Franke: Der Mail-Verkehr im Verfahren gegen Springstein deutet jedenfalls darauf hin. Dort ist ja nicht davon die Rede, dass man über die Anwendung von Repoxygen nachdenke. Sondern dort geht es um

eine leichtere Beschaffung und eine konkrete Anwendung des Mittels noch in den nächsten Monaten im Wintertraining, offenbar gerade vor den Hallenmeisterschaften. Es gibt andererseits ja schon seit mehr als einem Jahrzehnt wissenschaftliche Verfahren, bei denen die gewünschte Genstruktur etwa durch Spray in die Deckzellschicht der Atemwege oder durch so genannte invasive Maßnahmen in andere Gewebe eingebracht wird, zum Beispiel durch die Epidermis der Haut.

*Frage:* Wenn es so etwas bereits gibt, warum waren Sie überrascht?
*Franke:* Gentherapie ist bisher noch keine Erfolgsstory. Es gibt bisher nur sehr wenige gelungene Beispiele. Mein Kollege Christof von Kalle hat im Juli 2007 in der *Frankfurter Allgemeinen Zeitung* ein ausführliches Interview dazu gegeben (www.zsdebatten.com/dopingfrankeludwig). Es ist grundsätzlich aber immer noch schwierig, ein in den Körper eingebrachtes Gen genau zu positionieren und zu regulieren, also zum Beispiel genau festzulegen, wann es an- und wieder abgeschaltet wird, wie stark das eingebrachte Gen transkribiert, also genutzt wird. Dieses Feintuning haben wir beim Menschen bisher noch nicht richtig und reproduzierbar hingekriegt.

*Frage:* Was könnte eine »Gentherapie« denn konkret im Sport bewirken?
*Franke:* Ideal wäre es bei Ausdauerleistern zum Beispiel, wenn ein Präparat eingepflanzt würde, das den Körper veranlasst, bei Sauerstoffarmut vermehrt und in sich regulierender Weise Epo oder sauerstofftragende Eiweiße zu bilden oder bereitzustellen. Das wäre eine Art Durchlauferhitzer: Der Athlet bekäme immer etwas mehr dieser Eiweiße, als er gerade braucht.

*Frage:* Kann es sein, dass die Sportler zu Laborratten für eine Therapie werden, die womöglich erst in ein paar Jahren marktreif ist?
*Franke:* Für Medaillen und Geld sind schon viele bereit gewesen, Risiken einzugehen. Und arme Drittwelt-Schlucker, die aus Not heute

schon ihre Niere verkaufen, würden dafür sicherlich leicht und preiswert zu gewinnen sein.

*Frage:* Wann wird es erste Informationen über gengedopte Athleten geben?
Franke: Gerüchte gibt es schon. Es sollen in China in Vorbereitung auf die Olympischen Spiele Mädchen genetisch verändert worden sein, damit sie klein und leicht bleiben, um in Sportarten wie Kunstturnen, Wasserspringen oder Eiskunstlaufen das ideale Gewicht und die ideale Größe haben. Angeblich sollen auch Schwimmerinnen manipuliert worden sein, damit sie bei großer Anstrengung in keine Sauerstoffschuld kommen. Die Athleten würden dann in der Schlussphase einfach nicht nachlassen. Und zusammen mit dem ja bereits erstaunlich weit verbreiteten Schmerzdämpfungsdoping – mit Voltaren oder anderen Schmerzbetäubungsmitteln –, wäre hier eine unglaublich potente Leistungsmischung denkbar. Wie gesagt, es sind bisher nur Hinweise und Gerüchte, aber nach dem, was ich von dem britischen Schwimmexperten Craig Lord (www.zsdebatten.com/dopingfrankeludwig.de) weiß, würde es mich nicht wundern, wenn sie der Wahrheit entsprächen.

*Frage:* Gibt es denn eine Chance für die Analytiker, Gendoping aufzuspüren?
Franke: Grundsätzlich schon; es wäre sogar ideal beweisbar, wenn man etwa durch winzige Gewebe- oder Zellproben das betreffende Fremd-DNA-Konstrukt nachweisen kann oder wenn das Genprodukt kleine Unterschiede vom »normalen« Protein aufweist. An der Universität Tübingen arbeitet eine Gruppe von Wissenschaftlern gezielt an der Entwicklung anderer, leichter zugänglicher Nachweise. Die Konsequenz wäre hier jedenfalls unumgänglich: eine lebenslange Sperre! Aber an Alternativen des Gendoping wie an eine intensive Gentyp-Selektion müsste man auch denken, und da sind alle Disziplinen betroffen.

*Frage:* Wie sähe das in der Praxis aus?

*Franke:* Nun, in jedem Fall hochorganisiert. So etwa wie der Dritte-Reich- oder DDR-Sport in der Endphase: Hier würden große Teile der Bevölkerung in bestimmten kritischen Genen untersucht, zum Beispiel eben auch dem Gen für Epo, um genetische Besonderheiten zu selektionieren. Übrigens gibt es gerade beim menschlichen Epo-Gen eine erstaunliche Reihe von Genvariationen, wie man gerade bei in großer Höhe lebenden Menschen gefunden hat. Mit solchen herausselektionierten genetischen Anomalien würde man dann in speziellen Schulen ein entsprechendes Trainingsprogramm durchführen und einen Karriereplan erstellen – sozusagen eine ganz normale »schöne neue Welt«, nur eben genetisch gezielt selektioniert: eigentlich einfach und sicher effektiv, also preiswert.

## Das mutige Opfer – Springstein stolpert über eine tapfere Leichtathletin

Alle recken die Hälse, als die Hauptzeugin hereingerufen wird. Anne-Kathrin Elbe, 18, betritt den Saal 2 des Magdeburger Amtsgerichts. Sie bewegt sich leicht federnd durch den Raum. Elbe ist eine talentierte Hürdensprinterin.

Es ist Februar 2006, der zweite Verhandlungstag im Prozess gegen den Leichtathletiktrainer Springstein. Anne-Kathrin Elbe, von 2000 bis 2004 Teammitglied in Springsteins Laufschule, ist die wichtigste Zeugin der Staatsanwaltschaft. Die Reporterbank im Gerichtssaal ist voll besetzt. Vor der Tür warten die Kamerateams.

Elbe trägt eine ausgewaschene Jeans, einen weißen Pulli und weiße Turnschuhe. Sie sieht nicht aus wie jemand, der durch Kleidung einen bestimmten Eindruck erwecken möchte. Sie sagt: »Persönlich habe ich nichts gegen Herrn Springstein, aber ich finde schlimm, was er getan hat.« Sie spricht mit fester Stimme, ihre Hände liegen ruhig in ihrem Schoß. Springstein schaut auf den Boden. Seine Verteidiger, der Ost-Advokat Diestel und der Hamburger Anwalt Johann Schwenn, wirken überrascht. Vielleicht hatten sie mit einem unsicheren Mädchen gerechnet. Aber jetzt sehen sie hier eine selbstbewusste junge Frau.

Gibt es eine härtere Prüfung für eine Nachwuchssportlerin, als gegen den eigenen Trainer in einem Dopingprozess anzutreten? Wohl nicht. Es hat in der Dopinggeschichte kaum jemals einen Fall gegeben, in dem eine Sportlerin öffentlich gegen ihren Trainer aussagen musste. Die meisten haben sich der Autorität des zumeist viel älteren Betreuers ergeben, und sie haben geschluckt, was auf den Tisch kam. Einige Athletinnen haben sich verweigert, indem sie einfach aufgehört haben. Und es gab einige wenige Sportlerinnen, die sich ihren Eltern oder Bekannten anvertraut haben.

Elbe war noch minderjährig, als sie sich mit ihren Eltern im Sommer 2004 zu diesem Schritt entschloss. Niemand hätte sich wundern müssen, wäre sie an dieser Aufgabe zerbrochen. Doch sie bleibt stark. Der Termin vor dem Richter endet mit einem Punktsieg für die Staatsanwaltschaft. Elbes Auftritt ist souverän, sie belastet den Angeklagten schwer.

Ein halbes Jahr nach ihrem Eintritt in die Magdeburger Laufschule Thomas Springsteins, im April 2003, so erklärt Elbe im Prozess, habe Springstein erstmals Fläschchen und Döschen mit Pillen an sie und andere Athletinnen der Trainingsgruppe verteilt. Einige habe sie genommen, die meisten weggeworfen, manche aufbewahrt. Darunter waren auch die braunen Tabletten mit dem Aufdruck »PV3«. Die ließ sie, auf Anraten einer befreundeten Athletin, dem Bundestrainer Thomas Kremer zukommen. Eine Untersuchung ergab, dass es sich um ein Testosteronpräparat handelte. »Ich war fassungslos und geschockt«, sagt Elbe.

Springsteins Verteidiger wollten bei Prozessbeginn aufzeigen, dass ihr Mandant Opfer einer Ost-West-Intrige sei. Und mit Anwalt Diestel, dem letzten Innenminister der untergegangenen DDR, ist jemand im Gerichtssaal, der gern auf dieser Klaviatur spielt. Der mittlerweile vom SC Magdeburg suspendierte Springstein kommt aus Sachsen. Angezeigt wurde er vom Deutschen Leichtathletik-Verband, der in Darmstadt residiert, im Westen also. Warum etwa wechselte Elbe, gerade als die Affäre aufgekommen war, von Magdeburg zu Bayer Leverkusen in den Westen? War Geld im Spiel? Doch Elbe erhält von ihrem neuen Verein gerade mal 400 Euro – das ist zu wenig für eine schöne Verschwörungstheorie.

Elbe ist einfach nur eine ehrgeizige Sportlerin. Sie war mal Jugendmeisterin im Trampolinturnen, nun wollte sie in der Leichtathletik »ganz nach vorne kommen«. Am Wochenende vor dem Prozesstermin lief sie bei den Nordrhein-Hallenmeisterschaften in Leverkusen – und gewann über 60 Meter und über 60 Meter Hürden.

Elbe hat es zunächst nicht leicht in der Sportszene. Zu dem Druck des Prozesses, der auf ihr lastet, kommen die Reaktionen der Kollegen. Sie hat Freunde verloren. Anne-Kathrin Elbe erfährt, dass ihre ehemaligen Trainingskameraden in Magdeburg in der Schule als Dopingsünder beschimpft werden. »Die haben mich deshalb lange ignoriert. Als ob ich gar nicht da wäre. Das tat weh.«

»Jahrhundertereignis« –
Anne-Kathrin Elbe zeigt ihren Trainer an.

Wer unliebsame Informationen nach außen dringen lässt, ist nicht unbedingt beliebt im Sport. Manchen gilt er als Verräter. Zum Doping gehört das Schweigen, und zur kollektiven Verschwiegenheit gehört die Ächtung der Verräter. Auch deshalb hat Doping viel mit dem Wesen der Mafia gemeinsam.

Immerhin: Bei der Wahl zum Sportlerin des Jahres erhält sie später ein paar Stimmen. Und es gibt Medien, die darüber berichten.

DLV-Präsident Clemens Prokop, der einst die Anstellung von Springstein verteidigt hat, hat jetzt Elbes Aussage ein »Jahrhundertereignis« genannt. (*Süddeutsche Zeitung* vom 16. Dezember 2006)

Irgendwann kann Anne-Kathrin sich auch wieder der Öffentlichkeit stellen. Es gebe nichts zu bereuen, sagt sie ebenfalls der *Süddeutschen Zeitung* im Dezember 2006, »ich bin sicherlich kein Einzelfall«, sie verdanke ihren Freunden, den Eltern, dem DLV und Bayer Leverkusen, dass »ich nicht untergegangen bin in irgendwelchen Gerüchten«. Doch ihr bleibt einiges schleierhaft. »Warum machen das nicht mehr so wie ich?«, fragt sie

Letztlich zieht das Gericht Springstein nur für die Weitergabe des Testosteronproduktes Andriol an die zu diesem Zeitpunkt gerade einmal sechzehnjährige Anne-Kathrin Elbe zur Rechenschaft. In sieben weiteren Fällen wird das Verfahren eingestellt. Die Anklagevertreter sind zwar der Meinung, dies sei nur »die absolute Spitze eines Eisberges«. Springstein sei »im wahrsten Sinne des Wortes als Dopingmitteldealer aufgetreten und zwar über einen längeren Zeitraum«. Dennoch lassen sie sich auf den Deal mit dem Gericht und den Anwälten ein. Ein Deal bedeutet ein schnelles Verfahren, weniger Zeugenvernehmungen, weniger Arbeit, geringere Strafe – es bedeutet aber vor allem: keine Aufklärung, nur vier von 18 Zeugen werden gehört. So bleiben weite Teile eines der größten deutschen Dopingskandale weiter im Dunkeln.

Das Gericht hält Springstein sogar noch zugute, dass der Trainer bisher unbescholten gewesen sei – so, als habe es die Aussagen von Frauke Tuttas über das Doping in der DDR niemals gegeben, und so, als habe es Krabbe I und Krabbe II niemals gegeben. Springstein wird schließlich zu einem Jahr und vier Monaten Haft verurteilt. Die Strafe wird zur Bewährung ausgesetzt. Zudem muss er 150 Stunden gemeinnützige Arbeit leisten.

Anne-Kathrin Elbe wird im September 2007 »für die bewiesene Charakterstärke und ihren Mut« vom Verein Dopingopferhilfe mit der Heidi-Krieger-Medaille 2007 ausgezeichnet.

## Gedopt und doch immer sauber – das Gerücht vom besten Kontrollsystem der Welt

Grit Breuer ist zurückgetreten, Springstein verurteilt und arbeitslos. Und trotz der schweren Beweislage sehen sich beide als Opfer. »Natürlich macht es traurig, wenn bei unseren Namen die Erfolge der letzten Jahre vergessen und relativiert werden«, vertraut Breuer der *SUPERillu* im April 2006 an, und Springstein ist froh, »nicht mehr überall als der neue ›Dr. Frankenstein‹ vorgeführt« zu werden.

Das Duo ist auch deshalb so geknickt über sein unfreiwilliges Ende im Spitzensport, weil es seiner Meinung nach nichts Unrechtes getan hat. Für Springstein ist Spitzensport stets eine Gratwanderung gewesen, mit Gesundheit und Spaß habe das nichts zu tun. Und Doping hat für ihn dort angefangen, »wo man gegen das Reglement verstößt«. Nach seiner Auslegung der Dopingregelung ist er deshalb auch niemals erwischt worden.

Noch nach der Hausdurchsuchung weisen Breuer und Springstein auf die vielen Tests bei der 400-Meter-Läuferin hin, die stets negativ gewesen seien. Springstein sagt: »Auch an unserer Laufschule in Magdeburg klingeln die Dopingjäger regelmäßig. Noch nie wurde eines unserer Mädchen positiv getestet.« Und das, obwohl die deutschen Kontrollen doch angeblich die härtesten, lückenlosesten, perfektesten der Welt sein sollen.

Anfang 2007 kommt dann heraus, dass in Deutschland im abgelaufenen Jahr von 4500 vorgesehenen Trainingskontrollen über 400 nicht durchgeführt werden konnten, weil die Athleten nicht angetroffen werden konnten. Darunter befanden sich Hochkaräter wie über 60 Olympiasieger, Welt- und Europameister.

Wenn so viele Sportler mit Wissen der Kontrolleure durchs Netz schlüpfen und wenn Sportlergruppen wie die von Springstein nicht mehr erwischt werden, kann man sich das gesamte Kontrollsystem getrost sparen. Es ist bezeichnend für die Defizite der hiesigen Tests, dass die kriminellen Vorgänge in Magdeburg wieder einmal nicht durch das millionenteure Urin-Sammel-Programm der Sportverbände entdeckt wurden. Enthüllt worden sind sie allein durch den Mut eines einzelnen Teenagers.

Bis heute stellen Dopingkontrollen keine all zu große Abschreckung für die Doper und ihre Hintermänner dar, sie sind vielmehr ein Mäntelchen, mit dem Verdächtige ihr listiges Tun verdecken können. Erwischt werden derzeit nur die Dummen.

## Falsche Helden – der Fall Jan Ullrich: Ganz oder gar nicht?

Die moderne Welt ist ein Dschungel aus Daten und Bildern. ARD und ZDF kämpfen gegen die privaten TV-Anstalten, die SPD gegen die CDU, Apple gegen Microsoft. Wer schafft es aufzufallen? Krombacher oder Bitburger. Nicht Adel und nicht Geld, sondern Aufmerksamkeit ist das höchste Gut des neuen Jahrtausends. Und deshalb scharen sich alle um das eine große gemeinsame Thema, das die moderne Gesellschaft hat: den Sport und seine Helden. Politiker und Filmstars, die Medien von TV und Print, Wirtschaftsgrößen und Verbandsfunktionäre, sie alle wollen, dass einige wenige Strahlen des großen Glanzes für sie abfallen mögen.

Und so ist er zu einem Botschafter geworden, ein Vorbild und Heilsbringer zugleich. Einem wie ihm treten Menschen nur noch in Demut gegenüber. In den Neunzigerjahren hießen die Athleten Boris Becker und Steffi Graf. Viele Jahre war es auch Michael Schumacher, der die Massen faszinierte, wenngleich die kühle Art des Formel-1-Fahrers immer eine gewisse Distanz zwischen Sportler und Publikum aufbaute. Das Meinungsforschungsinstitut Emnid fand heraus, dass solche Sporthelden einen Bekanntheitsgrad von 99 Prozent haben. Und Jan Ullrich war ihnen zehn Jahre lang einer der Liebsten: Jeder zweite Deutsche fand den Radprofi »sehr sympathisch«. Die Verehrung ist hemmungslos. Wenn Jan Ullrich das Fahrerfeld der Frankreich-Rundfahrt anführte, wähnte das Fünf-Millionen-Blatt *Bild* »die Tour total in deutscher Hand« und brüllte: »Gib Gas, Ullrich!« Und die Deutschen stierten stundenlang in die Glotze und bescherten den Fernsehanstalten von ARD und ZDF traumhafte Quoten. Die Deutschen seien nämlich, behauptet der Sportwissenschaftler Bero Rigauer, auch im Zeitalter eines vereinten Europa noch ein Volk, das viel nationalistischer sei, »als uns selbst lieb ist«.

Dass Menschen zu Vorbildern werden, die schöne und funktionstüchtige Körper haben, weil sie Aufgaben durch schiere Muskelkraft lösen können, ist so alt wie der Sport: Max Schmeling war ein deutscher Heros, Fritz Walter natürlich, später Franz Beckenbauer im Westen, »Dixie« Dörner und Katarina Witt im Osten. Neu ist die gesellschaftliche Stellung der Sportler, deren steiler Aufstieg sich zeitlich deckt mit dem Start der privaten Fernsehsender. Die Eruption der Medienlandschaft hat eine Heldenindustrie geschaffen, die Tag für Tag mit dem Sport auf penetrante Weise Quote macht. Formel 1, Boxen, immer wieder Fußball und irgendwann auch Skispringen und sogar Biathlon – die Privaten gaben den Takt vor und die Öffentlich-Rechtlichen zogen hinterher. Und in der Gier nach Quote und Erfolg zogen die Gebührensender manchmal sogar an ihren Lehrmeistern vorbei.

So übertrugen ARD und ZDF jedes Jahr im Juli nicht nur stundenlang die Tour de France, das Erste wollte unbedingt auch noch Co-Sponsor sein, damit die Eins auf den Trikots der Sieger prangte. Später kam sogar heraus, dass die ARD einen privaten Vertrag in sechsstelliger Höhe mit Ullrich abgeschlossen hatte, damit der Kapitän im Radteam des einstigen Staatsunternehmens Telekom dem übertragenden Sender exklusiv für Interviews zur Verfügung stand. So kauft man sich heutzutage Helden ein.

Die Sender wissen einerseits die technischen Möglichkeiten zu nutzen, überall und immer bei allen globalen Events dabei zu sein. Sie nutzen aber auch die Sehnsucht der Menschen nach Halt, Identifikation und dem Besonderen in einer Welt, die sie als immer komplizierter empfinden. »Die Identifikation mit Sportlern funktioniert deshalb so gut, weil sie so einfach ist«, meint Henning Haase, ein Frankfurter Psychologieprofessor. Die Leistungen von Athleten sind im Gegensatz zu denen von Dichtern, Musikern oder Politikern sehr schnell und sehr einfach zu deuten. Und »nur noch Sportler führen die uralten Themen der Menschheit neu vor«, meint Haase, einer wie Jan Ullrich werde in den Pyrenäen zum modernen Sisyphos.

Es war ein weiter Weg vom Sport der Proll-Kultur hin zum Event der Popkultur. Aber es hat nicht lange gedauert, bis die Strecke geschafft war. Plötzlich wollte Richard von Weizsäcker im *Aktuellen Sportstudio* mit dem siebzehnjährigen Boris Becker reden, Helmut Kohl und Angela Merkel tauchten in den Umkleidekabinen der deutschen Fußball-Nationalmannschaft auf, und der damalige Verteidigungsminister Rudolf Scharping schrieb sogar Tour-Berichte für die *Bild*-Zeitung, um seinem Idol Ullrich ganz nah sein zu können.

Denn Sport ist längst Geschäft, Entertainment, Mode und Zeitgeist in einem. Die deutsche Gesellschaft ersticke in ihrer Routine und sehne sich nach Spannung, glaubt der Soziologe Karl-Heinrich Bette. Sport bietet Überraschungen, setzt einem abstrakten Alltag eine Körperästhetik entgegen, lässt noch Gefühle zu und fordert sie sogar: Wer sich im Stadion der Winkübung »la ola« verweigert, gilt als verklemmt. Und wer im Fernsehen nicht miterlebt hat, mit welch schmerzverzerrtem Gesicht Jan Ullrich die Alpenberge hochgefahren ist, gilt bald als Außenseiter. Wenn Jan Ullrich wieder einmal am Berg

Jürgen Kindervater – noch heute begeistert vom Image-Effekt des Radsports für die Telekom.

gegen Lance Armstrong einknickt, dann ist das nicht mehr nur Thekengespräch. Auch die Mütter auf dem Kinderspielplatz, männliche und weibliche Beschäftigte in der Kantine diskutieren über das eine sie faszinierende Thema. Für Boris, Michael und Jan interessieren sich irgendwie alle. Deshalb wandern im Jahr 2007 von vier Milliarden Euro, die deutsche Unternehmen für Sponsoring ausgeben, zweieinhalb Milliarden in den Sport. Und das Projekt Radsport galt jahrelang als das Vorzeigemodell der Branche. Als die Deutsche Telekom als Sponsor in das Radgeschäft einstieg, waren die Erfolge der Deutschen mickrig. Doch mit Jan Ullrich explodierten die Leistungen und damit auch der Werbeeffekt für den Sponsor. Radsport war irgendwann Telekom und Telekom war Radsport. Im Rückblick und trotz der späteren Dopingskandale ist Jürgen Kindervater, der ehemalige Kommunikationsdirektor des Bonner Telefon-Multis, auch heute noch hochbegeistert: »Der Radsport war eine der herausragendsten Marketingmaßnahmen in Deutschland überhaupt mit einem optimalen Preis-Leistungs-Verhältnis. Eine Zeit lang wurde Spitzenradsport mit Telekom gleichgesetzt. Es ist doch gar keine Frage, dass das Team für das Image und den Bekanntheitsgrad des Unternehmens ungeheuer gut gearbeitet hat. Deswegen haben wir das Geld ja auch ausgegeben.«

Es gab in Deutschland häufiger den Effekt, dass die Leute spontan Sportarten adoptierten, die jahrelang als langweilig galten: Becker und Graf lösten den Tennis-Boom aus, mit Michael Schumacher wurde Motorsport zu einem Milliardengeschäft, Henry Maske machte das Boxen hoffähig. Und Jan Ullrich war es, der das Geschäft mit dem Rad nach oben trieb. Plötzlich leisteten sich auch die Deutschen Fahrräder im Wert von 2000 Euro. Es gab neue Straßenrennen, sogar eine Deutschland-Tour. Und es gab neue Helden, Mini-Helden: Im Schlepptau von Ullrich wurde auch ein Udo Bölts zum Idol. Ohne den »Ulle« wäre der Pfälzer immer ein biederer Durchschnittssportler geblieben. Auch die Erfolge von Erik Zabel, von Andreas Klöden oder Jens Voigt hätten die Deutschen nicht mitbekommen, wenn Jan Ullrich sie nicht vor die Fernseher gelockt hätte.

Dass mit einem Mal so viele Menschen von einer Sportart profitieren, liegt an dem feinen Netzwerk aus Werbewirtschaft, Sportmanagement und Fernsehsendern: Erst kaufen sich die Sponsoren in den Sport ein, dann in das Programm, dessen fester Bestandteil dieser Sport geworden ist, dann müssen Sender und Sponsor so lange an die Wichtigkeit dieses Sportprodukts glauben, bis es das TV-Publikum glaubt. Kritik und Anspruch eines qualitätsvollen Programms sind praktisch ausgesperrt. So schafften es ARD und ZDF immer wieder, stundenlang über die Tour de France zu berichten und dabei kaum ein Wort über die pharmazeutischen Hintergründe dieser Leistungsschau zu verlieren. Dabei war jedem halbwegs kritischen Beobachter durch die vielen Dopingfälle der vergangenen Jahre längst klar geworden, dass bei der Tour ohne chemische Hilfe überhaupt nichts läuft.

Und so drehten die Sender jahrelang eifrig mit an der Mythen-Maschine Tour de France und bastelten sich ihren neuen Heiligen. Und wo besser war das zu beobachten als in dem ewigen Kampf zwischen Jan Ullrich und seinem Dauerrivalen Lance Armstrong. Immer wieder wurden die Bilder gezeigt, als sich der Deutsche und der Amerikaner 2003 Rad an Rad den Berg hochquälten und der Amerikaner plötzlich an einem Zuschauer hängen blieb und stürzte. Aber Ullrich nützte diese Situation nicht aus, er wartete auf seinen Kontrahenten und wurde schließlich kurz vor dem Ziel von diesem abgehängt. Was immer davor oder danach kam: Die Legende des fairen Sportmanns war geboren.

Ein Sportstar, so Werner Köster, ehemals Manager der Schwimm-Weltmeisterin Franziska van Almsick, »ist die Summe aus dem Stellenwert der Sportart sowie der Persönlichkeit und der Leistung eines Sportlers«. Eine unglaubliche Leistung in einer attraktiven Disziplin, meint dagegen Peter Olsson, ein international agierender Marketingfachmann für Sport und Medien, reiche auch, wenn der, der sie vollbringt, vom Esprit her eine Nullnummer ist – man kann diese These auf den Radheros Jan Ullrich übertragen. Denn der stand nach seinen ersten Erfolgen im *Aktuellen Sportstudio* des ZDF, aber was tat er da?

Sagte nichts, grinste nur. Er war bei Sat.1 und sagte nichts und grinste. Moderator Reinhold Beckmann machte damals die Erfahrung, dass Ullrich über eine »eingebaute Tiefenentspannung« verfügen müsse: »Man denkt, der kann gar nicht mehr reden oder gehen.« Ullrich, das betonte während der Tour de France jeder, der anfangs über ihn schrieb, ist »mannschaftsdienlich, nett, sympathisch, unverdorben, ehrgeizig, bescheiden«.

Der deutsche Habitus, sagt der Soziologe Rigauer, mache Leute wie Ullrich zu Vorbildern: »Hart arbeiten, ehrlich und gradlinig sein, das sind die Anforderungen.« Deshalb bekommen Sportler, die immer nett sind und nie unangenehm auffallen, auch besonders hohe Sympathiewerte: Als das Meinungsforschungsinstitut Emnid 1997 die Menschen fragte, erreichte Ullrich auf einer Skala von eins bis fünf die Bestnote (1,7), noch vor dem Leichtathleten Frank Busemann (1,9) und dem damals noch unbescholtenen Langläufer Dieter Baumann.

Zehn Jahre danach ist von diesem Glanz indes nichts mehr übrig geblieben. Jan Ullrich gilt heute als Lügner und Betrüger, als Feigling, der sich nicht zu seinen Dopingsünden bekennt, als Dummkopf, der sich bockig, blind und taub auf seine Berater verlässt, als Verräter, der seinem Sport einen großen Schaden zugefügt hat. Aus Jan, dem Helden, ist längst Jan, der Anti-Held geworden. Und wieder steht der Mann aus Mecklenburg als Exempel da, als mutmaßlicher Dopingtäter ragt er aus einer großen Betrugsmaschinerie heraus, aus einer Epidemie, die eine ganze Sportart an den Rand des Abgrundes gestürzt hat.

Was die deutsche Öffentlichkeit in den vergangenen Jahren beobachten konnte, ist das Jan-Ullrich-Syndrom. Die Aussagen seines ehemaligen Betreuers Jef D'hont und die Akten der spanischen Polizei, wonach er sich mutmaßlich umfangreich der Leistungssteigerung durch Chemie und Medizin bediente, nähren den Verdacht, dass Ullrich betrogen hat: seine Fans, die Öffentlichkeit, seine wenigen sauberen Kollegen, seine Geldgeber. Gleichzeitig wäre er aber auch Opfer. Opfer einer Sportmedizin, der der Geschäftsgang und die eigene Eitelkeit wichtiger sind als die Ethik; von Geschäftspartnern, die permanenten Leistungsdruck ausüben; er wäre Opfer einer Öffentlichkeit und Opfer von Medien, denen ein dritter Platz nicht genügt. Und Opfer einer insgesamt verluderten Branche, der jeglicher Sinn für Fairplay verloren gegangen ist. Womöglich ist Jan Ullrich sogar eines der größten Opfer der vergangenen Jahrzehnte. Denn alle Experten sind sich in einem einig: Käme es im Wettkampf nur auf das sportliche Talent an, hätte Ullrich die Tour de France jahrelang beherrscht.

Doch am Jan-Ullrich-Syndrom lassen sich wesentlich mehr Merkmale des Dopingsystems festmachen. Es lässt sich erkennen, wie Sportler von Bezugspersonen wie Beratern und Vorgesetzten ausgenutzt werden. Die Athleten haben durch das strenge Training oft nur Bekannte, die ebenfalls dem gleichen Metier angehören. Sie stecken zudem in einem intellektuellen Rahmen, der durch Training, Wettkämpfe, Massagen und Reisen bestimmt wird. Sie bleiben geistig unreif, was durch einen Star- oder Heldenkult zementiert wird, auf den niemand vorbereitet ist. Wer ständig Mikrofone an den Mund gehalten bekommt und wer ständig von Kameras verfolgt wird, ist irgendwann selbst von seiner eigenen Bedeutungsschwere überzeugt. Starkult fördert die Verblendung des Sportlers ins Unermessliche.

Es gibt bald kein Gegengewicht mehr, keine kritische Distanz. In keinem anderen Sachgebiet sind die Journalisten dermaßen mit dem Metier, über das sie berichten sollen, verbandelt wie im Sport. Nirgendwo ist die Duzerei zwischen den Journalisten und den Personen, die sie interviewen, so ausgeprägt wie in der Sportberichterstattung. Und deshalb versagen hier die Medien als Kontrollinstanz. Sportler werden als Helden verehrt, zumindest aber als großartige Sportsleute beschrieben. Doch es fehlt die Aufklärung darüber, auf welche Art und Weise die Leistungen der Athleten zustande gekommen sind. Es gibt sogar Sportjournalisten, die brüsten sich ihrer Kenntnisse über den Dopingkonsum, halten aber trotzdem still – weil sie es sich nicht mit den Stars verderben wollen und wohl auch, weil sie die Auflage der Zeitung oder die Quote des Senders nicht durch Dopingsperren der Helden gefährden wollen.

Die Sportstars sind bald gefangen in der Obsession, ihre Leistung immer weiter steigern zu müssen. Sie leben in einer Art Parallelwelt, lösgelöst vom normalen Leben, losgelöst von den ursprünglichen ethischen und moralischen Ansprüchen des Sports. Sie werden zu Sklaven einer gnadenlosen Branche, deren Werteschema sich radikal von den Anfängen ihrer Sportkarriere abgekoppelt hat. Die Athleten sehen nicht mehr Dopingmittel wie Epo oder Anabolika als eine Gefahr für ihr Sporttreiben an, die Gefahr für ihr Sporttreiben sind die Dopingkontrollen – die Tests, mit denen sie möglicherweise als Täter überführt werden. Das Gravierende an dieser Entwicklung ist für die Sportler nicht nur die Geheimnistuerei gegenüber der Öffentlichkeit. Es ist vor allem die Verlogenheit gegenüber ehemaligen Sportkameraden und Trainern, gegenüber Freunden und Bekannten und gegenüber der eigenen Familie. Doper sind zu einem permanenten Schauspiel gezwungen, das leicht zu einer Tragödie werden kann, wenn sie sogar diejenigen Menschen belügen und betrügen müssen, denen sie am nächsten stehen. Und dann sind sie dermaßen gefangen in dem eigenen Lügengebilde, dass sie beginnen, sich selbst zu betrügen. Sportler, die Dopingmittel nehmen, verlieren die Achtung vor der eigenen Leistung, sie wissen irgendwann nicht mehr, ob sie selbst es oder ob es die Medikamente gewesen sind, die eine neue eigene Bestleistung aufgestellt haben. Sie reden sich ein, dass sie zum Dopen gezwungen werden, weil die anderen es auch machen, weil sie es nur machen, um Waffengleichheit zu erzielen. Und irgendwann wirkt der Betrug des eigenen Ego viel stärker als der Betrug am Gegner oder an der Öffentlichkeit.

## Die Ullrich-Geschichte – vom Helden zum Deppen

Jan Ullrich wuchs in ärmlichen Verhältnissen in dem kleinen Dorf Papendorf bei Rostock auf. Seine Mutter trennte sich früh von seinem Vater. »Wir hatten wenig Geld, ich wuchs praktisch in den abgelegten Sachen meines großen Bruders auf«, erzählte Ullrich später. Er sagt, er habe seinen Vater nie vermisst. Ersatzväter wurden Männer, die er durch den Sport kennenlernte und die dementsprechend zuallererst auf seine sportliche Leistung fixiert waren. Zunächst sein Rostocker Jugendtrainer Peter Sager, später Peter Becker, dem er in der Kinder- und Jugendsportschule des SC Dynamo Berlin zugeordnet wurde. Dann wurde es Wolfgang Strohband, der nach der Wende sein Betreuer in Hamburg wurde, und schließlich Rudy Pevenage aus Belgien, der sportliche Leiter im Team Telekom, dem er bis zum Ende seiner Karriere aufs Engste verbunden blieb.

Den Betreuern konnte nicht verborgen bleiben, welches Juwel da in Rostock heranreifte. Schon in der DDR gewann Ullrich 1988 die Meisterschaft der B-Jugend mit zwei Minuten Vorsprung. Wie so mancher Sportler der ehemaligen DDR war bald sein gesamtes Leben dem Sport gewidmet. Im Schulunterricht tat er nur das Allernotwendigste, und auch sonst interessierte er sich für kaum etwas, was außerhalb von Training und Wettkampf lag. Selbst die Wende ging fast spurlos an ihm vorüber. »Ich habe damals den Lauf der Dinge beobachtet – und wie immer abgewartet. Nie wäre ich selbst auf die Idee gekommen zu demonstrieren. Wogegen auch?«, schreibt er in seiner Autobiografie.

Nach der Wende versuchte sich Ullrich an einer Lehre als Industriemechaniker in einer Berliner Werkzeugmaschinenfabrik des ehemaligen Kombinats »7. Oktober«, aber nur für eine kurze Zeit. Er wurde praktisch mit 18 Jahren Profi, ein letzter Versuch, in Hamburg die Berufsausbildung zu vollenden, scheiterte, und bald fand er in dem Hamburger Gebrauchtwagenhändler Wolfgang Strohband einen Mann, dem er sein ganzes Vertrauen schenkte: »Er war es später auch, der meine erste Steuererklärung ausfüllte, mir mein erstes Auto besorgte und mich in die westliche Welt des Radsports einführte.«

Ullrich war praktisch noch ein kleiner, unerfahrener Junge, den der Zufall in einen Vorort von Hamburg gespült hatte, als er 1993 mit 19 Jahren Amateur-Straßenweltmeister wurde. Damit war der Grundstein für eine Karriere als Weltstar gelegt. Am 29. Juni 1994 unterschrieb der junge Kerl mit den roten Bäckchen beim Team Telekom seinen ersten Profivertrag. Er trennte sich von seinem alten Trainer

Peter Becker und ließ sich fortan von den Freiburger Sportmedizinern Lothar Heinrich und Andreas Schmid seine Trainingspläne schreiben – eben jene Ärzte, von denen später herauskam, dass sie das Doping mit Epo im Team Telekom gesteuert hatten. Das erste Profijahr lief bescheiden, auch für sein gesamtes Team. Vermutlich waren alle Fahrer medizinisch-pharmakologisch noch nicht auf dem neusten Stand der Zweirad-Branche. Das wurde anders, als 1995 Bjarne Riis zur Mannschaft stieß, mit ihm, so berichten später Betreuer, kam das systematische Epo-Doping in den deutschen Rennstall.

Jan Ullrich war selbst von seiner Form fasziniert, als er im Sommer des Jahres 1996 zu seiner ersten Tour de France fuhr: »Bei einem normalen Fahrrad-Ergometer lassen sich überhaupt nur 250 Watt als maximale Belastung einstellen. Ich schaffte 560 Watt, mein Puls blieb unter 200.« Bjarne Riis hatte das Team offenbar in die richtige Spur gesetzt. Er gewann die Tour, vollgepumpt mit Epo, wie er elf Jahre später eingestand, Ullrich wurde Zweiter.

Doch es wurde alles noch viel besser. Vor der Tour 1997 fuhr Ullrich wieder zum Leistungstest nach Freiburg. In seiner Autobiografie schreibt der Radfahrer: »Nach einer Stunde Fahrzeit waren wir begeistert, als wir uns die Werte ansahen. Dr. Lothar Heinrich schwärmte: ›So etwas habe ich noch nie gesehen, Jan!‹ An diesem Tag bin ich den besten Test meiner Karriere gefahren.« Und bei der anschließenden Tour fuhr Ullrich alle Konkurrenten in Grund und Boden. Beim Zeitfahren lag er über drei Minuten vor dem Zweitplazierten, keiner der Tour-Helden vergangener Jahre hatte dies zuvor geschafft. Am Ende hatte er in Paris über neun Minuten Vorsprung auf den Gesamtzweiten – eine eindrucksvolle Demonstration. Bis ins Jahr 2007 hinein wird Ullrich behaupten, stets sauber gefahren zu sein, sogar in eidesstattlichen Versicherungen, die er vor Gericht einreichte, gab er an, niemals Epo genommen zu haben. 1997 glaubten die meisten der vielen Millionen Zuschauer an den Fernsehgeräten tatsächlich, ein Stück Sportgeschichte miterlebt zu haben. Zehn Jahre danach sind sich die meisten sicher, dass auch diese Leistung manipuliert war. Inzwischen gibt es eine lange Reihe ehemaliger Betreuer und Fahrer, die bekunden, dass Epo im Team Telekom gang und gäbe war. Auch wenn Ullrich dazu weiter schweigt, nimmt ihm niemand mehr ab, dass damals ausgerechnet er – als mit Abstand Schnellster – sauber gewesen sein soll.

Jan Ullrich war zunächst einer dieser Helden, die selbst von ihrer eigenen Strahlkraft überrascht werden. Mit einem Mal scharten sich Berühmtheiten wie Thomas Gottschalk oder Udo Lindenberg um ihn. »Ich war selbst ein ›Promi‹ geworden. Verrückt«, denkt er sich. Und dann gaben dem Mecklenburger, der selbst kaum zwei gerade Sätze hintereinandergesprochen bekommt, bekannte Firmen Millionenverträge, damit er für deren Nudeln, Uhren und Mineralwasser wirbt.

Im Grunde hat Jan Ullrich dieses Heldsein nie verkraftet. Im Winter aß er sich mit Schokolade und guter Schwarzwälder Küche gegen die Welt da draußen, die immer mehr Ansprüche an ihn stellte, die er nicht erfüllen konnte, einen Panzer an. Auch seine »Schwäche für den Rotwein«, zu der er sich selbst bekannte, zehrte an seiner Leistungskraft. Und dazu kam die Forderung der Öffentlichkeit, seine Reinheit

Gezeichnet – war Jan Ullrich bei seinem Tour-Sieg 1997 wirklich sauber?

zu demonstrieren. 1998 geriet die Tour de France in eine schwere Krise, nachdem bei einem Masseur des Festina-Teams massenhaft Dopingmittel gefunden worden waren. Obwohl es damals auch im Team Telekom systematisches Doping gab, hatte sich die deutsche Vorzeigemannschaft wie kein anderes Team öffentlich positioniert: »Wir haben mit Doping absolut nichts zu tun.« Die Telekom schaltete nach der Tour ganzseitige Anzeigen in Zeitungen: »Saubere Leistung. Danke!« Es ist ein Faszinosum, wie lange dieser Widerspruch zwischen den Lügen und der Realität hielt, wie stoisch alle Fahrer, Betreuer und Ärzte diese Verschwörung mittrugen.

Noch in seiner 2004 erschienenen Autobiografie beteuerte Ullrich: »Wir waren alle sauber«, und er legte einen flammenden Appell gegen die Manipulation ab: »Für mich ist ein Profi nicht nur ein Sportler, der hart trainiert und seine Taktik und Technik weiterentwickelt, sondern genauso jemand, der Fairplay und Moral achtet. Doping ist für mich daher verwerflich, denn das bedeutet schlicht und einfach Betrug … Dazu kommen noch die nicht unbeträchtlichen gesundheitlichen Risiken und der Betrug an den Konkurrenten. Deshalb war es für mich vollkommen undenkbar, mich auf das gefährliche Spiel mit dem Doping einzulassen.«

Was 1997 keiner geahnt hätte: Mit seinem Toursieg hatte Ullrich den Höhepunkt seiner Karriere bereits erreicht. 1998 wurde er Zweiter der Tour de France hinter dem Italiener Marco Pantani, 1999 setzte ihm der Winterspeck derart zu, dass er seine Karriere am liebsten beendet hätte. Und womöglich wäre das Betrugsgebilde des Teams Telekom im gleichen Jahr schon zusammengebrochen, wenn nicht der Sponsor sein profitables Marketinginstrument so vehement verteidigt hätte. Im Juni 1999 veröffentlichte der *Spiegel* eine Geschichte über Doping im Team Telekom, die zunächst große Aufregung verursachte, aber dann doch allmählich versandete. Mit der Macht des Sponsors Telekom wurde die Geschichte derart heftig bekämpft, dass sich fortan so gut wie kein deutscher Journalist mehr traute, den Machenschaften der deutschen Radfahrer hinterherzugehen.

## Erste Dopingvorwürfe – ein Makel, den keiner sehen wollte

Im Juni 1999 veröffentlichten Matthias Geyer und Udo Ludwig im *Spiegel* folgende Geschichte über das Doping im Team Telekom:

*Als die schlimme Kunde aus Italien kam, stieg dem deutschen Helden das Wasser in die Augen. Jedenfalls schrieb er das in einem Aufsatz für die Bild-Zeitung. »Da weint nicht nur Italien, sondern ein bisschen weine auch ich«, formulierte Jan Ullrich. Zwei Tage vorher hatte es Marco Pantani, seinen großen Rivalen auf dem Rennrad, ausgerechnet in dessen Heimat erwischt. Weil er einen unzulässig hohen Volumenanteil an roten Blutkörperchen, deutliches Indiz für das Dopen mit Erythropoietin (Epo), aufwies, nahm der Giro d'Italia den »Elefantino« aus dem Rennen. Der Radsport hatte den nächsten Skandal. Auch Ullrichs Arbeitgeber, das Team Deutsche Telekom, reagierte flink und schickte seinen Pressesprecher durch die Fernsehstudios. Matthias Schumann stand vergangenen Dienstag schon früh um halb acht im ZDF-Morgenmagazin stramm und verkündete, sein Team sei absolut sauber. »Doping hat im Sport nichts zu suchen, wer dopt, hat im Sport nichts zu suchen.« So sagen das die hohen Herren seines Konzerns auch von Zeit zu Zeit. Vereinzelt nämlich ist es seit den Dopingaffären der letzten Tour de France passiert, dass auch Radler des Teams Telekom unlauterer Methoden verdächtigt wurden – und dann trat meistens Ron Sommers Kommunikationschef auf. Seine Jungs, lehrte Jürgen Kindervater, müssten so oft zur Dopingkontrolle, die könnten gar nicht mogeln. Außerdem: Kann ein Renner des deutschen Stalls wirklich so dumm sein? »In den Verträgen steht drin: Wenn gedopt wird, wird sofort gekündigt.« Um dem Radsport »das Vertrauen zurückzugeben, das er durch die jüngsten Vorfälle verloren hat« (Kindervater), entschlossen sich die Bonner Fernmelder gar zu einer Mildtat – die Telekom stiftet eine Million Mark für die Dopingforschung.*

*Das forsche Auftreten der deutschen Radsport-Finanziers lässt nur zwei Möglichkeiten zu: Entweder heuchelt die Telekom, wie das in der Branche üblich ist, oder sie hat tatsächlich keine Ahnung. Nach Berichten früherer Mitglieder wird im Team Telekom genauso systematisch und umfassend gedopt wie bei der gesamten Konkurrenz – bloß ist bisher noch keiner erwischt worden. Trainingspläne aus dem vergangenen Jahr mit bis aufs Milligramm exakt vorgeschriebener Medikation, die dem Spiegel vorliegen, belegen, wie sich ein Radler mit dem T auf der Brust auf die Rennen vorbereitete. Neben dem immer noch als Wundermittel geschätzten Blut-Turbo Epo hat sich der Sportsmann mit Corticosteroiden, Wachstumshormon und anderen Peptidhormonen die Beine schnell gemacht. Einer, der damals dabei war, erinnert sich, dass die kleinen Epo-Ampullen zum erstenmal 1994 vereinzelt zum Einsatz kamen – »und seit 1996 spritzt sich jeder Tourfahrer für gewöhnlich Epo«. 1996 war das Jahr, in dem der Däne Bjarne Riis, damals Kapitän bei Telekom, die Tour gewann, und Jan Ullrich wurde Zweiter. Vom Spiegel mit diesen Erkenntnissen konfrontiert, sagt Telekom-Kommunikationschef Jürgen Kindervater: »Mir ist nichts von der Einnahme der von Ihnen zitierten Präparate bekannt. Ich schließe dies nach Rücksprache mit den Ärzten der Abteilung Sportmedizin an der Universitätsklinik Freiburg, die die Fahrer des Team Telekom medizinisch betreuen, auch aus. Die dort vorliegenden Befunde zu den einzelnen Fahrern schließen dies ebenfalls aus. Die von Ihnen angesprochenen Pläne existieren nicht.«*

*Das Unternehmen, das so ordentlich deutsch auftritt wie der TÜV, ist in Wirklichkeit eine multinationale Zwei-Klassen-Gesellschaft: Vorneweg marschiert das rhetorisch geschulte Personal des Medienkonzerns, daneben treten Mediziner der Universitätsklinik Freiburg in Erscheinung. Eine Hierarchiestufe tiefer sind Kräfte am Werk, die nicht nur wissen, wie man einen Platten flickt. Dieser Stab kümmert sich direkt ums fahrende Personal: Seine Mitglieder nennen sich Pfleger oder, intern, »soigneur«, Masseur. Sie haben ihr Handwerk in*

*Italien, Osteuropa, meistens aber in Belgien gelernt. Letztere stehen in der Branche in einem ähnlichen Ruf wie die belgische Hähnchenindustrie unter Geflügelzüchtern. Sobald sich solche Helfer an Dinge machen, die besser nicht bekannt werden sollten, haben sie ihre eigene Sprache bereit. Doping zum Beispiel, so erinnert sich ein vormaliger Telekom-Soigneur, heißt im vertrauten Kreis der Bonner Sportler »Präparation«. Wer Epo spritzt, verabreicht »Vitamin E«, und wer Wachstumshormon gibt, führt »Vitamin G« zu ... Einer von diesen Spezialisten sei täglich mit der Aufgabe betraut, mit einem grauen Müllsack durch die Hotelzimmer zu ziehen und die leeren Ampullen und Spritzen einzusammeln, um sie später, etwa an einer Autobahnraststätte, zu entsorgen. Kindervater sagt, bei den Spritzen und Ampullen handele es sich nicht um Dopingmittel: »Wie in jeder normalen Klinik werden diese nach Gebrauch grundsätzlich von den Ärzten selbst fachgerecht entsorgt. Es ist nicht auszuschließen, dass ihnen dabei in Einzelfällen ein Betreuer zur Hand geht.«*

*Im Lauf der Jahre haben sich die Männer aus dem hinteren Glied unersetzbar gemacht. Lange nämlich sind nicht mehr so peinliche Zwischenfälle bekannt geworden wie jener, den dänische Fernsehjournalisten um Riis, ihren Landsmann, recherchiert haben: Unterlagen sollen belegen, dass Riis während der Tour de France 1995 einen Hämatokritwert von 56,3 hatte. Die Zahl gibt an, wie dickflüssig das Blut ist – und mit diesem Befund, so der dänische Epo-Fachmann Michael Friedberg, war Riis »entweder krank oder gedopt«. Riis dementierte die Veröffentlichung zaghaft und hintersinnig: »Ich habe nie Epo angefasst.« Wie auch immer – zwei Monate später ging der Däne bei der Spanien-Rundfahrt wieder an den Start. Hier hinterließ der Telekom-Pfleger Jef D'hont, so erforschte das TV-Team, Medizinabfall mit Epo-Rückständen in seinem Hotelzimmer ...*

*Wenn Ullrich die Mysterien seiner starken Beine preisgibt, klingt es immer wie in einem Werbeauftritt für das Haus Schneekoppe. »Zwei riesige Teller Müsli verputzt« er nach eigener Aussage, wenn es mal wieder besonders anstrengend war; danach sieht er »fast wieder aus wie neu«. Wer ihm vertuschtes Doping unterstellt, tut ihm mächtig weh. »Solche Fragen verletzen mich. Denn ich habe nur dieses Geheimnis: Training und ordentlicher Lebenswandel!« Dass solche Heldentaten, wie sie Ullrich und Kollegen vollbringen, mit gesunder Nahrung und strammer Übung allein nicht zu leisten sind, legen Berechnungen nahe, die Biochemiker erstellt haben ... Die Wissenschaftler halten deshalb solche Belastungen »für passiv nicht tolerabel«. So entstehen Pyramiden von Anforderungen, die nur noch mithilfe aus der Apotheke zu bewältigen sind ...*

*Als harmlos gelten dabei noch die Chemikalien des Radfahrer-Alltags: Vitamine, Mineralstoffe, Spurenelemente, Aminosäuren, selbst wenn sie in rauen Mengen eingenommen werden ...*

*Gefährlich für die Gesundheit wird es bei härteren Stoffen: Prophylaktisch eingenommene Schmerzmittel schalten Signale des Körpers aus, Harnsäureblocker sollen verhindern, dass die Knochen nach dem Leistungsstress leiden wie bei einem Gichtkranken. Antibiotika und Globuline helfen dem strapazierten Immunsystem, Vasodilatoren fördern die Sauerstoffaufnahme, und Schlaf- und Beruhigungsmittel sowie Antidepressiva bringen den aufgeputschten Körper zur Ruhe. Das alles reicht allerdings nur, um bei der Tour de France nicht vom Besenwagen eingeholt zu werden, der immer dem Letzten im Feld folgt. Um vorneweg zu fahren, bedienen sich Radprofis des Know-hows von Experten, die mit den Erfolgen der Gentechnologie vertraut sind ...*

*Im Gegensatz zu früheren Jahren, als wagemutige Kollegen schon mal tot vom Rad fielen, weil sie die Medizin wahllos schluckten, nehmen die Profis von heute die harten Drogen nur noch nach Anleitung von Fachkräften. Wie ein geregeltes Dopingprogramm aussieht, zeigt der Medikationsplan eines Fahrers, der dem Spiegel vorliegt. Das Dokument beschreibt, wie ein Mitglied von Team Telekom in den Monaten März und April auf die Strapazen vorbereitet wird. Dieser Sportler hat während seiner Renneinsätze nicht nur täglich 250 Einheiten Epo gespritzt, sondern gleichzeitig auch den kompletten Cock-*

tail aus dem Chemiewerk zu sich genommen. Zur Kraftentwicklung nahm er Mittel ein, die wie anabole Steroide wirken, für Dopingkontrolleure allerdings schwer nachweisbar sind (Andriol). Das Peptidhormon ACTH wirkt entzündungshemmend und erhöht die Belastungsverträglichkeit so, dass die Muskeln gedeihen. Das Mittel Hepagrisevit hilft, die angegriffene Leber vor schweren Schäden zu bewahren ...

Für die Konkurrenz ist es wenig erstaunlich, dass die Deutschen bisher nie als Epo-Anwender aufflogen. Der Nachweis fällt grundsätzlich schwer. Das Mittel wird normalerweise in den Nieren produziert und steuert die Herstellung von roten Blutkörperchen im Knochenmark. Diese wiederum transportieren wie winzige Loren den eingeatmeten Sauerstoff bis in den kleinsten Muskel. Und je mehr vollbeladene Loren im Blut unterwegs sind, desto größer ist die Leistung. In den Achtzigerjahren gelang es, Epo gentechnisch herzustellen. Allerdings steigert Epo den Anteil fester Bestandteile im Blut, das Hämatokrit. Wenn ein Sportler dann aufs Rad steigt und zu schwitzen beginnt, verschlammt sein Blut. Es ist, als fließe Ketchup in den Adern ...

Seit zweieinhalb Jahren zieht die UCI jene Radler aus dem Verkehr, deren Hämatokritwert über 50 liegt. Profis indes kennen ausreichend Mittel und Wege, um ihren Wert immer punktgenau zu manipulieren. Mittlerweile gehört eine Handzentrifuge zum Gepäck jedes besseren Fahrers – der sticht sich im Bedarfsfall in die Fingerkuppe oder ins Ohrläppchen, lässt einen Tropfen Blut in sein Messgerät und kennt nach wenigen Minuten seinen aktuellen Hämatokritwert. Die Tatsache, dass Telekom-Fahrer solche Geräte mit sich führen, begründet Kindervater so: »Da nicht bei jedem der mehreren hundert Wettkampftage pro Jahr ein Arzt dabei sein kann, der Hämatokritwert überdies unterschiedlichsten Einflüssen unterliegt – z. B. Durchfall, Wasserverlust oder Belastungen durch eine mehrwöchige Rundfahrt –, müssen sich die Fahrer auch selbst überprüfen können. Der Hämatokritwert kann sehr, sehr instabil sein, das wird Ihnen jeder Mediziner bestätigen.«

## KAPITEL 4 Falsche Helden – der Fall Jan Ullrich: Ganz oder gar nicht?

*Ist der zu hoch, gibt es verschiedene Methoden, um ihn wieder in den grünen Bereich zu befördern. Wer nur geringfügig darüber liegt und ausreichend Zeit bis zur nächsten Kontrolle hat, trinkt Mineralwasser in rauen Mengen und schluckt dazu ein paar Aspirin. Schneller wirken blutverdünnende Medikamente wie Plasmaexpander und Infusionen. Wie Walter Schmidt, Leiter der Sportphysiologie der Uni Bayreuth, berichtet, hilft es auch, für 15 Minuten die Beine in die Höhe und den Kopf nach unten zu halten ... Und auch für den Notfall gibt es wirksame Mittel: Der tritt immer dann ein, wenn sich die »Vampire«, wie Zabel die Blutkontrolleure nennt, morgens in aller Frühe an die Arbeit machen. Im Kulturbeutel liegen Utensilien bereit die für die so genannte Schuss-Infusion gebraucht werden. In aller Eile setzen sich dann Fahrer, die sich noch über dem zulässigen Wert wähnen, eine Spritze mit Salzlösung. Kindervater dazu: »Die Salzlösung dient u. a. der Wundreinigung nach einem Sturz, und die Spritze wird verwendet, um die Salzlösung aus der Flasche zu ziehen.« ...*

*Die Säuberungswelle der französischen, belgischen und italienischen Justiz hat dazu geführt, dass die Stimmung im Fahrerlager nachhaltig vergiftet ist. Jeder verdächtigt jeden, und im Zentrum aller Anfeindungen steht das Team Deutsche Telekom. Denn das hat ungeschriebene Gesetze gebrochen. Weil jeder Fahrer wusste, dass auch andere Fahrer dopten, waren alle Fahrer in einer Koalition des Schweigens miteinander verbunden. »Über Betrug regte sich niemand auf, weil ja niemand betrogen wurde«, sagt ein Mitglied von Telekom. Nur die Bonner scherten aus und zeigten mit dem Finger auf die anderen ... »Im Moment hoffen alle, dass Telekom die Tour verliert«, sagt der Schweizer Profi Rolf Järmann, »es verlangt ja niemand, dass sie es zugeben, aber sie sollen nicht die großen Saubermänner spielen.«*

Doch das tat die Telekom weiter. Nach der Veröffentlichung des Dopingbeitrags im Hamburger Nachrichtenmagazin startete Telekom erst recht eine Kampagne: Ziel dabei war es nicht, den Vorwürfen nachzugehen, sondern die Überbringer der schlechten Nachricht zu bekämpfen. Die Telekom organisierte den Abwehrkampf. Ullrich, Godefroot und Professor Joseph Keul, der Leiter der Freiburger Sportmedizin und ärztliche Geschäftspartner des Radteams, brachten vor Gericht eidesstattliche Versicherungen vor, die den Inhalt der *Spiegel*-Berichterstattung bestritten. Die Anzeigenabteilung des Magazins registrierte zudem einen Rückgang der Anzeigenaufträge in Millionenhöhe. Noch fünf Jahre danach war Ullrich beleidigt über den Report. In seiner Autobiografie schreibt er: »Die Respektlosigkeit und Häme, mit der darin über unsere Mannschaft berichtet wurde, ärgerten mich maßlos. Ich lud meine Wut bei Gaby ab: ›Ich versuche mühsam, mich in Form zu bringen, und dann werde ich ungerechtfertigterweise beschuldigt und man haut ständig auf mich ein!‹«

Einige Wochen nach der Veröffentlichung setzte Ullrich gerichtlich eine Gegendarstellung im *Spiegel* durch, in der es unter anderem hieß: »Der *Spiegel* schreibt: ›Nach Berichten früherer Mitglieder wird im Team Telekom genauso systematisch und umfassend gedopt wie bei der gesamten Konkurrenz ... Einer, der damals dabei war, erinnert sich ... seit 1996 spritzt sich jeder Tourfahrer für gewöhnlich Epo‹. Hierzu stelle ich fest: Ich habe noch nie Epo gespritzt und auch sonst zu keinem Zeitpunkt gedopt ...«

Die Geschichte um die *Spiegel*-Veröffentlichung ist ein Beleg dafür, dass die kriminellen Dopingauswüchse ein Resultat der Kommerzialisierung des Sports sind. Wäre nicht so viel Geld im Spiel, wäre es zum einen gar nicht erst möglich, ein so umfassendes Dopingnetz aus Sportlern, Ärzten, Betreuern und Apothekern zu flechten. Zum anderen hat der Geldgeber in diesem Fall massiv dazu beigetragen, dass dieses Netz auch in der Krise erhalten blieb. Letztlich mussten die Richter, die sich in mehreren Verfahren mit der *Spiegel*-Berichterstattung befassten, nicht den Überbringern der Informationen über das Dopingnetz recht geben, sondern dem Betrügerring. Dem Nachrichtenmagazin wurde sogar bei Androhung einer sechsstelligen Strafe verboten, jemals die Dopingbehauptungen zu wiederholen. Einige Monate nach diesem Vorfall drohte das Telekom-System erneut aufzufliegen. Der ehemalige Betreuer Jef D'hont hatte angekündigt, ein Buch über seine Erfahrungen im Radsport zu veröffentlichen. Doch der Pfleger nahm dann doch überraschend davon Abstand, als das Team Telekom einen seiner Söhne als Betreuer verpflichtete.

So dauerte es weitere acht Jahre, bis die Mär vom sauberen Telekom-Stall ein Ende hatte. Im April 2007 setzte sich der *Spiegel* über die gerichtlich angeordnete Zensur hinweg und veröffentlichte einen Vorabdruck des verspätet erscheinenden Buches von Jef D'hont. Der Pfleger enthüllte darin, dass Epo und Wachstumshormon im Rennstall von Jan Ullrich seit 1996 Alltag gewesen sind. Der detaillierte Bericht des Masseurs zog eine bis dahin einzigartige Kette von Geständnissen nach sich. Nacheinander bekannten die ehemaligen Telekom-Fahrer Bert Dietz, Christian Henn, Udo Bölts, Rolf Aldag, Erik Zabel, Brian Holm, Bjarne Riis und Jörg Jaksche, dass sie Epo eingenommen hatten. Besonders überraschend kam jedoch die Beichte der Ärzte. Die Freiburger Sportmediziner Andreas Schmid und Lothar Heinrich gaben zu, jahrelang das Epo-Programm organisiert und

Team Telekom 1998 – u.a. Bjarne Riis, Jan Ullrich und Erik Zabel – systematisches Doping?

überwacht zu haben. Erst jetzt dachten auch die ehemaligen Oberen der Telekom um. Jürgen Kindervater, der den *Spiegel* 1999 wegen seiner Berichterstattung so heftig bekämpft hatte, entschuldigte sich in einem Interview öffentlich bei dem Nachrichtenmagazin.

## Die Wiedergeburt – das Märchen vom geläuterten Athleten

Die Tour 1999 musste Jan Ullrich wegen seines Übergewichts und wegen einer Knieverletzung sausen lassen, und ein Jahr später trat ein Mann in sein Sportlerleben, der zu seinem Trauma werden sollte: Lance Armstrong hängte ihn im Jahr 2000 das erste Mal bei der Tour de France ab. Als Trost wurde Ullrich wenigstens später in Sydney Olympiasieger im Straßenrennen. Aber die sorglosen Jahre waren endgültig vorbei. Epo war jetzt direkt nachweisbar, und immer wieder rückten Staatsanwaltschaften dem erwiesenermaßen kriminellen Sportbusiness auf die Zimmer. Beim Giro d'Italia 2001 erwischte es auch Ullrich, der aber immer noch nicht verstanden hatte, dass sich seine Sportart immer weiter dem Abgrund näherte. Nach der Durchsuchung seines Schlafgemachs beschwerte sich der Deutsche bitter: »Jeder Einzelfall wurde zu einer Generalanklage gegen meinen Sport. Das ist nicht gerecht und nicht fair, jedenfalls erbringe ich meine Leistungen ausschließlich mit erlaubten und sauberen Methoden.« In Paris verlor er im gleichen Jahr erneut gegen Armstrong.

»Ganz oder gar nicht«, so heißt laut seiner Autobiografie Ullrichs sportlicher Grundsatz, 2002 begann er an diesem Anspruch endgültig zu zerbrechen. Erst verhielt er sich bei einer Kniereizung so amateurhaft, dass sich die Verletzung zu einem langwierigen Schaden auswuchs, dann jagte er mit seinem silbernen Porsche besoffen durchs nächtliche Freiburg und quetschte dabei einen Fahrradständer platt, und schließlich schluckte er im Juni in einer Münchner Disko Amphetamin-Pillen und wurde für diesen Party-Spaß ein halbes Jahr gesperrt. Danach fühlte er sich nur noch »leer und ausgelaugt«, und seine »Karriere drohte schließlich in einem Chaos«, wie er sagt, »aus nicht enden wollenden Verletzungspausen, wildem Partyleben mit zu viel Alkohol und zu schnellen Autofahrten sowie einem Medikamentenmissbrauch zu versinken«.

Noch einmal blitzte Ullrichs Talent auf. Nach der Sperre wegen seiner Tabletteneinnahme wurde sein Vertrag mit dem Team Telekom nicht verlängert. Er wechselte zum italienischen Team Bianchi und wurde mit der eher zweitklassigen Mannschaft diesmal von Armstrong bei der Tour nur knapp um 61 Sekunden geschlagen. Zum

## Kraftstoffe für »Allesschlucker«
**Stufen der Leistungssteigerung**

### Die Basisbehandlung
mit orthomolekularen, phytopharmazeutischen und homöopathischen Präparaten

**Vitamine, Mineralstoffe (Spurenelemente), Aminosäuren, Stoffwechselbeschleuniger etc …**
Zufuhr oral, intramuskulär, intravenös, subkutan

### Die Grauzone

**Schmerzmittel/Relaxanzien**
Paracetamol, Procain, Tetrazepam

**Entzündungshemmer**
NSAR (z.B. Acetylsalicylsäure)

**Gefäßerweiternde Medikamente**
Trinitrin, Cervoxan

**Schleimlöser/Hustenblocker**
Pimexone, Beta-2-A-Agonisten, (Dosieraerosole)

**Beruhigungsmittel**
Zolpidem

**Harnsäureblocker**
Allopurinol

**Antibiotika**
Neomycin etc.

**Passive Immunisierung**
Immunglobuline

### Der Doping-Mix

**Peptid- und Proteinhormone**
ACTH, HCG, GnRH, EPO, HGH, IGF I

**Anabole Steroide**
Testosteron

**Corticosteroide**
Hydrocortison, Betamethason, Dexamethason

**Stimulanzien/Psychopharmaka**
Ephdrin, Amphetamin, Coffein, Antidepressiva

**Schilddrüsenhormone**
Thyroxin

**Eigenblut-Doping**

Quelle: Der Spiegel, leicht modifiziert

fünften Mal blieb ihm am Ende in Paris nur Platz zwei. Und wieder goss die Öffentlichkeit über seinen zuvor gestrauchelten Helden einen Kelch der grenzenlosen Sympathie. Er erhielt am Endes des Jahres den »Fair Play Preis«, den »Bambi«, den »World Award«. Die Journalisten hinterfragten seine Leistungsexplosion wie gewohnt nicht und wählten ihn gar zum »Sportler des Jahres«. Und als Anerkennung nahm ihn auch die Telekom, die ihr Team in T-Mobile umbenannte, wieder in ihre Reihen auf.

Es sollte alles anders – besser – werden, versprach Ullrich einmal mehr seinen Anhängern. Früher sei er bei Telekom jahrelang wie ein Grundschüler behandelt worden. Team-Chef Walter Godefroot schickte ihm einen Koch nach Hause, damit er sich in der Saisonpause vernünftig ernährte, beim Training in Südafrika und bei Pressekonferenzen stellte man ihm Aufpasser zur Seite. Und bei Bedarf waren weitere Babysitter in der Nähe. Aber weil ihm alle Entscheidungen abgenommen wurden, änderte sich seine Einstellung nicht, er blieb ein träges Talent. Nun aber sei alles anders geworden, sagte sein väterlicher Betreuer Rudy Pevenage im Dezember 2003: »Jan ist reifer geworden und trifft eigene Entscheidungen. Er weiß jetzt, was er mit seinem Talent anstellen soll.« Und Ullrich selbst sagte der Öffentlichkeit: »Ich bin ein anderer Mensch geworden.« Hatte sich der stoische Mecklenburger wirklich gewandelt, oder hatte sich nur das System gewandelt, das ihm dabei half, schnell Rad zu fahren?

## Der Absturz – die »Operación Puerto« macht der Karriere ein Ende

Wie viele Wohn- und Geschäftshäuser im gepflegten Madrider Stadtteil Chamberí wird auch das rotgeklinkerte Gebäude in der Calle de Zurbano, 92, tagsüber ständig bewacht. Der Hausmeister, der in dem geräumigen Treppenhaus sitzt, mustert fremde Besucher misstrauisch. Fragen nach den Mietern, etwa nach dem Hämatologen José Luis Merino Batres, wehrt er brüsk ab.

## KAPITEL 4  Falsche Helden – der Fall Jan Ullrich: Ganz oder gar nicht?

Die Ermittler der Guardia Civil, die im Frühjahr erschienen und sich für die Besucher des Labors im Hochparterre interessierten, wurde der Portero indes nicht ganz so schnell los. Die Fahnder von der Sondereinheit UCO installierten unter seinem Tisch und über der vergitterten Eingangstür Kameras. Dann verpflichteten sie ihn zum Schweigen.

Etwas einfacher gestaltete sich die Observation eines schmucklosen, siebenstöckigen Apartmenthauses in der Calle Alonso Cano, 53. Dort, nur etwa 300 Meter von der Praxis des Blutspezialisten entfernt, interessierte die Polizei eine Wohnung des Arztes Eufemiano Fuentes. Die Nachbarn kennen sich kaum, die Fluktuation in dem Haus ist derart groß, dass eine Immobilienfirma ein festes Werbebanner an der Fassade angebracht hat: »Viviendas en alquiler« – »Wohnungen zu vermieten«.

Wochenlang überwachten die Beamten beide Objekte, Ende Mai 2006, während des Giro d'Italia, schlugen sie zu: Merino Batres und Fuentes wurden verhaftet. Ihnen wird vorgeworfen, Drahtzieher im größten Dopingskandal Spaniens zu sein; einer Affäre, die sich weit über die Landesgrenzen hinaus ausgedehnt hat – und in die, nach allem, was der über 500 Seiten starke Untersuchungsbericht hergibt, auch Deutschlands Radidol mutmaßlich tief verstrickt ist: Jan Ullrich.

Die Polizei stellte über 220 Blut- und Plasmabeutel sicher, dazu Wachstumshormon, Anabolika, Epo, eben das komplette Horrorsortiment des Leistungssports. Für etwa 200 Athleten verbargen sich hinter den beiden unscheinbaren Adressen im Zentrum der spanischen Hauptstadt so etwas wie die Katalysatoren ihrer Karriere: Die heimlich aufgenommenen Fotos gelten in dem Verfahren wegen »Angriffs auf die öffentliche Gesundheit« als bedeutende Beweismittel.

Insgesamt 58 Radprofis werden in den Ermittlungsakten belastet, neun von ihnen erhielten von ihrem Team schon für die Tour de France des Jahres 2006 ein Startverbot, so auch die T-Mobile-Stars Ullrich und Oscar Sevilla. Die »Operación Puerto« (»Operation Bergpass«) der spanischen Polizei kam einer Röntgenaufnahme gleich, die geheime Strukturen des internationalen Dopingbetrugs sichtbar gemacht hat. Sie gab Auskunft, wie sich Spitzenathleten eines Netzwerks aus Medizinern, Betreuern und Medikamentendealern bedienten.

Als Betrug würde der Hauptbeschuldigte, Eufemiano Fuentes, heute 52, sein Wirken freilich niemals bezeichnen. Der Mediziner, der gegen Hinterlegung von 120 000 Euro Kaution aus dem Gefängnis entlassen worden war, gab kurz danach eine Probe seines Verständnisses von fairem Sport ab. In der populären Radio-Talkrunde *El Larguero* (»Die Torlatte«), die täglich um Mitternacht ausgestrahlt wird, stellte er sich als Ehrenmann dar, dem nichts wichtiger sei als die Gesundheit seiner Patienten. »Es gibt kein Delikt, weder gegen die öffentliche noch die private Gesundheit«, so lautet seine Verteidigungsstrategie. Rückübertragung eigenen Blutes sah Fuentes nämlich als eine therapeutische Maßnahme für den geschundenen Athletenkörper. Falsch sei nicht die Behandlung, falsch sind für ihn die Dopingregeln. Im Kern steckte dahinter eine einfache Denkweise: Probiert wird alles, was mehr Leistung verspricht. Und erlaubt ist alles, was bei Dopingtests nicht nachzuweisen ist.

Mit dieser Erkenntnis lag der Arzt ganz auf der Argumentationslinie der Radfahrer, für die ein Sportler erst dann gedopt ist, wenn sein Dopingtest positiv ausfällt.

Fuentes bediente sich deshalb einer ausgeklügelten Geheim- und Zeichensprache. In den Medikationslisten dokumentierte ein Stern die Verabreichung von Wachstumshormon, ein schwarzer Punkt stand für 1000 Einheiten Epo, ein schwarzer Kringel für Anabolika.

Während der wochenlangen Observation staunten die Ermittler, mit wie viel Phantasie der Sportarzt und seine Mitwisser zu Werke gingen. Bei Autofahrten wählten sie bewusst Umwege, ständig wechselten die Verdächtigten die Mobiltelefone. Als Fuentes verhaftet wurde, fand die Polizei bei ihm sieben Telefonkarten und drei Handys. In den abgehörten Gesprächen vermieden die Compañeros Klarnamen. So brauchten die Kriminalisten eine Menge Geduld, um beispielsweise Jan Ullrich auf die Spur zu kommen.

Am 18. Mai 2006 war es so weit. Gegen 20.15 Uhr klingelte Fuentes' Telefon, Ullrichs Freund Rudy Pevenage war in der Leitung. »Heute hat eine dritte Person gewonnen«, meldete der Anrufer zufrieden. Ein Blick in die Ergebnisliste des Giro d'Italia decodierte diese »dritte Person«: Der Sieger des Einzelzeitfahrens am 18. Mai hieß Jan Ullrich.

Zwei Tage später, so geht es aus dem Bericht der Guardia Civil mit der Kennung CO.PP.4293/06 hervor, wurde Ullrich diese Dechiffrierung zum Verhängnis: Um 10.44 Uhr belauschten die Fahnder ein weiteres Telefonat mit Fuentes, in dem Pevenage erklärte, er habe »mit einer dritten Person im Bus geredet. Diese dritte Person ist interessiert, mehr zu haben, auch wenn es nur die Hälfte ist.« Die Ermittler sind davon überzeugt, dass Fuentes und Pevenage verabreden wollten, Ullrich mit einer weiteren Dosis Eigenbluts zu versorgen. Eine Annahme, die Pevenage und Ullrich bis heute entschieden bestreiten.

Die Indizien wogen schwer. Eines der brisantesten Dokumente, von den Fahndern als Nummer 32 geführt, erwähnt einen »Jan« viermal. Demnach hat »Jan« 2970 Euro gezahlt, um mit »Vino«, »Nino«, »Ignacio« und »PCH« beliefert zu werden. Die Ermittler sind »nach Analyse der Dokumente und abgehörten Gespräche« überzeugt, dass es sich um Tarnbegriffe für manipuliertes Blut, Wachstumshormon, das dem Insulin ähnliche Präparat IGF-1 sowie Testosterontabletten handelt.

Als die Informationen 2006 in die Öffentlichkeit tröpfelten, attestierten langjährige Wegbegleiter Ullrich Arglosigkeit. Sein Umfeld, mutmaßte ein enger Freund, habe ihm die angeblich so sichere Methode mit dem Eigenblut bestimmt eingeflüstert, »damit es diesmal mit dem Toursieg klappt«.

Vielleicht hatte Ullrich aber auch nicht damit gerechnet, dass sein Arbeitgeber T-Mobile ihn fallen lässt. Der Sponsor reagierte nach Einsicht in das Ermittlungsdossier mit einem strikten Krisenmanagement – im Gegensatz zu 1999, als der *Spiegel* von Insidern Hinweise erhielt, dass im Team Telekom gedopt werde. Diesmal wurde hingegen deutlich, wie sich in der Bonner Konzernzentrale die Zeiten geändert haben. Konsequent handelten die T-Mobile-Manager, als Ullrichs Kontakt zu Fuentes bewiesen schien. Für ein Unternehmen, das pro Jahr geschätzte zwölf Millionen Euro in sein Radsportengagement pumpt, um sein Image zu verbessern, musste der spanische Doktor eine Unperson sein.

Der erste Dopingfall, mit dem Fuentes in Zusammenhang gebracht wurde, blieb noch in der Familie. Es war Mitte der Achtziger, und es betraf die Leichtathletin Cristina Pérez, seine Frau. Ein paar Jahre später fand Fuentes Kontakt zur Radsportszene, wurde Teamarzt bei diversen Profiställen, am Ende gar deren Trainings- und Wettkampfstratege. Dass sein Wirken ständig von Dopinggerüchten umweht war, schien den Medicus nicht zu stören: »Ich stand immer unter Verdacht, aber passiert ist nie etwas.« Mehr noch: Je größer die Erfolge seiner Fahrer waren, desto sicherer fühlte sich Fuentes. Vor einem schweren Einzelzeitfahren der Spanien-Rundfahrt 1991 saß der Arzt im Flugzeug nach Mallorca. Auf dem Sitz neben sich hatte er

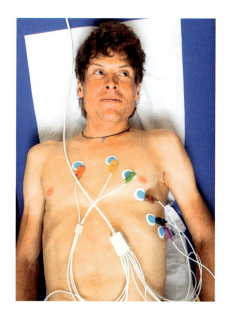

Jan Ullrich 2006 – kurz vor dem Ausschluss von der Tour beim Gesundheitscheck.

## Dopinggeständnisse ehemaliger Fahrer und Ärzte des Team Telekom

Bert Dietz am 21. Mai 2007 in der ARD über seinen Anfang beim Team Telekom 1994: »Also beim ersten Jahr als Profi, eigentlich nur vor den Klassikern, wurde Kortison genommen.« Über den ersten Kontakt mit Epo: »Eigentlich bei mir das erste Mal 1995, als ich über die Freiburger Ärzte die Sache angeboten bekommen hatte. Die Ärzte wurden dann halt auch immer mehr in die Trainingsplanung mit einbezogen, auch auf Wunsch von Telekom, dass ist halt alles zentral gesteuert worden.« Über die Freiburger Ärzte Andreas Schmid und Lothar Heinrich: »Die Ärzte haben, wenn sie vor Ort waren, selber gespritzt. Wenn die nicht vor Ort waren, haben's die Pfleger gemacht.«

Christian Henn am 22. Mai 2007 in einem Fernsehinterview: »Ich habe auch mit Epo gedopt. Die Zeit war so. Da musste man mitziehen, sonst hätte man nicht mithalten können. Es ging nur hopp oder top. Die anderen Nationen, und da vor allem Spanier und Italiener, waren uns auf einmal, also aus dem Nichts, turmhoch überlegen. Das lag an Epo, also mussten wir mitmachen.«

Der Arzt Andreas Schmid am 23. Mai 2007 in einer Presseerklärung: »Ich räume ein, seit Mitte der Neunzigerjahre das Doping einzelner Radprofis unterstützt zu haben.« Wenig später korrigiert Schmid den Zeitraum und spricht von Doping »in den Neunzigerjahren«: »Ich habe den Radsportlern auf Anforderung Dopingsubstanzen, insbesondere Epo, zugänglich gemacht. Ich habe niemals einem Sportler ohne dessen Wissen oder gar gegen seinen Willen Dopingsubstanzen verabreicht. Ich bedaure meine Verfehlungen sehr. Ich hätte als Arzt nie so handeln dürfen. Ich habe als Sportmediziner aber auch erfahren, welch ungeheurem Erfolgsdruck die Fahrer ausgesetzt sind. Die in den Neunzigerjahren verbreitete Dopingpraxis hat die Bereitschaft der Sportler, selbst zu dopen, erheblich gefördert.«

Der Arzt Lothar Heinrich am 23. Mai 2007 in einer Presseerklärung: »Auch ich räume ein, in meiner Funktion als Sportmediziner am Doping von Radsportlern mitgewirkt zu haben. Ich bedaure diese ärztlichen Verfehlungen und hoffe, dass durch meinen aktiven Beitrag das Doping in der Zukunft wirksam bekämpft werden kann.«

Erik Zabel am 24. Mai 2007 in einer Pressekonferenz über die Tour de France 1996: »Es gab Gerüchte, man kann einfach gar nicht mehr erfolgreich sein, ohne Doping zu benutzen. In meinem Fall war es dann so, dass ich mich kurz vor der Tour de France auch dazu entschieden habe, Epo zu benutzen. Das war ein Test, es war einmalig, und ich habe am Ende der ersten Tour-Woche diesen Test beendet. Ich habe ihn deshalb beendet, weil ich mit Nebenwirkungen erhebliche Probleme hatte. Ich habe das Epo damals probiert, weil es möglich war und weil es einfach ohne Konsequenzen blieb. Mit anderen Worten, ich habe gedopt, weil es ging. Wir waren Gefangene unseres Denksystems. Im Grunde ist diese Situation heute ähnlich lückenhaft, das Kontrollsystem, die Situation ist nicht viel anders.«

Rolf Aldag am 24. Mai 2007 in einer Pressekonferenz über das Jahr 1994: »Und dann habe ich aktiv nachgefragt nach Dopingprodukten. Habe 1995 im Vorfeld der Tour begonnen, ausdrücklich mit Epo, und habe dies dann weitergemacht, eigentlich immer Schritt für Schritt, 1997 [das] erste Mal mit schlechtem Gewissen. Denn bis dahin hat man gedopt, weil man einfach gesagt hat, ich kann nicht erwischt werden. Und das war eigentlich das Grundgerüst für mich zu sagen: ›Wo ist das Risiko?‹ Dann gab es erstmals einen Hämatokritgrenzwert. Das war nicht lustig, morgens um fünf Uhr mittels einer Zentrifuge seinen Hämatokritwert zu messen.«

Bjarne Riis, 25. Mai 2007 in einer Pressekonferenz: »Ich war Radprofi im Guten wie im Bösen, hauptsächlich im Guten. Aber jetzt ist die Zeit gekommen, die Karten auf den Tisch zu legen. Ich habe Doping genommen. Ich habe Epo genommen. Das war Teil meines Alltags. Dafür übernehme ich die volle Verantwortung. Aber so war die Zeit nun einmal damals. Ich war Radsportler zu den Bedingungen, die es damals gab. Ich bin froh, dass die Bedingungen heute nicht so sind. Ich habe Epo, Kortison und Wachstumshormon von 1993 bis 1998 eingenommen. Ich habe die Leute angelogen und ich habe mir in die eigene Tasche gelogen. Mein Gelbes Trikot liegt in einem Pappkarton in meiner Garage. Wenn ihr es mir abnehmen wollt, dann holt es euch. Es bedeutet mir nichts.«

Jörg Jaksche, 2. Juli 2007 im Spiegel: »Radfahren an sich ist nicht schön. Es tut immer weh. Der Sport ist mit sehr viel Schmerz, körperlichem Schmerz, verbunden. Das Training ist der Versuch, deine Leistungsfähigkeit so zu steigern, dass du nicht abgehängt wirst, und damit es nicht so wehtut, gab es erst Kortison, dann Epo und heute gibt es frisches Blut. Radfahren ist ein schwieriger Sport. Als Fußballer kann man 90 Minuten lang wie ein Trottel übers Feld laufen, dann schießt du in der Verlängerung das entscheidende Tor und bist ein Held. Im Radsport wird man bei 99 von 100 Rennen abgehängt, auch wenn du alles gibst. Es tut weh, die ganze Zeit, und man hat trotzdem nur selten Erfolg.«

eine Kühltasche verstaut. Zu mitreisenden Journalisten sagte Fuentes: »Hierin befindet sich der Schlüssel zum Sieg bei der Vuelta.« Dazu passte, dass ein Profi seines damaligen Arbeitgebers Once nicht nur die harte Etappe, sondern auch die Rundfahrt gewann. Gedämpft wurde die Karriere des Spezialdoktors im Frühjahr 2004. Der damalige Kelme-Profi Jesús Manzano packte in der spanischen Sportzeitung *As* über die Dopingpraktiken in seinem Team aus, nachdem er bei einer Bluttransfusion beinahe ums Leben gekommen wäre. Die Nachforschungen gegen Fuentes, den früheren Kelme-Mannschaftsarzt, wurden allerdings schnell eingestellt – aus Mangel an Beweisen.

Die Branche vergab, wie sie es gewohnheitsmäßig tut; Fuentes blieb ein gefragter Mann. Dass er sich mit seinen Praktiken zum Leistungsguru aufschwingen konnte, hatte auch mit den laschen Gesetzen Spaniens zu tun, die erst nach der Enthüllung der Fuentes-Affäre verschärft wurden. Außerdem existierte in dem Land für Betrüger bisher

Auszug aus dem Bericht der Guardia Civil zur »Operación Puerto« – wer ist »Jan«?

kaum öffentlicher Druck. Selbst eine investigativ arbeitende Zeitung wie *El País*, die bei der Aufdeckung der »Operation Bergpass« ganz vorn war, packte das Thema lange nur widerwillig an. So konnte sich Spanien zum Paradies für dopingwillige Leistungssportler entwickeln. Die ersten Berichte über hilfsbereite Doktoren und gut ausgestattete Labore kursierten in der Leichtathletikszene schon Ende der Neunziger. Der Verdacht, dass sich dort ein Netzwerk etabliert habe, bestätigte sich spätestens Mitte 2005, als der Polizei ein spektakulärer Schlag gegen das Drogenkartell gelang: Bei Razzien auf dem spanischen Festland, den Kanarischen Inseln und den Balearen stellte die Polizei zehn Tonnen illegaler Präparate sicher. Auch die Nationale Anti-Doping-Agentur (Nada) in Bonn suchte nach Verbindungen zwischen Fuentes und Miguel Angel Peraita, dem Mann, mit dem der deutsche Trainer Thomas Springstein sich ausgetauscht hatte. Peraita unterhielt seine Praxis in der Calle Fernández de la Hoz – nur wenige Schritte entfernt von der Wohnung Fuentes' und dem Blutlabor von Merino Batres. Nada-Chef Roland Augustin glaubte fest daran: »Wir haben es hier mit einem komplexen Betrugssystem zu tun.« Aufklären konnte es Augustin aber nicht mehr: Anfang des Jahres 2007 wurde er seines Amtes enthoben.

Die Ermittlungen der Guardia Civil hatten unter den verdächtigen Radrennfahrern neben Ullrich einen weiteren Deutschen im Visier: den Ansbacher Jörg Jaksche, damals 29. Die Polizei fand bei ihrer Durchsuchung vier Blutbeutel, die mit dem Datum des Treffens und dem Decknamen »Bella« oder der Nummer 20 beschriftet waren. Die Fahnder ordneten Jaksche, dem 16. der Tour de France 2005, beide Codes zu. Jaksches Name tauchte außerdem auf einem Papier auf, das exakt auflistet, wie das spanische Radteam Liberty Seguros 2005 mit Dopingmitteln versorgt wurde. Im Gegensatz zu Ullrich bestätigte Jaksche im Juni 2007 die Ermittlungen der Guardia Civil. Er gab zu, mit Fuentes' Hilfe Blut ausgetauscht zu haben.

Dass sich Eigenbluttransfusionen zum Massenphänomen unter den Profis entwickeln konnten, hatte mehrere Gründe. In Zeiten reduzierter Werbe- und Sponsorenetats wurde der Kampf um die Arbeitsplätze im Radgewerbe härter denn je geführt. Die meisten Fahrerverträge laufen nur ein, zwei Jahre. Ein Tour-Etappensieg garantiert praktisch den Job über die Frist hinaus. Junge Fahrer wie der deutsche Tour-Fahrer Markus Fothen können es kaum fassen, wie das Feld voranstürmt, sobald der Rennleiter die Flagge gesenkt hat zum Start: Man trainiere und trainiere, »und dann wirst du doch wieder abgehängt«.

Die Etappen werden immer schneller absolviert, 2005 bolzte Lance Armstrong einen Schnitt von 41,65 Stundenkilometern. Da erschien es nur logisch, dass mancher Fahrer von Mitteln träumte, die ihn besser vorbereitet in die Frankreich-Rundfahrt schickten – oder die während der drei Wochen eine schnellere Regeneration über Nacht ermöglichen.

Doch die Ermittlungen im Fall Fuentes kamen irgendwann ins Stocken. Es war wie so häufig bei Affären im Mittelmeerraum. Die Fahnder legten ein Irrsinnstempo vor: überwachten, hörten ab, beschatteten. Und dann erlahmte der Eifer irgendwann schlagartig. Die Folgen dieses Rückschlages ließen sich ein Jahr später bei der Tour de France beobachten. Die spanischen Verbände und Rennställe gingen anders als etwa das deutsche Team T-Mobile plötzlich sehr fürsorglich mit ihren Stars um. Alejandro Valverde etwa, einer der großen Favoriten auf den Gesamttoursieg 2007, durfte starten, obwohl ihn die Fuentes-Dokumente als mutmaßlichen Kunden des spanischen Dopingdoktors auswiesen. Noch blamabler für den weltweiten Anti-Doping-Kampf war der Toursieg des Spaniers Alberto Contador. Seit langem ist ein Schriftstück von Fuentes bekannt, das Contador als mutmaßlichen Konsumenten von Asthma-, Insulin- und Hormonbehandlungen ausweist. Was es mit diesem Papier genau auf sich hat, konnten oder wollten die spanischen Behörden und Verbände aber niemals aufklären. Und so siegte im Juni 2007 in Paris wieder einmal ein Radfahrer, der wie seine Vorgänger Floyd Landis, Jan Ullrich oder Bjarne Riis stark dopingverdächtig ist. Dass unter den zehn bestplatzierten Fahrern der Tour allein fünf aus Spanien waren, warf zudem ein fragwürdiges Licht auf die Dopingbekämpfung in Spanien.

Weil die Spanier irgendwann das Interesse an der kompletten Aufarbeitung der »Operación Puerto« verloren hatten, stockten aber auch die Untersuchungen von Sportfunktionären, Sponsoren, Staatsanwälten und Kripoleuten in ganz Europa. Lorenz Schläfli etwa hatte Papiere gelesen, viele Papiere. Er hatte abgehörte Telefongespräche studiert und von Blutbeuteln, Codenamen und Medikamenten erfahren, von denen er zuvor noch nie etwas gehört hatte. Und als Lorenz Schläfli die Akten der spanischen Polizei wieder zuklappte, glaubte der Geschäftsführer des Schweizer Radsportverbands, dass gegen Jan Ullrich, Inhaber einer Schweizer Lizenz, genug Belastungsmaterial vorliege, um gegen ihn ein Verfahren wegen Dopings einzuleiten. Ullrich war offenkundig allzu tief verstrickt in den Skandal. Die Lektüre, sagte Schläfli, sei »ziemlich erschreckend« gewesen. Ullrich wäre vermutlich für zwei Jahre gesperrt worden.

Doch dann kam die Wende. Mit einem Mal war unklar, ob die Schweizer ihre Arbeit überhaupt fortsetzen können. Ein Madrider Gericht hatte in einem Brief an den internationalen Radsportverband untersagt, den Bericht der Guardia Civil, der neben Ullrich auch den italienischen Giro-Sieger Ivan Basso und zahlreiche spanische Fahrer belastete, zu verwenden. Diese Weisung, teilte Untersuchungsrichter Carmelo Jiménez mit, gelte, bis alle strafrechtlichen Ermittlungen abgeschlossen seien.

Dabei hatte die anfangs so furiose Arbeit der Guardia Civil bis dahin erstaunliche Ergebnisse ans Licht befördert. Es gab zum Beispiel Belege, die zeigten, dass Ullrich schon seit mindestens 2003 Kunde von Fuentes gewesen sein soll – und zwar ein sehr guter. Zuletzt habe er für die Betreuung pro Jahr 60 000 Euro Grundhonorar gezahlt, dazu zweimal jährlich nochmals je 30 000 Euro, eine Prämie aufgrund der Platzierung und für die Behandlung selbst. Alles in bar. Außerdem hatten die Polizisten bei der Mai-Razzia in einem Hotel in Madrid angeblich Blutbeutel mit der Aufschrift »Jan« in Papierkörben gefunden

– in jenem Hotel, in dem Ullrich offenbar mehrmals abstieg, um sich von Fuentes fit machen zu lassen. Es gebe sogar Fotos, auf denen der deutsche Star mit dem zwielichtigen Mediziner zu sehen sei. Ullrich bestritt jedoch nach wie vor alle Vorwürfe.

Die deutschen Staatsanwaltschaften in Bonn und Göttingen, die voneinander getrennte Verfahren zum Fall Ullrich und mutmaßlicher Hintermänner führen, würden allzu gern auf Beweise aus dem Ausland zurückgreifen. Doch die Wege zu den Teilen, die sie ins Puzzle einfügen möchten, waren für die Juristen zu lang und zu kompliziert. So wurde das Rechtshilfeersuchen der Göttinger an die spanischen Behörden viele Wochen einfach nicht beantwortet. Auch die Bonner Staatsanwälte warteten dringend auf Material – nicht nur aus Spanien. Sogar an jene Beweismittel, die Schweizer Kollegen auf ihren Antrag hin bei einer Durchsuchung von Ullrichs Privathaus im schweizerischen Scherzingen Mitte September 2006 gesichert hatten, kamen die deutschen Ermittler nicht heran.

Es war nicht nur die Bockigkeit spanischer Richter und die Kleinstaaterei der europäischen Ermittlungsbehörden, die die Aufklärung des Falls behinderten. Auch die Sportverbände schafften es nicht, belastete Radprofis von der Straße zu holen. Einige der beklagten Athleten nahmen sich aggressive Anwälte, die schnell vor ein ordentliches Gericht zogen, wo sie sich besser zu behaupten wissen als die Verbandsjuristen am anderen Ende des Tisches. Die Affäre Ullrich zeigte einmal mehr: Selbst wenn der Wille zur Aufklärung da ist, fehlt es dem Sport an Durchschlagskraft im Kampf gegen Doping und deutschen Staatsanwälten an der gesetzlichen Grundlage. Die Ermittlungsbehörden sind im Fall Ullrich nicht nur abhängig von den spanischen Erkenntnissen, sondern auch von ziemlich konstruiert wirkenden Anzeigen. Die Bonner Staatsanwaltschaft ermittelte im Fall Ullrich, weil die Kriminologieprofessorin Britta Bannenberg Anzeige erstattet hat. Deren Logik zufolge hat Ullrich als Doper seinen Arbeitgeber T-Mobile betrogen. Und in Göttingen wurden Staatsanwälte tätig, weil das Bundeskriminalamt in Wiesbaden sie darauf stieß. Diesmal war der Auslöser ein möglicher Verstoß gegen das Arzneimittelgesetz durch einen im Ausland aufgefallenen Arzt. Solange es keine schärferen Gesetze gebe, würden Chancen vertan, den »Sumpf des Schweigens« trockenzulegen, sagt die Kriminologin Bannenberg, und auf diese Weise würde »das kriminelle Geflecht zementiert«.

## Der Abschied – wie der Held zur tragischen Figur wird

Es gibt Sportler, die haben gute Berater, die ihnen viel Geld aufs Konto spülen, die ihnen raten, bestimmten Medien Interviews zu geben, und ihnen abraten, in gewisse Sendungen zu gehen. Und es gibt Sportler, die haben schlechte Berater, die ihnen womöglich einige Verträge besorgen, die aber nicht wissen, was wirklich gut und was schlecht für einen Athleten ist, und ihn deshalb ins Verderben laufen lassen. Anfang des Jahres 2007 muss Ullrich ganz besonders schlechte Berater gehabt haben. Im Ballsaal II des Hamburger Interconti-Hotels haben sich an diesem Vormittag des 26. Februars mehrere Dutzend Journalisten eingefunden, viele Kamerateams sind dabei, N24 überträgt live. Aber auch Ullrichs Brüder Stefan und Thomas sind gekommen, seine Mutter Marianne ist da. Sein ehemaliger Trainer Peter Becker ist angereist, natürlich lässt ihn an diesem Tag ebenso sein langjähriger Berater Wolfgang Strohband nicht im Stich.

Der Absturz des Jan Ullrich ist bereits passiert. Hatte er im Sommer des Jahres zuvor noch behauptet, er habe nie mit Fuentes zusammengearbeitet, so sind die Indizien, dass das Gegenteil die Wahrheit ist, erdrückend. Ullrich hat eine DNA-Probe, die von der Bonner Staatsanwaltschaft gefordert wurde, abgegeben. Mit ihr soll erforscht werden, ob seine Behauptung, sein Blut sei nicht in Madrid gelagert, falsch oder richtig ist. Noch steht aber das Ergebnis aus, als Ullrich loslegt. Er hat weiße Karteikärtchen in der Hand und arbeitet die Stichpunkte darauf ab. Oft sind es nur Halbsätze, Gestammel, mal ist er flapsig, mal ist er frech, mal lacht er hämisch, bald bildet sich weißer Schaum in den Mundwinkeln – wer ihn ein bisschen kennt, hätte ihn von diesem Auftritt abhalten sollen. Ullrich schimpft gegen die Leute, die ihn angezeigt haben, gegen die angeblich schlampig arbeitenden Ermittler, gegen die kritisch schreibenden Journalisten, gegen den deutschen Radfahr-Verbandspräsidenten Rudolf Scharping. Er sagt, er habe niemals betrogen. Und dann erklärt er seinen Rücktritt, und er sagt, dass er sich auf seine neuen Aufgaben freue. Als Berater des zweitklassigen österreichischen Teams Volksbank und als »Chefentwickler« von Terra-S, einer Firma, die sich um platte Fahrradschläuche kümmert.

Ullrich verliert an diesem Tag nicht nur seine letzte Glaubwürdigkeit, er verpasst auch die letzte Chance, mit klaren Worten und eindeutigen Aussagen zur Aufklärung der Dopingseuche beizutragen. Berater hätten ihm sagen müssen, dass auch Helden Fehltritte verziehen werden, wenn sie aufrichtig und nicht zu spät eingestanden werden. Später kommen etwa die ehemaligen Telekom-Fahrer Aldag,

Jan Ullrichs peinlicher Abgang.

Zabel, Henn oder Jaschke glimpflich davon. Die Öffentlichkeit ist schnell bereit, denjenigen zu vergeben, denen sie stundenlang am Fernseher zugeschaut hat. Helden müssen zumindest das Gefühl verbreiten, es ehrlich gemeint zu haben. Aber Ullrichs Auftritt wirkt nur peinlich, er hat innerhalb von 43 Minuten seinen gesamten Kredit verspielt. Am gleichen Tag gibt er der *Bild*-Zeitung ein Interview und legt sich auf die Frage, ob er jemals gedopt habe, endgültig fest: »Niemals! Ganz klipp und klar! Ich bin niemandem Rechenschaft schuldig. Ich habe in meiner Karriere immer versucht, fair zu sein, und bin stolz zu sagen, dass ich niemals jemanden betrogen oder jemandem geschadet habe. Das ist mir sehr wichtig.«

Und als wäre dieser Auftritt noch nicht genug, macht sich Ullrich am selben Abend später endgültig zum Deppen. Der Held wird zur tragischen Figur. Er versucht sich in der Talksendung von Reinhold Beckmann zu erklären – und scheitert dabei kläglich. Er sagt Sätze wie diese: »Ich kann ganz klipp und klar sagen, und da bin ich auch stolz drauf, ich hab ein reines Gewissen. Ich habe keine Angst vor der Zukunft, und ich möchte auch noch mal betonen, weil das groß ist. Das kann nicht jeder von sich sagen. Habe keinen betrogen und auch keinen geschädigt in meiner ganzen Karriere.« Auch als Beckmann wissen will, ob der Radsport eine verseuchte Sportart ist, kommt seine Antwort schwer in Schwung: »Du, ganz ehrlich. Das würde ich auch gern wissen. Weißt du warum? Weil ich halt, weil ... ich weiß es auch nicht. Ich persönlich nicht, meine persönliche Meinung ist, dass Radsport nicht mehr oder nicht weniger verseucht ist wie alle anderen Sportarten. Und noch weitergreifend wie andere Bereiche. Wie andere Bereiche.« Zu seiner Zusammenarbeit mit Fuentes möchte er gar nichts sagen, da höre er jetzt auf seine Anwälte: »Weil mir so viel Scheiße in letzter Zeit widerfahren ist. Und ich traue keinem Sack mehr über den Weg.«

Es zeigt sich, dass ein wahrer Sportheld nicht nur Schweiß und Siege braucht; was in erster Linie zählt, ist ein ehrliches Auftreten. Ullrich hat an diesem Abend schon viel verspielt. Aber dann kommt

## KAPITEL 4  Falsche Helden – der Fall Jan Ullrich: Ganz oder gar nicht?

auch noch heraus, dass das in Spanien gebunkerte Blut wohl tatsächlich aus den Adern des Deutschen geflossen war. 4,5 Liter Blut soll Fuentes im Kühlschrank gehabt haben: fast ein ganzer Jan Ullrich wäre das, genug für eine ganze Saison. Und als schließlich seine ehemaligen Mannschaftskollegen Riis, Dietz, Aldag, Bölts und Henn beichteten, warum sie früher so schnell gefahren waren, sind die Indizien gegen Ullrich erdrückend. Er jedoch leugnet nach wie vor.

Für die Stimmung in der Öffentlichkeit sind die Ermittlungsergebnisse der Staatsanwälte und Fahnder des Bundeskriminalamtes längst überflüssig geworden. Obwohl Jan Ullrich weit über 100 Dopingtests gemacht hat und er dabei nie aufgefallen war, ist sein Image als Dopingtäter praktisch besiegelt. Im Juli 2007 führt das Meinungsforschungsinstitut Forsa für die *Bild am Sonntag* eine Umfrage durch. Es will wissen, wem die Deutschen vertrauen. Von 100 Persönlichkeiten, die zur Auswahl stehen, kommt Ullrich auf den letzten Platz. Die Zeitung kommentiert süffisant: »Erstaunlich ist, dass dem Tour-de-France-Sieger von 1997 nach den Doping-Vorwürfen überhaupt noch 5 Prozent der Befragten (2,3 Prozent der Männer, 8,2 Prozent der Frauen) vertrauen.«

Was Ullrich zu sagen hat, ist jetzt nur noch für einige wenige Medien interessant. Am 22. Juli schaltet er sich über Telefon live in die Tour-de-France-Berichterstattung von Sat.1 ein. Dort ist sein alter Radkumpel Mike Kluge Co-Kommentator. Über Doping, sagt er, wolle er nicht weiter sprechen, er deutet aber vielversprechend Wichtiges an: »Ich habe schon einiges aufgeschrieben und mir meine Gedanken gemacht. Irgendwann muss es raus, da ich sonst platze.« Und dann formuliert er noch einen Satz, der davon zeugt, wie weit sich der Mecklenburger inzwischen von seinen Wurzeln entfernt hat: »Ich werde dazu etwas sagen, wenn Deutschland reif dafür ist.«

## Olympia, ein einziger Schwindel – internationale Netzwerke und der Fall Marion Jones

Es gibt beim Dopen die einzelnen Betrüger, die versuchen, sich mit pharmazeutischen Mitteln Vorteile gegenüber ihren Gegnern zu verschaffen. Es gibt die Banden, zu denen sich Funktionäre, Trainer und Athleten zusammenschließen, um Gewinne im Geschäft mit der Ware Sport abzuschöpfen. Und es gibt die länderübergreifenden Kartelle – kriminelle Organisationen, die sich rein zufällig auf den Sport konzentrieren. Sie könnten genauso gut mit Öl, Kokain oder Zigaretten dealen. Hauptsache, die Rendite stimmt.

Ein Musterbeispiel für ein solches international operierendes Netzwerk ist Balco, eine Labor- und Beratungsfirma am Rande von San Francisco, die viele große Stars des US-Sport-Business mit Dopingtipps und chemischen Aufrüstern beliefert hat. Das Kartell versorgte seine Kunden in der ganzen Welt, einige Fühler reichten auch in den europäischen Sport hinein. Und mittendrin in diesem Sumpf steckt Marion Jones, die erfolgreichste Leichtathletin des vergangenen Jahrzehnts. Die Firma entwickelte eine fast perfekte Betrugsmaschinerie, gegen die internationale Dopingfahnder wie Dilettanten aussahen. Und selbst als das Geschäftsgeheimnis durch reinen Zufall aufgefallen war, brach das Sportbusiness nicht, wie von vielen befürchtet, zusammen. Es blieben einige hässliche Schrammen, und einige Athleten wurden auch als Bauernopfer gesperrt.

Doch letztlich wollte kaum jemand so ganz genau wissen oder gar aufklären, was der Balco-Skandal in Wahrheit war – der Sieg des kriminellen Sportbetrugs über ein verschnarchtes und hilfloses Kontrollsystem. Weder die milliardenschweren Sponsoren wie der Sportausrüster Nike noch die amerikanische Regierung oder gar die nationalen oder internationalen Sportverbände betrieben umfassende Aufklärung.

Am Ende kamen selbst die Hauptbeschuldigten mit lächerlich geringen Strafen davon. Viele Trainer und Funktionäre aber, die das System gedeckt, und viele Athleten, die davon profitiert hatten, blieben straffrei – und laufen, springen und werfen munter weiter.

## Beweis aus dem Müll – wie der Sportbetrug enttarnt wird

Jeff Novitzky ist einer dieser hellen amerikanischen Köpfe, die man für gewöhnlich aus Krimiserien im Fernsehen kennt. Er ist Spezialagent des Internal Revenue Service, Criminal Investigation, kurz IRS-CI genannt, einer Einheit, die sich in den USA um spezielle Betrugsdelikte im Finanzmilieu kümmert. Seit über zehn Jahren hat es Novitzky mit Steuervergehen, Geldwäsche und Währungsverstößen zu tun – ein erfahrener Haudegen also.

Im August 2002 erhält Novitzky einen Tipp der besonderen Art. In Burlingame, einem kleinen Nest in der Nähe von San Francisco, soll es eine Firma namens Balco geben, die eine Vielzahl von Weltklasseathleten illegal mit Anabolika versorgen und Bluttests vornehmen soll. Kopf des Unternehmens soll Victor Conte junior sein.

Ein besonderer Service des damals Zweiundfünfzigjährigen soll zudem darin bestehen, das Urin der Profisportler nach der Dopingeinnahme zu testen, um zu gewährleisten, dass sie bei den offiziellen Kontrollen wieder clean sind. Bei dieser speziellen Betrugsmasche sollen sie sich auch alten Know-hows aus der DDR bedienen. Um das Verhältnis zwischen Testosteron und Epitestosteron nach dem Dopen unter der Nachweisgrenze zu halten, sollen die Balco-Leute den Sportlern das für die körperliche Leistungsentwicklung eigentlich unwichtige Epitestosteron verabreichen.

Stutzig macht Novitzky, dass medizinischer Direktor bei Balco ein gewisser Dr. Brian Halevie-Goldman ist, ein Psychiater mit Schwerpunkt auf der pharmakologischen Behandlung von Kindern und Jugendlichen. Um der zwielichtigen Medizinfirma auf die Schliche zu kommen, tut sich Novitzky mit einem Experten aus dem kalifornischen San José zusammen: Jaime Nazario von der Drogenpolizei (DEA).

Von dem Firmenchef Victor Conte weiß Novitzky anfangs nicht viel. Conte war von den Sechzigerjahren bis in die frühen Achtziger als Bassist ein gefragter Band- und Studiomusiker. Er spielte mit Stars wie Herbie Hancock zusammen und wirkte später in der Band Tower of Power mit.

So viel ist klar: Die Bodybuilding-Branche verehrt ihn als eine Art Guru. In der Szene gilt der Mann, der durch Burlingame wahlweise mit einem Jaguar, BMW oder Mercedes kreuzt, als nicht gerade zimperlich. Auf seiner Homepage wirbt Balco für das Zink-Magnesium-Präparat ZMA, das angeblich den Testosteronspiegel um ein Drittel steigern soll.

Der Fahnder verfolgt zunächst weiter Contes Spuren im Internet. Offiziell gibt Balco im Netz an, Spitzensportlern, Geschäftsleuten oder Hobbykriegern, die sich am Wochenende privat und aus reinem Spaß schon mal kleine Scharmützel liefern, hochwertige Ernährungstipps zu erteilen. Er prahlt damit, amerikanische Topathleten aus dem American Football und Basketball zu betreuen, aber auch Weltklasseleute im Tennis, Schwimmen und der Leichtathletik sowie im Profi-Bodybuilding. Einer seiner prominentesten Schützlinge soll Matt Biondi gewesen sein, den er mit seinen Ergänzungsmitteln zum Weltrekord über 200 Meter Kraul geführt haben will. Für die Olympischen Spiele in Seoul 1988 habe Conte – ganz sauber – Leichtathleten, Schwimmer und Judoka vorbereitet und viele Medaillen mit nach Hause gebracht.

Und dann findet Novitzky im Netz erste Zusammenhänge zum Doping. Dosierungshinweise für Anabolika in einem Insider-Chatroom ordnet er Conte zu. Er erfährt, dass Conte den amerikanischen Kugelstoßer C. J. Hunter, den früheren Ehemann der Leichtathletik-Königin Marion Jones, raushauen wollte, als dieser im Jahr 2000 positiv auf das Anabolikum Nandrolon getestet worden war. Hunter habe nicht gedopt, behauptet Conte, der bei dem Kugelstoßer gefundene positive Wert könne nur durch ein verunreinigtes Eisenpräparat zustande gekommen sein. Und Novitzky findet im Netz, dass sich der Unternehmer im US-Fachmagazin *Testosteron* positiv über Wachstumshormon geäußert hat. Er persönlich sei nicht gegen diese Mittel, schreibt Conte dort ganz offen, er wisse von vielen Athleten, dass sie die Hormone nehmen würden. Gerade ältere Athleten seien von den Sterioden auf Wachstumshormon umgestiegen und würden von »dramatischen Vorteilen« berichten. (www.zsdebatten.com/dopingfrankeludwig)

Das sind Indizien genug. Novitzky ist nun überzeugt, einen dicken Fisch an der Angel zu haben. Am 3. September 2002 macht er sich erstmals zu einer geheimen Aktion in die Gilbreth Road 1520 in Burlingame auf. Das Ambiente ist eher trist, das kleine Nest liegt an der lärmenden Verkehrsader durch das Silicon Valley. Das braungelbe Bürogebäude ist Teil eines heruntergekommenen Gewerbeparks. »Bay Area Laboratory Co-Operative«, kurz Balco, steht vorne weiß auf himmelblau am Eingang. Novitzky stellt seinen Wagen auf einem Parkplatz ab und beginnt systematisch den Müll, der von Balco in eine Abfalltonne geworfen wird, zu untersuchen.

Gleich am ersten Tag findet der Fahnder, wonach er sucht. Eine leere, zerrissene Schachtel von Serostim, einem Wachstumshormon. Eine Woche später zieht er eine leere Verpackung für Testosteronampullen aus dem Abfall, später auch eine leere Pillendose des Anabolikums Oxandrin. Novitzky kramt insgesamt 84 leere Behältnisse für Einmalspritzen hervor, außerdem das von Dopern hoch geschätzte Untergrund-Periodikum *Anabolic Insider*. Dazu leere Schachteln von Epo und von Diuretika, die Bodybuilder kurz vor dem Wettkampf nehmen, um ihrem Körper Wasser zu entziehen. Auch ein Lieferschein für Insulinspritzen und vier leere Packungen des Anti-Östrogens Omifin, das Sportler nach Dopingkuren benötigen, finden sich im Balco-Müll.

Und dann bekommt der Spezialagent auch erstmals Hinweise auf die Konsumenten. Er findet in kleinen Umschlägen Nachrichten von Spitzenathleten an Conte. Ein amerikanischer Meister aus der Leichtathletik schickt einen »Scheck für den nächsten Zyklus« – mit dem Hinweis, er brauche das Zeug »am Ende der Woche«. Ein Weltrekordler bedankt sich überschwänglich für die Tipps des Mediziners: »Danke für die Hilfe bei den Meisterschaften. Alles, was ich in dieser Saison erreicht habe, wäre ohne deine Unterstützung nicht möglich gewesen.« Novitzky weiß nun, dass er kurz davor ist, ein verzweigtes Dopingnest auszuräuchern. Er kontrolliert daraufhin die Bankbewegungen von Balco und stößt dabei auf Zahlungen an ein kalifornisches Unternehmen, das medizinischen Abfall entsorgt.

Er beschließt, Touren der Firma bei Balco abzufangen. Siebenmal wiederholt er den Vorgang. Dann hat er genug. Im Medizinabfall von Balco sind vornehmlich gebrauchte Spritzen. Der Agent lässt die Spurenreste in einem Speziallabor untersuchen. Und es kommt heraus, was er erwartet hatte: jede Menge Dopingmittel aller Art. Die anabolen Steroide Stanozolol und Testosteron, die Wachstumshormon-Medikamente Nutropin und Genotropin, die Epo-Präparate Epogen und Epocrit.

Novitzky ist sich nun sicher, dass er einer verzweigten Verbrecherbande auf der Spur ist. Denn, auch das hat der Finanzermittler recherchiert, Conte hatte keinerlei gesetzliche Legitimation, wem auch immer solche Substanzen mit extrem starken Nebenwirkungen zu verabreichen. Er ahnt nun, dass es sich hier um eine mafiöse Struktur aus Medizinern, Athleten und Trainern handeln muss. So viel ist ihm jetzt klar geworden: Es wurde eine Organisation aufgebaut, die das Ziel hat, mit Dopingmitteln zu handeln, Dopingkontrollen der Sportverbände zu umgehen und den Drogenkonsum der Athleten zu verschleiern. Außerdem vermutet der Fahnder Geldwäsche, weil die finanziellen Transaktionen stets unversteuert per Scheck abgewickelt werden. Von einem Bundesgericht holt sich Novitzky nun die Erlaubnis ein, den E-Mail-Verkehr von Conte kontrollieren zu dürfen.

Und dann bricht das gesamte Betrugsgebäude zusammen. Es zeigt sich, dass von Kalifornien aus eine Art Dopingsystem nach dem Vorbild der DDR geschaffen worden ist. Eine Zentralstelle mit Medizinern und Wissenschaftlern an der Spitze tüftelte die effektivsten Dopingpläne aus. Unter strengster Geheimhaltung gingen die Informationen samt den Präparaten an die Athleten. Und die brauchten sich nur noch zu bedienen und darauf zu hoffen, dass die chemischen Unterstützer sie zu neuen Weltrekorden, zu Medaillen und Titeln und damit zu viel Prämien und Sponsorengeldern treiben würden – eine Betrugsmasche wie im abgeschotteten Reich Honeckers, mit dem Unterschied, dass die Athleten viel Geld für ihre kundigen Helfer ausgeben mussten.

Die geheimen E-Mails, die Novitzky abfängt, belegen aber nicht nur die kriminelle Energie, die hinter den Dopingpraktiken steht. Sie zeigen auch, wie hilflos die Verbände dem organisierten Verbrechen gegenüberstehen. Viele Athleten, die jetzt als regelmäßige Doper entlarvt werden, hatten viele Dutzend Mal ihr Urin an die Kontrolleure abgegeben. Sie waren immer sauber. Denn Conte und seine Helfershelfer hatten nicht nur die besten Präparate auf Lager, sie wussten stets durch Insiderinformationen aus den offiziell von den Sportverbänden akkreditierten Labors, was die Dopinganalytiker finden können und was eben nicht.

Das Dopingkontrollsystem war folglich viele Jahre nicht mehr als ein Feigenblatt. Ein Feigenblatt, um Sponsoren, TV-Sender und das Publikum zu beruhigen, die immer glauben wollten, fairen und großartigen Sportwettkämpfen beizuwohnen.

## Eine schöne Party ist vorbei – wie der Informationsfluss der Doper funktionierte

Wie einst in der DDR, in der Doping im umgangssprachlichen Gebrauch stets UM (= Unterstützende Mittel) hieß und neue Anabolikapräparate verschlüsselte Formeln wie STS 646 bekamen, nutzten auch die kapitalistisch organisierten US-Doper Geheimcodes. Im E-Mail-Verkehr mit den Trainern verwandte Conte immer Abkürzungen. L stand etwa für »clear«, ein speziell hergestelltes Anabolikum. C für

»cream«, eine ebenfalls eigens gefertigte Salbe mit Testosteron und Epitestosteron, um bei Dopingtests nicht aufzufallen, und bei S oder Vitamin S war den Insidern klar, dass das Stimulanzmittel Modafinil gemeint war.

Es ist für Novitzky nicht gerade leicht, diese Verschleierungen zu entschlüsseln. Conte hatte seine Kunden immer wieder gemahnt, in Gesprächen, besonders aber im Schriftverkehr nur die Geheimcodes zu benutzen. So schrieb er einem Trainer: »Denk dran, die E-Mails werden für eine lange Zeit gespeichert, sei deshalb vorsichtig, was du sagst und wie du es sagst. Big Brother macht weiter, und es gibt Durchsuchungen auf Schlüsselwörter wie Anabolika und viele andere.« (www.zsdebatten.com/dopingfrankeludwig)

Sicherheit vor den desaströsen Folgen positiver Dopingtests war eines der wichtigsten Verkaufsargumente von Conte. Und deshalb legte der Meister darauf stets ein besonderes Augenmerk.

Am 20. August 2002 etwa schickte Conte unter dem Kennwort »Achtung« eine E-Mail an seine Kunden, gerichtet war sie an einen Trainer, der unter anderem Goldmedaillengewinner bei Olympischen Spielen und Weltrekordler in der Leichtathletik betreut: »Ich muss Euch anweisen, nicht mehr ›clear‹ zu benutzen. Ich habe herausgefunden, dass eine Probe von ›clear‹ an Tester des IOC geschickt worden ist. Das ist sehr unglücklich. Ich habe einen Insider, der mir diese Informationen gegeben hat. Sie werden bald in der Lage sein, die Substanz zu entdecken. Deshalb ist es so wichtig, nur mit Leuten zusammenzuarbeiten, denen man komplett vertrauen kann.« Und dann hatte Conte noch zwei gute Nachrichten für seine Kundschaft parat: Zum einen arbeite sein Team an einer »neuen Substanz, die schon in einigen Monaten verfügbar sein kann«. Zum anderen hätte sich gezeigt, dass sein Warnsystem bestens funktioniert, sodass »positive Tests verhindert werden konnten«. (www.zsdebatten.com/dopingfrankeludwig)

Dopingfahnder Don Catlin konnte tatsächlich bald das anabole Steroid Norbolethon nachweisen, die erste Generation von »clear« war aufgeflogen. Conte legte deshalb die zweite Generation nach, doch es waren außer Novitzky noch andere auf die Betrugsorganisation in Kalifornien aufmerksam geworden. Und es waren wie so oft im Leben Rache und Missgunst im Spiel, was erneute Unruhe in die Balco-Organisation brachte.

Im Juni des Jahres 2003 hatte ein amerikanischer Leichtathletik-Trainer der amerikanischen Anti-Doping-Agentur Usada anonym eine benutzte Spritze mit Spuren einer unbekannten Substanz zugeschickt. Usada leitete das Beweisstück weiter an das Dopingkontrolllabor in Los Angeles. Drei Monate lang mühten sich der Molekular-Pharmakologe Don Catlin und acht seiner Mitarbeiter, den Stoff zu identifizieren. Erst dann konnten sie feststellen: Es handelte sich im Prinzip um das Steroid Gestrinon, dessen chemischer Aufbau durch Hinzufügen von vier Wasserstoffatomen leicht verändert worden war. Die Forscher nannten die Mixtur deshalb »Tetrahydrogestrinon«, kurz THG.

Die Drogenfahnder waren elektrisiert. Usada-Chef Terry Madden ließ 350 Urinproben von den nationalen Leichtathletik-Meisterschaften in Palo Alto auf THG überprüfen, dazu 200 von Trainingskontrollen. Ein Überraschungscoup: In mehr als 20 Fällen war die A-Probe positiv, darunter bei so bekannten Athleten wie dem Kugelstoßer Kevin Toth. Der Weltmeisterschafts-Vierte hatte seine persönliche Bestleistung 2003 um bemerkenswerte 48 Zentimeter steigern können.

Madden gab sein Wissen an den Internationalen Leichtathletik-Verband weiter. Und schnell erwischte es einen der prominentesten Sprinter: den britischen 100-Meter-Europameister Dwain Chambers. In einer am 1. August 2003 in Saarbrücken entnommenen Urinprobe entdeckten die Wissenschaftler ebenfalls THG – womit die Affäre auch in Europa angekommen war.

Die Sportwelt war erstaunt, und einige waren verängstigt. David Howman, Generaldirektor der Welt-Anti-Doping-Agentur (Wada), sprach von einer »neuen Dimension des Dopings«, weil ein Präparat eigens zur Leistungssteigerung im Sport von privater Hand zusammengemischt worden sei. Bisher kamen die betrügerischen Pillen und

Spritzen stets aus der Pharmaindustrie, oder sie wurden in geheimen Labors des DDR-Sports entwickelt.

Doch wie lange THG schon benutzt, in welchem Umfang es produziert wurde und wie es bei den Aktiven wirkte – über all diese Fragen rätselten die Analytiker lange Zeit weiter. Niemand wisse,»wie giftig das Zeug für den Körper ist«, sagte Dopingfahnder Catlin.»Diejenigen, denen es nach dem Gebrauch schlecht geht, melden sich aus verständlichen Gründen ja kaum bei uns.« Gefahren für den Organismus, erklärte Gary Wadler, Dopingexperte und Medizinprofessor an der New York University, seien erst nach Jahren oder Jahrzehnten abzuschätzen: »Der Stoff wurde schließlich nie auf Sicherheit, Reinheit und Effizienz getestet, sondern in einem Badezimmer oder einer Garage angerührt.« Wadler nannte diese Art von Designerdrogen deshalb »Badewannen-Chemie« (*Boston Globe* vom 22. Oktober 2003).

Die Analytiker tappten also weiter im Dunkeln. Nur eines hatte ihnen der geheime Informant der Usada noch verraten: Das Wundermittel stamme aus der Chemieküche des 1984 gegründeten Sportnahrungsherstellers Balco.

Erst viel später gab Trevor Graham zu, der anonyme Tippgeber gewesen zu sein – der Dopingkrimi in den USA bekam somit auch noch eine tragische Variante. Graham war ausgerechnet der frühere Trainer von Marion Jones und des 100-Meter-Weltrekordlers und Jones-Lebensgefährten Tim Montgomery. Er hatte sich im Streit von seinem Spitzen-Duo getrennt. Es muss in dem erfolgsverwöhnten US-Coach gewühlt haben. Deshalb lieferte er seine ehemaligen Schützlinge ans Messer, indem er den Fahndern das schlimmste Belastungsbeweisstück lieferte, das es geben kann: den illegalen Stoff selbst.

Ebenfalls im Juni 2003 informiert Conte seine Kundschaft per E-Mail über die Enttarnung von Norbolethon und einen weiteren Rückschlag:»Ich sende Euch die neuste Anti-Doping-Liste. Wie Ihr seht, ist das Stimulanz Modafinil auf der Liste. Ich denke, die Party ist vorbei.« Zwei Tage später legte Conte in einer Information an einen Trainer noch mal nach. Der Hexenmeister aus Kalifornien mailte, man solle sich über »S« – der interne Code für Modafinil – nicht allzu sehr ärgern. Er habe »was Neues, das ganz großartig funktioniert. Ich habe zudem einige neue Zutaten im Programm, die großartig sind.« (www.zsdebatten.com/dopingfrankeludwig)

Was Conte offenbar nicht wusste: Diesmal kam die Warnung etwas zu spät. Einmal waren die Fahnder einen Schritt schneller und erwischten ein halbes Dutzend Athleten mit Spuren des Stimulanzmittels im Urin. Für Kelli White war es besonders bitter. Die Amerikanerin war soeben in Paris Weltmeisterin über 100 und 200 Meter geworden. Ihre Titel musste die Leichtathletin wieder hergeben.

White versuchte zunächst das zu tun, was alle Doper tun: abstreiten, verschleiern, lügen. Sie habe das Mittel genommen, um ihre Narkolepsie, eine ererbte Schlafkrankheit zu bekämpfen, sagte sie.

Doch dann gab Kelli White, die seinerzeit mit einem deutschen Speerwerfer liiert war, alles ganz schnell zu. Sie nutzte ihre Popularität später, um junge Leute vom Doping abzuhalten. Sie erzählte öffentlich, sie sei anfangs einfach fasziniert gewesen, von dem, was Conte anzubieten hatte: »Er machte mich glauben, dass er einen sicheren Plan für Ergänzungsmittel und verschiedene Dopingmittel hat, mit denen ich die Nummer eins in der Welt werden kann. So viele haben das Gleiche getan wie ich, ich wäre nur eine von ihnen.«

Kelli White war das Musterexemplar für Contes Menschenmast, denn natürlich bekam sie nicht nur Modafinil. Das Programm, das er für White entwickelt hatte, sei das »ausgeklügeltste in der Geschichte dieses Planeten gewesen«, rühmte sich Conte später selbst. Die Sprinterin indes war irgendwann entsetzt darüber, was die Chemie mit ihr gemacht hatte. Am 3. Dezember 2004 berichtete sie im amerikanischen TV-Sender ABC: »Ich sah den Unterschied in einer oder zwei Wochen: Ich sah mich im Fernsehen und war so unglücklich, ich war so riesig, so muskelbepackt, keine meiner Sachen saß mehr richtig.«

Es zeigte sich wieder einmal, dass Doping mehr ist als Betrug an den Konkurrenten und den Zuschauern. Es ist kriminell, eine schwere Körperverletzung. Ihre Akne sei einfach schlimm gewesen, bekannte White nun, auf der Schulter, im Gesicht. Ihre Stimme habe sich gewandelt, ihre Periode sei sehr unregelmäßig gekommen. White wurde des Dopings überführt – aber vermutlich war ihr frühes und abruptes Karriereende letztlich mehr eine Befreiung als eine Bestrafung für sie.

Während bereits einige Sportler enttarnt werden, arbeitet sich Novitzky immer weiter durch die abgefangenen E-Mails. Er tauscht seine Informationen mit dem Dopinganalytiker Catlin und mit Larry Bowers aus, einem Fachmann von der Usada. Und dann erfährt er, wie die Balco-Leute mit einem weiteren ganz simplen Trick die Dopingkontrollen umgangen haben.

Testosteron ist ein beliebtes Dopingmittel. Man kann es als Tablette schlucken, sich spritzen lassen; es gibt Cremes und Pflaster, die man sich zur besseren Wirkung auf die Hoden schmieren oder kleben soll. Testosteron ist beliebt, weil es anabol, das heißt muskelaufbauend wirkt. Es ist aber auch beliebt, weil es dem Körper eine Aggressivität verleiht – eine Art Galligkeit, die besonders im Wettkampf von gro-

Fast-Weltmeisterin Kelli White – Musterexemplar für Victor Contes Menschenmast.

# Die 14 schönsten ERKLÄRUNGEN für positive Doping-Tests

**1** **Marco Borriello**, Fußballprofi beim AC Mailand, wird Ende 2006 positiv auf Kortikoide getestet. Seine Freundin erklärt, Borriello müsse sich beim Geschlechtsverkehr mit ihr »angesteckt« haben – sie habe eine Entzündung im Intimbereich mit Medikamenten behandelt.

**2** Die Schwimmerin **Astrid Strauß** erklärt ihren überhöhten Testosteronwert mit dem Genuss von Erdbeerbowle bei einer Faschingsfeier am Vorabend der Deutschen Meisterschaft 1992.

**3** Der ehemalige Telekom-Radfahrer **Christian Henn** wird 1999 des Testosterondopings überführt. Er macht das Hausmittel seines italienischen Schwiegervaters dafür verantwortlich, mit der er seine Zeugungskraft habe stärken wollen.

**4** Der italienische Radprofi **Dario Frigo** wird bei einer Polizeirazzia im Juli 2005 mit illegalen Substanzen erwischt. Er gibt an, die Medikamentenvorhaltung sei eine Schwäche von ihm. Benutzt habe er diese Mittel nie.

**5** Die deutsche Weitspringerin **Susen Tiedtke** wird im März 1995 mit Anabolika im Urin erwischt. Hochgezüchtete Hähnchen, die sie in den USA gegessen habe, sollen für den Befund verantwortlich sein.

**6** Der Skilangläufer **Johann Mühlegg** erklärt seine ungewöhnlichen Blutwerte bei den Olympischen Winterspielen 2002, die auf Blutdoping zurückzuführen sind, mit einer speziellen Diät. Außerdem habe er kurz vor der Kontrolle Durchfall gehabt.

**7** Bei der Ehefrau des litauischen Radprofis **Raimondas Rumsas** entdecken Zollbeamte im Juli 2002 gängige Dopingmittel. Sie gibt an, die Präparate seien nicht für ihren Ehemann, sondern für ihre kranke Mutter bestimmt gewesen.

Olympia, ein einziger Schwindel **KAPITEL 5**

Der deutsche Radprofi **Andreas Kappes** gibt 1997 an, seine Tochter müsse seine harmlosen Vitaminpillen mit den Appetitzüglern seiner Frau vertauscht haben, die auf der Dopingliste stehen.

Die russische Hürdenläuferin **Ludmila Naroschilenko** wird 1993 der Anabolikaeinnahme überführt. Sie habe nach dem Tod ihrer Mutter einen Nervenzusammenbruch erlitten und man habe ihr die verbotenen Substanzen ohne ihr Wissen verabreicht, erklärt sie zunächst. Kurz darauf macht sie geltend, die Anabolika seien durch einen Racheakt ihres ehemaligen Mannes in ihren Körper gelangt.

Bei der Durchsuchung im Haus des Radprofis **Frank Vandenbroucke** finden Ermittler 1999 unter anderem Epo und das Asthmamittel Clenbuterol. Der Belgier sagt, die Mittel seien für seinen Hund bestimmt gewesen.

Nachdem beim Rad-Olympiasieger **Tyler Hamilton** 2003 fremde Blutzellen gefunden werden, gibt er an, dies seien Stammzellen seines noch vor der Geburt gestorbenen Zwillingsbruders.

Der amerikanische Bobfahrer **Lenny Paul** führt das bei ihm 1997 nachgewiesene Nandrolon auf hormonbehandeltes Hackfleisch in seiner am Tag zuvor gegessenen Spaghetti Bolognese zurück.

Die deutsche Mountainbike-Fahrerin **Yvonne Kraft** wird im Mai 2007 mit Fenoterol erwischt. Sie sagt, vor dem Start habe ihre Mutter einen Asthmaanfall gehabt, ihre Spraydose habe aber nicht funktioniert. Deshalb habe die Mutter »wie eine Wilde« auf den Tisch geschlagen, wodurch die Flasche explodiert sei. Dabei habe sie selbst wohl das Mittel eingeatmet.

Der kasachische Radprofi **Alexander Winokurow**, der im Juli 2007 während der Tour de France positiv getestet wird, sagt: »Die anomalen Blutbefunde müssen mit meinem Sturz zusammenhängen.« Dass er kurz vor seinem Rennen, wie Gerüchte verbreiten, Blut von seinem Vater bekommen habe, schließt er aus: »Dann müsste ich ja positiv auf Wodka sein, oder?«

ßem Nutzen sein kann, und Testosteron fördert die Regeneration nach hartem Training oder Wettkampf.

Jahrelang hatten Dopingfahnder Probleme, Testosterondoper zu überführen, weil der Körper selbst das Hormon produziert und die zusätzliche Einnahme deshalb nicht zu identifizieren war. »Ein bisschen Testo geht immer«, lautete daher eine bekannte Formel in Athletenkreisen. Aber dann hatten die Dopinganalytiker einen Ausweg. Sie maßen das Verhältnis zwischen Testosteron (T) und Epitestosteron (E). Epitestosteron produziert der Körper zwar, es ist für den Organismus aber weitgehend ohne Nutzen. Normalerweise liegt der T/E-Quotient beim Menschen irgendwo zwischen 1 und 2. Die Verbände einigten sich darauf, dass derjenige als gedopt gilt, dessen Quotient über 4 liegt.

Die eifrigen Wissenschafter in der DDR hatten schnell einen Ausweg parat: Sie entwarfen spezielle Spritzenlösungen mit Testosteron und Epitestosteron. So bekam der Sportler die erwünschte Dosis des Starkmachers, ohne den Quotienten in die Höhe schnellen zu lassen.

Doch mit der DDR ging diese Betrugsmasche unter. Es gab schlicht niemanden, der diese Mixtur brauen wollte, weil sie im normalen medizinischen Alltag völlig sinnlos ist. Und dann kam Balco und ließ die DDR auferstehen. »The cream« hieß intern das Wundermittel, das die Kalifornier eigens entwickeln ließen. Es war eine Paste mit Testosteron und Epitestosteron, die den immensen Vorteil hatte, dass die Einnahme des Muskelpuschers Testosteron verschleiert wurde.

Wie stolz Conte über seine Entdeckung war, zeigt ein Mailwechsel mit einer bekannten 400-Meter-Läuferin im August 2002, die ihm berichtete, sie habe Zugang zu einem neuen Testosterongel. Ob sie das mal probieren solle. Conte war auf der Zinne: Sie solle an den T/E-Quotienten denken. »Wer auch immer dir erzählt hat, das Mittel sei okay, ist ein kompletter Idiot. Was du brauchst, bekommst du von ›cream‹, das den Quotienten nicht erhöht, und du weißt warum. Sei nicht bekloppt. Du bist bereit zu kämpfen.«

Etwas kleinlaut schrieb die Athletin zurück: »Die Person, die mir den Tipp gegeben hat, weiß nicht, dass ich ›the cream‹ habe. Keine

Angst, ich habe es (das neue Mittel) noch nicht genommen.« Dann erzählte die Leichtathletin, dass sie »cream« zuletzt vor und nach dem Sportfest in Zürich angewandt habe. Und daraufhin gab Conte noch einmal ein bisschen Nachhilfe: »Cream ist die sicherste Form, weil es die Testosteronspitze nicht hochjagt« und es deshalb keinen positiven Test geben könne. Dagegen könne es ein erkennbares Risiko bei dem Gel geben. »Du hast ein sicheres und effektives Programm, warum willst du ein Risiko eingehen?«

Der intensive Mailverkehr quer über die ganze Welt reicht Novitzky noch immer nicht als endgültiger Beweis aus, er will seine Indizienkette weiter schließen und beginnt, Balco Laboratories zu beschatten. Gleich im September 2002 macht er dabei eine interessante Beobachtung. Ein Mann stoppt bei Balco, geht für einen kurzen Besuch in die Behandlungsräume, setzt sich wieder ins Auto und fährt direkt zum Stadium einer lokalen Profimannschaft, in dem er durch den separaten Eingang für die Aktiven verschwindet. Novitzky identifiziert die Person. Es ist ein Mann, den die Drogenpolizei zuvor bei einer Telefonüberwachung als Beschaffer von anabolen Steroiden enttarnt hat.

Innerhalb von gut sieben Monaten kann Novitzky etliche Baseballer, einen Spieler der National Football League, einen Weltklasse-Leichtathleten und einige Bodybuilding-Schränke erkennen, die für kurze Besuche von fünf bis zehn Minuten bei Balco vorbeischauen und schnell wieder verschwinden. Aufgrund der gebrauchten Spritzen, die er zuvor gefunden hatte, vermutet Novitzky nun, dass die Athleten während der Visiten ihre Anabolikarationen direkt injiziert bekommen. Darauf deuten auch die Beobachtungen, dass die Athleten nichts bei sich haben, wenn sie in das Gebäude eintreten, und auch nichts in den Händen halten, wenn sie wieder verschwinden.

Parallel zu seinen Beschattungen des Balco-Reiches gräbt sich der Spezialagent für Finanzermittlungen immer weiter in die Innereien des Dopingrings ein. Novitzky überprüft alle Eingänge auf Contes Konto bei der Wells Fargo Bank. Schecks gehen ein, die auf gut 100 bis über 6000 Dollar ausgestellt sind. Sie kommen von Weltklasse-Leichtathleten und von Footballspielern. Für den kundigen Ermittler ist klar, dass es sich dabei nur um das Honorar für Dopingkuren handeln kann. Denn die Preise für Nahrungsergänzungsmittel und Blutuntersuchungen, die Conte offiziell auf seiner Homepage angibt, gehen maximal bis 50 Dollar für eine Monatsration. In zweieinhalb Jahren addiert der Detektiv bei Conte Geldabhebungen in Höhe von 480 000 Dollar. Einmal beauftragt Novitzky die IRS-CI-Special-Agentin Wendy Bergland, Conte heimlich beim Besuch seiner Bank zu verfolgen. Conte hebt 2000 Dollar in bar ab, gestückelt in 100-Dollar-Noten. Beim Rausgehen sagt er zu der Kassiererin: »See you tomorrow.«

Aufgrund der zahlreichen Kontenbewegungen und Scheckeinreichungen ist sich Novitzky sicher, dass Balco die Spinne ist. Um dieses kalifornische Labor herum hat sich ein Netz gesponnen, das nicht nur aus Trainern und Sportlern besteht. Es gibt auch Wissenschaftler, die Balco mit den neusten Betrugspharmazeutika versorgten, und es gibt US-weit operierende Labors, die die gedopten Athleten testeten. Sie kontrollierten die Sportler, bevor diese zu offiziellen Dopingtests müssen, damit niemandem der Doper auffiel. »Ausreisekontrollen« hießen solche prophylaktischen Tests in der DDR – auch hierin zeigte sich die Wiederaufstehung der einstigen Dopingrepublik unter kapitalistischen Vorzeichen.

### Größter Skandal der US-Sportgeschichte – wie sich Contes Reich immer weiter ausdehnt

Im September 2003 ist Jeff Novitzky im Wesentlichen mit seinen Ermittlungen, die unter der Nummer 940330013 geführt werden, fertig. Der Fall ist gelöst. In der Zusammenfassung seines Abschlussberichts schreibt der Special Agent, es sei bewiesen, dass Conte illegal anabole Steroide und andere leistungssteigernde Drogen an Spitzensportler vertrieben hat, dazu würden auch neue, ungetestete Mittel zählen. Conte habe zudem in Mails die Einnahme von Epitestosteron promotet, damit die betreuten Athleten bei Dopingtests nicht auffallen.

Am 3. September 2003 macht sich der Spezialagent zusammen mit seinem Kollegen Jon Colombet auf den Weg in die Gilbreth Road nach Burlingame. Gegen halb ein Uhr mittags kommt er an. Er will Conte zu den Vorgängen verhören und das Labor durchsuchen. Er hat eine ziemliche Armee dabei: sieben schwarze Autos, rund zwanzig schwer bewaffnete Mann von der IRS. Ein Helikopter schwebt über dem Labor, und im Schlepptau ist ein halbes Dutzend LKWs, es sind die Reporter der Fernsehanstalten mit Kamerateams.

Der Laborchef Conte gibt sofort alles zu, und er gibt Einzelheiten seines Geschäftes preis. »Clear« habe er vor einigen Jahren von Patrick Arnold bekommen, es sei eine Substanz mit anabolen Wirkungen, aber er wisse nicht genau, was drin sei. 450 Dollar habe er Arnold für das Zeug bezahlt.

Mit »cream« sei es etwas komplizierter gewesen. Es habe den Vorteil, bei Dopingkontrollen nicht entdeckt werden zu können. Das Testosteron habe er von einem Mediziner aus Texas erhalten, das Epitestosteron von der Firma Sigma-Aldrich. Beides habe er zu einem Freund von Arnold nach Texas geschickt, der pharmakologische Kenntnisse habe und die beiden Stoffe zusammengemixt habe.

700 Dollar hätten seine Kunden für eine gemeinsame Kur mit »cream« und »clear« bezahlt. Jeweils zweimal die Woche sollten die Präparate genommen werden und das drei Wochen lang, darauf folgte eine Woche Pause. Er habe die Athleten stets »an der kurzen Leine gehalten«, ihnen nur so viel gegeben, wie sie gerade brauchten.

Und dann gibt Conte die Namen der Sportler bekannt, die beide Substanzen erhalten haben. Es sind Enthüllungen, von denen US-Medien später schreiben werden, es sei »der größte Skandal in der amerikanischen Sportgeschichte«.

Die weltberühmtesten Leichtathleten seien seine Kunden gewesen, sagt Conte: Marion Jones, Tim Montgomery, Michelle Collins, Dwain Chambers, Kelli White, Chryste Gaines. Diese Stars sind Helden, in Europa noch mehr als in ihrer amerikanischen Heimat. Mit einem Schlag ist eine ganze Sportart diskreditiert.

Für die Amerikaner zählt besonders, dass auch namhafte Stars der National Football League unter den Betrügern sind. Eine nationale Tragödie ist es indes, dass zu den Conte-Jüngern auch ein Liebling der Massen gehört: Barry Bonds, ein Home-Run-As der nationalen Baseball-Liga. Conte erzählt weiter, dass sein Kompagnon James Valente Kontakt zu Greg Anderson bekommen habe, einem Fitnessguru, der als persönlicher Coach Baseball-Stars wie Bonds betreue. Die Baseball-Profis hätten Probleme gehabt, als kurz zuvor erstmals auch in dieser amerikanischen Volkssportart Dopingkontrollen angekündigt worden waren.

Weder Baseballer Bonds noch die Leichtathletin Jones hätten übrigens für ihre chemischen Fittmacher jemals bezahlen müssen. Sie hätten sich dadurch revanchiert, dass sie Promotion für sein Nahrungsergänzungsmittel ZMS gemacht hätten.

So auskunftsfreudig Conte zunächst bei der Beschreibung von »clear« und »cream« ist, bei den anderen Substanzen gaukelt er den Fahndern eine kaum glaubwürdige Erklärung vor. Epo, Wachstumshormon und all die anderen Dinge, die bei ihm zu finden seien, würden nur seinem privaten Gebrauch dienen.

Wenn das stimmen würde, müsste der Labormann eine wandelnde Apotheke sein.

## Der Fall einer Diva – wie Marion Jones in den Dopingstrudel gerät

Es ist August 1997, als eine lärmende Bande junger Amerikaner ein McDonald's-Restaurant in der City von Athen stürmt. Obwohl sie schräg gegenüber in einem Luxushotel wohnen, dort, wo es genug gute Sachen zu essen gibt, ziehen es die Jugendlichen vor, unter sich zu sein. Sie schäkern, tanzen, lärmen und hauen massenhaft Burger in sich hinein. Es sind US-Sportler, wie ihre Anhänger sie lieben und ihre Gegner hassen – voller Selbstbewusstsein und mit der Attitüde: Uns kann keiner etwas.

Mittendrin ein kräftiger, wuchtiger 150-Kilo-Kerl. Es ist C. J. Hunter, einer der besten Kugelstoßer der Welt. Und an seiner Seite läuft ein schlankes junges Mädchen. Es ist Marion Jones, seine Freundin. Die unbeschwerten Stunden am Athener Syntagma-Platz sind vielleicht mit die schönsten im Sportlerleben der Marion Jones. Soeben ist sie erstmals Weltmeisterin über 100 Meter geworden.

Fachleute sprechen von einem »Generationswechsel im Frauensprint«, da unter anderem die Jamaikanerin Merlene Ottey, eine Sprinterlegende, gegen die amerikanische Aufsteigerin chancenlos war. »Jetzt will ich den Weltrekord«, sagt die Einundzwanzigjährige frech – wohlwissend, dass der noch dreieinhalb Zehntel unter ihrer Zeit liegt und seit 1988 von Florence Griffith-Joyner gehalten wird. Jener Frau, die schon mit 38 Jahren starb. Die nie positiv auf Doping getestet wurde, deren fast faustischer Entwicklungsprozess aber jeder halbwegs Kundige auf kräftige Hilfe der Chemie zurückführte.

Es ist wie so häufig in der Welt des Sports: Plötzlich kommt eine junge Athletin mit überdurchschnittlichem Talent fast aus dem Nichts auf die Tartanbahn. Sie hat die besten körperlichen Voraussetzungen und sie stammt aus den USA, dem Land der Sprinter. Und niemand traut dem unbeschwerten, stets lächelnden Mädchen zu, dass sie betrügt. Selbst diese 10,49 Sekunden von Griffith-Joyner – eine Zeit, mit der man 1992 Deutscher Meister bei den Männern hätte werden können – halten einige Fachleute für möglich. Sogar sauber.

Marion Jones wird am 12. Oktober 1975 in Los Angeles geboren. Ihre Mutter kam aus Belize, weshalb auch die Tochter eine doppelte Staatsbürgerschaft besitzt. Sie macht Leichtathletik und spielt Basketball, und schon mit 15 Jahren läuft sie die 100 Meter in 11,17 Sekunden. Keine Gleichaltrige ist schneller, und in Europa erreicht man mit dieser Zeit den Endlauf eines jeden Wettkampfs.

Ein Jahr später, 1992, verpasst Marion Jones knapp die Teilnahme an den Olympischen Spielen in Barcelona. Trotz ihrer guten Perspektiven in der Leichtathletik entscheidet sie sich, zunächst auf Basketball zu setzen. Mit ihrer Mannschaft von der North Carolina State

University gewinnt sie die Universitätsmeisterschaft. Erst C. J. Hunter, der Kugelstoßer und Kommilitone, und die Fernsehübertragungen der Olympischen Spiele in Atlanta bringen sie zur Leichtathletik zurück. Und wie: Im Frühjahr 1997 steigt sie richtig ein, 14 Wochen später qualifiziert sie sich als US-Meisterin für die WM. Wiederum wenige Wochen darauf stürmt sie den McDonald's-Laden in Athen und feiert ihren WM-Triumph.

Ob über 100 Meter, 200 Meter oder im Weitsprung: Niederlagen von Jones werden in den nächsten drei Jahren eine Seltenheit. Doch so groß die Erfolge auch immer sein mögen, sie scheinen niemals genug zu sein. Ihr Trainer sagt, sie könne einmal die beste Leichtathletin aller Zeiten werden. Sie selbst setzt sich unter Druck und sagt: »Wenn ich einmal aufhöre, möchte ich schneller gelaufen und weiter gesprungen sein als alle anderen Frauen.« Ist dieser Ehrgeiz verantwortlich dafür, dass Marion Jones, die so Talentierte, nie zufrieden ist? Fällt sie deshalb einem Mann wie Conte in Arme, um noch schneller, noch einzigartiger zu werden? Auch das ist amerikanisch. Es genügt nicht, die Beste in einer Disziplin zu sein. Es müssen gleich mehrere Siege sein. Es reicht nicht, Rekord zu laufen. Es muss ein Rekord für die Ewigkeit sein. Erst so wird aus einem Star ein Held, erst mit Rekorden wird man als Sportler in den USA richtig wahrgenommen. Vor der WM 1999 kündigt sie an, vier Titel zu holen. Es werden eine Gold- und eine Bronzemedaille.

Und dann kommt das Jahr 2000. Sie ist 24, es soll ihr Jahr werden. Längst ist sie mehr als eine normale Sportlerin. Sie ist das Gesicht Amerikas. Die Hoffnung der Industrie, sie wirbt für Nike, General Motors, Gatorade. Und sie ist die Hoffnung der Medien. Fast eine Milliarde Dollar gibt der amerikanische Fernsehsender NBC für die Übertragung der Olympischen Spiele aus.

Fünf Goldmedaillen, kündigt Marion Jones an, wolle sie in Sydney holen. Das hat noch keine geschafft. Hat sie deshalb wenige Monate vor den Spielen die Hilfe von Victor Conte gesucht? Will sie alles auf eine Karte setzen?

Olympia, ein einziger Schwindel KAPITEL 5

Die »unschuldige« Marion Jones mit ihren in Sydney gewonnenen Medaillen.

Erstmals gerät Marion Jones in Australien in den Dunst der Dopinggerüchte. C. J. Hunter, ihr Begleiter im McDonald's von Athen und inzwischen ihr Ehemann, wird kurz vor den Wettkämpfen aus dem Verkehr gezogen. Es wird bekannt, dass er bei vier Wettkämpfen zu hohe Werte des Anabolikums Nandrolon hatte. Es wird eine rührige Pressekonferenz. Hunter beteuert unter Tränen seine Unschuld und – vor allem –, dass Marion damit nichts zu tun habe.

Eheleute teilen auf dem Kopfkissen alles, heißt es. Die Fachleute fragen sich nun erstmals, ob Marion Jones, die Talentierte, die Reine, die Saubere, nicht doch zu unerlaubten Mitteln gegriffen haben könnte.

37 Hunderstel läuft sie im Finale über 100 Meter schneller als die zweitplatzierte Ekaterini Thanou aus Griechenland. Überlegener gewann bis dahin nur die Australierin Marjorie Jackson 1952 in Helsinki über die kürzeste Leichtathletik-Entscheidung bei Olympischen Spielen. Marion Jones lässt den Tränen der Freude öffentlich freien

Lauf: »Davon habe ich 19 Jahre geträumt.« Aus dem ganz furiosen Erfolg wird es in Sydney allerdings dennoch nichts: Sie holt dreimal Gold und zweimal Bronze.

Die beiden folgenden Jahre sind Jones-Jahre, sie gewinnt, wo sie antritt. Fast immer. 2002 bleibt sie sogar in 14 Rennen über 100 Meter ungeschlagen. Doch sie gibt zu, unter Druck zu stehen. Sie trennt sich von Hunter und wirft sich in die Arme ihres Trainingskollegen Tim Montgomery. Was sie zu diesem Zeitpunkt noch nicht weiß, ist die Tatsache, dass ihre Sportlerkarriere den Höhepunkt bereits überschritten hat. Sie ist zwar im besten Sportleralter, hat aber ihre besten Jahre schon hinter sich.

Denn nun macht sie erste Fehler, die ihr die Öffentlichkeit ankreidet. Sie trennt sich von ihrem und Montgomerys Trainer Trevor Graham und geht zu Charlie Francis.

Ausgerechnet Francis: Der Mann hatte 1988 den Kanadier Ben Johnson gedopt und ihn damit zum Olympiasieg über 100 Meter geführt – bis diesem die Medaille wieder abgenommen wurde. Vor einer staatlichen Untersuchungskommission gab Francis später alles zu. Seitdem ist er in Kanada lebenslang gesperrt. Kollegen drohen, Sportfeste zu boykottieren, bei denen Jones und Montgomery mitwirken, wenn diese weiter mit Francis arbeiten würden. Die beiden lenken ein und trennen sich wieder von ihrem Trainer.

Marion Jones wird schwanger. Eigentlich eine gute Auszeit, um den Ärger mit Francis vergessen zu lassen. Doch im Herbst platzt die Balco-Bombe. Und schon bald tauchen auch die Namen Montgomery und Jones auf den Listen der Conte-Kunden auf. Für die amerikanische Anti-Doping-Agentur Usada wird schnell klar, dass Jones ebenso belastet ist wie ein gutes Dutzend anderer Athleten.

Doch Marion Jones will nicht wahrhaben, dass ihre Laufbahn praktisch zu Ende ist. Sie kämpft – um ihren guten Ruf, um ihre Einnahmen, um das Image ihrer vergangenen Erfolge. Wo immer die schnellste Frau der Welt im Jahr 2004 auftritt, spielt sie die verfolgte Unschuld. »Die Wahrheit ist mein Freund«, so redet Marion Jones dann voller Pathos – und beschuldigt im gleichen Atemzug ihre Gegner, »geheimniskrämerisch und korrupt« zu sein.

Sechs Wochen vor den Sommerspielen in Athen 2004 steuert die Auseinandersetzung zwischen der dreimaligen Olympiasiegerin aus Kalifornien und ihrer Gegnerin, der Usada, dem Höhepunkt entgegen. Jones will sich bei den US-Leichtathletik-Trials in Sacramento erneut für Olympia qualifizieren. Die Drogenjäger der Usada wiederum haben sich vorgenommen, den Star noch vor Beginn der Wettkämpfe in Griechenland aus dem Verkehr zu ziehen.

Obwohl Jones jüngst sogar versucht hatte, mit einem Lügendetektortest glaubhaft zu machen, niemals Dopingmittel eingenommen zu haben, sind die Fahnder jetzt von dem Betrug überzeugt. Im Fall Marion Jones geht es vor allem um zwei verräterische Dokumente, die die Usada der Sprintdiva zuordnet: In Trainingsaufzeichnungen für jeweils einen Monat sind handschriftlich seltsame Abkürzungen wie »E Start E« eingetragen. Besonders suspekt ist den Ermittlern der Vermerk »Start cream«, der sich an einem Donnerstag im März des Jahres 2001 findet. Die Fahnder wissen, dass »cream« das Codewort für das gängigste Dopingpräparat aus dem Hause Balco ist. Marion Jones und ihre Anwälte bestreiten indes die Echtheit dieser Trainingspläne.

Doch die Usada findet weitere Auffälligkeiten. So fielen den Fahndern Schriftstücke in die Hände, aus denen hervorgeht, dass Balco ungewöhnlich oft Urinproben von einer »Marion J« an das Institut Quest Diagnostics in San Diego geschickt hatte. Dort ließ man offenbar die heiklen Wässerchen, ähnlich wie in akkreditierten Dopingkontrolllaboren, auf Rückstände von verbotenen Mitteln untersuchen.

Die meisten dieser privaten Tests, die durchweg das erhoffte negative Ergebnis erbringen, datieren aus 2001. Ein weiterer Befund von Quest Diagnostics ist mit dem Datumseintrag »9/13/2000« versehen. Zwei Tage später, am 15. September 2000, begannen in Sydney die Olympischen Spiele. Die Usada-Experten stellen sich die Frage, warum die Laufbahndiva ihren Urin auf die weite Reise von Australien nach Amerika geschickt haben könnte.

Eine schlüssige Begründung bekommen die Usada und der ermittelnde Staatsanwalt in San Francisco aus Deutschland. Es sind offensichtlich Tests nach dem Vorbild des staatlich kontrollierten Dopingsystems der DDR. Auch dort hatten Chemiker den Urin der Athleten im sächsischen Kreischa überprüft, bevor diese zu Wettkämpfen ins Ausland fahren durften.

Insbesondere die Art der Quest-Analysen ist entlarvend. Das US-Labor untersucht auch den T/E-Quotienten. Es gibt indes überhaupt keinen medizinischen Grund, diesen Quotienten zu bestimmen. Wer das trotzdem tut, kann nur ein Ziel haben: Er will das Dopen mit Testosteron absichern, er will sicher sein, dass der Urin sauber ist und das Dopen nicht entdeckt wird.

Quest Diagnostics bestreitet, jemals Dopingtests von Marion Jones angefertigt zu haben. Als der *Spiegel* den Anwälten der Athletin die Belege für die von Quest ausgeführten Dopingtests vorlegt, fühlen sich die Juristen nicht zuständig. Die Tests seien »wie ersichtlich« von einer »Marion J« in Auftrag gegeben worden, aber »keineswegs von Marion Jones«.

Trotz dieser Ausreden erlischt allmählich der Stern der Sprinterin, aber sie schafft es, sich mit juristischen Mitteln durchzuwinden und sich für die Olympischen Spiele in Athen zu qualifizieren.

Amerika ist jetzt verrückt. Nicht verrückt nach Marion. Verrückt nach Enthüllungen. Nach Skandalen. Und so sagt die Balco-Affäre nicht nur viel über den Zustand des Sports aus, sie ist auch ein Lehrstück für den Zustand der Sportberichterstattung.

Elliot Almond ist ein netter, höflicher Herr, jemand, der mit Bedacht spricht und es verachtet, wenn Leute übertreiben. Er ist gut mit Edwin Moses befreundet, dem 400-Meter-Hürden-Olympiasieger. Er liebt Leichtathletik. Aber er glaubt schon lange nicht mehr an die Unschuld des amerikanischen Sports. Der Journalist der *San José Mercury News* hat den Balco-Skandal an die Öffentlichkeit gebracht. Er hat die besten Informationen. Seine Geschichten werden jetzt weltweit abgeschrieben. Unter den Athleten gilt er deshalb als ein verdammter Nestbeschmutzer. Wenn sie ihn bei den amerikanischen Meisterschaften erkennen, wenden sie sich demonstrativ ab. Almond hat das erwartet. »Sie fühlen sich in die Enge getrieben«, sagt er.

Früher haben seine Enthüllungen niemanden interessiert. Noch heute glaubt er, das Thema Doping sei »zu kompliziert« für den Durchschnittsleser. Seine Chefs hingegen können neuerdings gar nicht genug von seinen Berichten bekommen. Denn der heutige Skandal ist anders. Er hat nicht nur Brisanz, sondern auch die Gesichter berühmter Sportstars und damit den notwendigen Glamour, um in die »Breaking News« der TV-Sender vorzudringen.

Und Marion Jones ist eines dieser Gesichter zum Skandal. Sie ist die berühmteste Athletin der Welt. Und dass sie sich nach ihrer Babypause nur im Weitsprung und in der Staffel für Olympia 2004 qualifizieren kann, macht die Sache noch reizvoller. Für ihre Verteidigungsschlacht gegen die US-Anti-Doping-Agentur Usada hat sie sich ein spektakuläres Team zusammengekauft. Jones lässt sich von drei An-

Balco-Gründer Victor Conte mit dem Foto seiner berühmtesten Kundin Marion Jones.

wälten vertreten. Einer ist Joseph Burton, ein ehemaliger Starstaatsanwalt in San Francisco. Flankiert werden die Juristen von den »Spin Doctors« Chris Lehane und Mark Fabiani. Lehane war Sprecher des amerikanischen Vizepräsidenten Al Gore; zuletzt half er Michael Moore, dessen Bush-kritischen Dokumentarfilm *Fahrenheit 9/11* in die US-Kinos zu bringen. Ob der smarte Stratege allerdings der Richtige für Jones ist, scheint fraglich. Seit seinem Auftritt als »Troubleshooter« für Bill Clinton in der Monica-Lewinsky-Affäre trägt er den Spitznamen »Master of Disaster«.

Die Medien fühlen sich jedenfalls eher herausgefordert als beeindruckt. Die großen Blätter lassen jetzt ihre besten Rechercheure, die so genannten A-Teams, am Balco-Skandal arbeiten. Der Krimi um den Stoff THG und all die anderen Schnellmacher ist heiß, der eigentliche Sport interessiert die Reporter nicht einmal ansatzweise.

Und wer will jetzt noch etwas über wackere Sportsmänner erfahren, wenn sich zeitgleich Marion Jones nach ihrem vergeigten 100-Meter-Lauf mit versteinertem Gesicht in einem Golf-Wägelchen davonmacht?

Der bizarre Abgang wird zum Sinnbild für die Trials des Jahres 2004, die amerikanischen Leichtathleik-Meisterschaften: Die gefallene Diva ist auf der Flucht in einem lächerlichen Gefährt mit kleinen Reifen. Der *San Francisco Chronicle* bemängelt im Juni 2004 prompt den schlechten Stil von Jones: »Bonnie und Clyde fuhren wenigstens ein dickes Auto.«

Dabei war das Golfcart gar kein Fluchtwagen und der Fahrer kein Fluchthelfer. Der Mann am Steuer gehörte zu den Leuten der Usada – er chauffierte Jones direkt zur Dopingkontrolle.

In einer Biografie, die kurz zuvor erschienen ist, geht Marion Jones kaum auf die Dopingaffäre ein. Sie beteuert erneut ihre Unschuld und beschimpft die Usada. Und klüger geworden ist sie durch die Erfahrungen aus der Vergangenheit offenbar auch nicht. Sie schreibt, in Athen wolle sie »nichts anderes, als Gold zu gewinnen ... in vier oder fünf Wettbewerben«.

Nun qualifiziert sie sich gerade einmal für den Weitsprung und die Sprintstaffel. Marion Jones, durch ihre Erfolge abweisender und zickiger geworden, hat sich auch in der Krise ihrer Karriere nicht gewandelt. Formelhaft erklärt sie auf einer Pressekonferenz: »Ich bin für einen dopingfreien Sport. Ich habe niemals Drogen genommen und werde es auch in Zukunft nicht. So einfach ist das.«

Das Ergebnis in Athen ist der vorläufige Schlusspunkt einer desaströsen Karriere. Sie wird im Weitsprung Fünfte, und dann gibt es auch wieder olympische Tränen. Die favorisierte amerikanische Staffel über 4 x 100 Meter verliert den Stab. Ausgerechnet Marion Jones hat die Stabübergabe verpatzt.

## Das Geständnis des Meisters – wie ein Sportler schnell und stark gemacht wird

War Victor Conte in den ersten Vernehmungen mit Cheffahnder Novitzky noch sehr zurückhaltend, so wendet sich diese Haltung im Lauf der Zeit dramatisch – zu bestechend sind die Indizien gegen ihn und zu groß seine Befürchtung, nun in den USA als alleiniger Buhmann dazustehen, der arme Sportler verführt und ihre Gesundheit ruiniert.

In mehreren US-Medien wie den Fernsehsendern ESPN oder ABC packt Conte Ende des Jahres 2004 aus – es rundet sich das Bild einer Geschichte ab, die nur vergleichbar ist mit der Enttarnung des flächendeckenden Dopingsystems der DDR. Begonnen habe seine Dopingkarriere 1999, sagt der Firmenchef. Irgendein Bodybuilder habe ihm eine Flüssigkeit angeboten, die sich als Norbolethon herausgestellt habe – die »erste Generation von ›the clear‹«. Er habe es ausprobiert, ohne »irgendwelche verrückten Nebenwirkungen« zu spüren. Deshalb habe er den Stoff in sein reguläres Betreuungsprogramm der Spitzensportler aufgenommen.

Einige Zeit später habe die Sprinterin Chryste Gaines das Anabolikum erhalten, obwohl sie eigentlich keine Freundin der Drogen gewesen sei. Aber, sagt Conte, er wolle zwei Dinge ganz klarstellen: Es hätten nur Athleten etwas erhalten, die auch etwas bekommen wollten – und diese illegale Behandlung habe auch nichts mit Geldmacherei zu tun gehabt: »Ich war bereits reich.«

Und dann sei er mit C. J. Hunter zusammengetroffen, dem Kugelstoßer und Ehemann von Marion Jones. Sechs Wochen vor den Olympischen Spielen in Sydney, so Conte, habe er Marion Jones »mit Insulin, Wachstumshormon, Epo und ›the clear‹ ebenso wie mit Nahrungsergänzungsmitteln« versorgt. Und einmal sei er auch Hunter behilflich gewesen, als dieser von seinem positiven Dopingtest erfahren habe. Er habe zwar nie direkt mit dem Kugelstoßer zusammengearbeitet, aber er habe für ihn recherchiert, dass der positive Test mit einem verunreinigten Ergänzungsmittel zusammenhängen könne.

Nach den Olympischen Spielen 2000 habe er mit Tom Montgomery eine Begegnung gehabt, der aus der gleichen Trainingsgruppe wie Jones stammte. Der Sprinter wog damals nur 67 Kilo, »Thin Tim«

Kugelstoß-Weltmeister C. J. Hunter – weinend bei der Pressekonferenz in Sydney, nachdem er durch eine Dopingkontrolle gefallen war.

sei deshalb sein Spitzenname gewesen: »Er sagte mir, er habe mehr Potenzial als alle anderen, aber ihm fehle die Unterstützung.« Er komme deshalb auch mit Trevor Graham, seinem und Jones' Trainer nicht mehr richtig klar.

Conte behauptet, er habe gleich herausgefunden, was Montgomery fehlte: »Du bist übersättigt mit Dopingmitteln. Zu viel zu nehmen ist genauso schlecht wie nicht genug zu nehmen.« Im November 2000 hat er deshalb ein Team zusammengestellt, Ziel sei es gewesen, »das Projekt Weltrekord« zu starten – dazu zählten der Bodybuilder Milos Sarcev, Charlie Francis, der umstrittene Trainer des gedopten und deshalb disqualifizierten 100-Meter-Olympiasiegers Ben Johnson, er selbst für das Pharma- und das Ernährungsprogramm. Offiziell an der Spitze habe weiter Graham gestanden.

Nach einem genauen Schema habe Balco Montgomery im Jahr 2001 fünf leistungssteigernde Präparate gegeben: Insulin, Epo, Wachstumshormon, »clear« und Adrenalin. Und das funktionierte. Ende Juni gewann der einstmals dünne Tim die amerikanische Meisterschaft. Die Anti-Doping-Agentur, erzählt Conte im September 2003 dem US-Fernsehsender ESPN, habe dem Läufer sogar noch einen Brief geschrieben: »Glückwunsch, Tim, du bist negativ auf alle Substanzen getestet worden.«

Conte ist verblüfft und fasziniert zugleich. Die Usada-Tests zu schlagen ist so einfach, »wie einem Baby Süßigkeiten wegzunehmen«. Und nebenbei: Das Projekt Weltrekord sei »phänomenal« gewesen. Tim habe allein 2001 insgesamt 600 000 Dollar verdient. Und den Weltrekord holte er natürlich auch. In Paris lief Montgomery im September 2002 die 100 Meter in 9,78 Sekunden.

Auch Marion Jones habe nach den Erfolgen in Sydney zunächst weiter gut mitgearbeitet. Einmal im April 2001 seien er und Marion sehr aufgeregt gewesen. Es war der erste Wettkampf der Saison, und am nächsten Tag wollte sie den Weltrekord über 300 Meter brechen. Sie sei in sein Zimmer gekommen, weil er was Neues mit ihr ausprobieren wollte. Eine 1000-Dollar-Injektionsspritze, die ausgesehen habe wie ein etwas dickerer Stift. Damit sollte in Zukunft Wachstumshormon verabreicht werden.

Doch Jones sei wegen der neuen Spritze kein bisschen nervös gewesen. Sie habe das Bündchen der Radfahrerhose ihres rechten Beines hochgerollt. Und dann habe sie den Stoff in den Oberschenkel gedrückt. Sie habe zwar anschließend den Weltrekord verpasst, aber Conte sei dennoch zufrieden gewesen: »Ich mag Marion, und ich denke nicht, dass sie irgendetwas anderes machte als alle anderen. Aber ich weiß auch, dass sie den allerbesten Stoff von allen hatte. Dafür sorgte ich.«

Doch dann trennt sich Jones von Hunter, von dem Conte sagt, er habe sichergestellt, dass Marion das tut, was sie tun sollte. Im Juni 2001 habe er Jones auffordern müssen, vorsichtiger zu sein. Während einer Promotiontour im kanadischen Edmonton habe sie einmal die neue Injektionspatrone für Wachstumshormon in einer Minibar vergessen. Damit dies nicht wieder passiere, habe sie die 1000-Dollar-Spritze fortan in einem Schuh versteckt. Prompt habe sie die Schuhe vergessen.

Conte ist jetzt auf dem Höhepunkt: Er arbeitet mit Jones und Montgomery zusammen, den schnellsten Sprintern der Welt. Mit Chryste Gaines, der 100-Meter-Meisterin der USA, und mit der vielversprechenden Newcomerin Kelli White. Und mit Dwain Chambers – der Brite habe ebenfalls bald die »ganze Enchilada« mit »the clear«, Epo, Wachstumshormon, Modafinil und »the cream« genommen; er wird 2002 in München Europameister.

Auch Kelli White habe das volle Programm erhalten – zudem noch T3, das Schilddrüsenhormon Trijodthyronin, eine Neuheit, welche die anderen Dopingmittel noch effektiver machen soll. »Du fühlst dich dadurch wie eine Feder«, gesteht Conte. Als erste Amerikanerin wird White 2003 in Paris Doppelweltmeisterin über 100 und 200 Meter. Der Unternehmer ist selbst »verblüfft«, dass die Sprinterin mühelos durch die Dopingkontrolle kommt – das Einzige, was die Analytiker finden, ist Modafinil – das aufputschende Narkolepsiemittel.

Und dann erklärt Conte den Medien, was er von Novitzky hält und von der ganzen Scheinheiligkeit und dem weltweiten Glaube, mit den Ermittlungen gegen ihn sei das Doping bekämpft. Novitzkys spektakuläre Aktion sei gemacht worden, um »das Publikum zum Narren zu halten«. Die meisten Sportler hätten illegale Mittel genommen, bevor sie zu ihm gekommen seien, und deshalb wisse er nicht, warum die Fahnder gerade ihm so nachgestellt hätten: »Sie haben einen Panzer benutzt, um einen Moskito zu töten.«

Längst gäbe es neue Substanzen, und die Sportler würden auch weiter zugreifen. Für die Beteiligten sei es kein Betrug, weil sie wüssten, dass es alle tun. »Es ist deshalb schmerzhafter für Athleten, sich zu entscheiden, ihren Traum aufzugeben, als anabole Steriode einzunehmen«, sagt Conte, »das ist die Wahrheit.«

Der Balco-Unternehmer war ein Baustein der weltweiten Betrugsmaschine. Auch die Olympischen Spiele, folgert Conte aufgrund seines Wissens, seien ein »einziger Schwindel« – ähnlich wie der Nikolaus, der Osterhase oder die Zahnfee. Die Geschichte der Spiele sei nicht das, was die Leute glauben, sie seien vielmehr »voller Korruption, Verschleierung und Doping«.

## Viel heiße Luft – Juristen legen einen Mantel über die Balco-Affäre

Unter dem Druck der Beweismittel und dem Geständnis von Conte packt schließlich zunächst Hunter aus und bestätigt unter Eid die Dopingpraktiken. Auch Montgomery gibt alles zu. Gegenüber der Staatsanwaltschaft sagt er, dass das »Projekt Weltrekord« zu einem großen Teil der Verdienst der Pharmakologen gewesen sei. Er habe Wachstumshormon und eine hormonhaltige »Wundermischung« bekommen.

Es ist ein großer Fortschritt, dass endlich auch in den USA staatliche Instanzen den Sportbetrug zu enthüllen versuchen. Aber es ist wieder einmal auch viel heiße Luft im Spiel – wie so häufig in der weltweiten Dopingbekämpfung. Angesichts amerikanischer Fernsehberichte über Balco – und dort besonders wegen der Verwicklung von Baseball- und Football-Profis – prangert Präsident Georg Bush den Steroidgebrauch an Colleges und Highschools an. Sein damaliger Justizminister John Ashcroft schaltet sich persönlich in die Ermittlungen ein, verspricht Aufklärung ohne Rücksicht auf prominente Namen.

Im Oktober 2005 ergeht das Gerichtsurteil gegen drei Beschuldigte: Conte, seinen Stellvertreter James Valente und gegen Greg Anderson, den Trainer von Home-Run-Legende Bonds. Conte profitiert von der Praxis des amerikanischen Rechts, dass Beschuldigte für wahrheitsgemäße Aussagen belohnt werden. Trotz Novitzkys gigantischen Aufwands kommt der »scharfsinnige Exzentriker«, wie die *New York Times* Conte am 1. November 2003 nennt, glimpflich davon, nämlich mit vier Monaten Gefängnis und vier Monaten Hausarrest. Anderson erhält drei Monate Haft und drei Monate Arrest, Valente eine Bewährungsstrafe.

Tim Montgomerys »Projekt Weltrekord« – zu einem Großteil Verdienst der Pharmakologen.

Und Marion Jones? Der Präsident des Internationalen Olympischen Komitees, der Belgier Jacques Rogge, nennt sie »verdammt dämlich«. Aber sie läuft weiter – auch wenn ihre Dienstleistung nicht mehr überall nachgefragt wird. Einige europäische Sportfestveranstalter wollen kein Geld mehr für den gestürzten Helden ausgeben und laden sie gar nicht erst ein.

Sie macht immer noch von sich reden. Gute Nachrichten sind aber kaum noch darunter. Eine Gartenbaufirma hatte auf ihrem ranchähnlichen Anwesen in der Nähe von Raleigh, North Carolina, einen Teich und einen Strand am Swimmingpool angelegt. Doch die Rechnung über 188 000 Dollar hatte sie nicht beglichen. Und auch die Trennung von Montgomery, dem Vater ihres Kindes, ist noch einmal etwas für die Klatschspalten.

Die Verfahren der Staatsanwaltschaft und der Usada sind quälend lang. Jones verklagt zudem Conte vor dem nordkalifornischen Bezirksgericht in San Francisco wegen Verleumdung. Sie fordert 25 Millionen Dollar von ihrem einstigen Helfer. Im Februar 2006 zieht sie die Klage zurück.

Sie will wieder laufen. Noch einmal wird sie im Juni 2006 amerikanische Meisterin über 100 Meter in 11,10 Sekunden. Doch dann reist sie im August überstürzt vom Sportfest in Zürich ab. Es wird bekannt, dass ihre Dopingprobe von der US-Meisterschaft positiv auf Epo getestet worden ist. Anfang September stellt sich heraus: Die B-Probe, also die zweite Messung, ist negativ. Eine komische Sache, da es so gut wie nie Unterschiede zwischen der A- und der B-Probe gibt.

Ob Marion Jones in ihrer verzweifelten Aufholjagd abermals zu Dopingmitteln gegriffen hat oder nicht, wird wohl ein Rätsel bleiben. Sicher ist, dass sie unter enormen öffentlichen Druck steht. Zum einen ist die Balco-Affäre längst noch nicht aufgeklärt. Wichtige Gerichtstermine stehen aus, und für die amerikanische Öffentlichkeit ist auch die Frage nicht beantwortet, ob Marion Jones nach ihrem Karriereende als eine der größten Athletinnen oder als eine dreistesten Betrügerinnen in die Sportgeschichte eingehen wird. Und davon abhängig ist zum anderen auch die finanzielle Situation der nunmehr alleinerziehenden Mutter. Der juristische Kampf gegen die Usada hat sie ein Vermögen gekostet. Im Juli 2007 kommt heraus: Marion Jones ist zahlungsunfähig.

## Das internationale Netzwerk – Dopingmittel werden als heiße Ware gehandelt

Athen, im August 2004. Kalifornien ist 17 Flugstunden entfernt, doch die Affäre um das Dopinglabor Balco, die die einstmals schillernde Sportnation USA zur Heimstätte der Unanständigen gemacht hat, verfolgt den amerikanischen Sport bis zu den Olympischen Spielen in Griechenland. Rund 500 US-Sportler stehen bereit, wieder das mächtigste Volk der Medaillengewinner zu werden. Und dann das: Jemandem ist es gelungen, die Zufahrtsstraße zum Quartier der Amerikaner mit einer bösen Parole zu beschmieren.»Wir wissen, wie euer Wunder heißt«, steht dort auf Englisch:»Balco.«

Die Amerikaner sind verärgert, denn eigentlich gibt es keinen besseren Ort als Olympia, um von Drogen und Betrug abzulenken. Stars, Rekorde, Emotionen: Dieses Spektakel, das zuverlässig neue Helden erzeugt, war schon in der Vergangenheit immer stärker als jede Vernunft. Und deshalb lassen Funktionäre des Internationalen Olympischen Komitees schon mal positive Testergebnisse unter den Tisch fallen oder weigern sich schlichtweg, die Namen eigentlich überführter Dopingathleten zu veröffentlichen. Denn das Schlimmste, was dem Geschäftsgang des Milliardenbusiness passieren kann, ist es, wenn ein Star während der Spiele überführt wird oder in Verruf gerät.

In Athen erwischt es dann aber zunächst keinen Amerikaner, keinen Chinesen oder Russen. Diesmal hat es ausgerechnet zwei Griechen getroffen: Die beiden Sprinter Konstantinos Kenteris und Ekaterini Thanou, zwei Nationalhelden der olympischen Gastgeber, entziehen sich auf spektakuläre Art und Weise einer Dopingprobe. Das IOC und halb Griechenland hatten stundenlang gerätselt, wo sich die bei-

Victor Contes »Apotheke«.

den Medaillengewinner von Sydney 2000 wenige Tage vor Beginn der Spiele aufhielten. Und dann, weit nach Mitternacht, kommt die Nachricht: im Krankenhaus, leicht verletzt. Kenteris, damals 31, und Thanou, 29, hatten angeblich einen Motorradunfall, während sie gesucht wurden. Es sieht danach aus, als hätten die Leichtathleten vor Dopingjägern flüchten wollen. Aber das wird dementiert. Die Athleten beteuern ihre Unschuld, es beginnt ein hysterisches Gerangel.

Die Hoffnung auf saubere Spiele ist schon vor der Eröffnungsfeier dahin. Zu dubios ist das Verschwinden der beiden griechischen Superstars, auf denen schon länger der Verdacht lastet, sich durch ständiges Reisen Tests zu entziehen. Nun reicht es sogar den Griechen, die sich im Genuss der Erfolge von Kenteris und Thanou lange nicht stören lassen wollten. »Sagt uns die Wahrheit«, titelte die Athener Tageszeitung *Ethnos* wenige Stunden vor dem Beginn der Spiele.

Die ganze Wahrheit kommt viel später heraus. Stück für Stück. Und sie ist viel schlimmer, als sich Sportanhänger das vorstellen können. Bei der Durchsuchung der Geschäftsräume von Christos Tsekos, dem umstrittenen Trainer der beiden Olympiahoffnungen, beschlagnahmen Beamte der griechischen Gesundheitsbehörde rund 1400 Einheiten von Anabolika und anderen Substanzen. Der Athener Staatsanwalt Spyros Mouzakitis nimmt die Ermittlungen auf, schließlich empfiehlt ein Untersuchungsrichter eine Anklage gegen Kenteris, Thanou und Tsekos wegen Vortäuschung eines Unfalls, wegen Falschaussage und Meineid.

Es kommt heraus, dass es in Griechenland offenbar ein Dopingprogramm gab, das von hohen politischen Stellen abgesichert war. Der griechische Journalist Filippos Syrigos recherchiert monatelang in der Affäre. Danach glaubt er zu wissen, wie das System funktioniert hat: »Die Marschrichtung war klar: Wir alle haben uns auf die ›große Idee‹ zu konzentrieren. Ohne Kritik, Widerspruch, Dialog. Nach der Vergabe der Spiele 2004 schrieb auch IOC-Präsident Samaranch uns

Ekaterini Thanou und Konstantinos Kenteris – statt Olympiasieg in Athen gefallene griechische Helden.

ins Stammbuch: ›Gewinnt Medaillen, damit die Spiele gelingen!‹ Wie sollte das geschehen? Kann man heute im Hochleistungssport ohne Doping gewinnen? Hier bot sich für Tsekos die goldene Chance. So kassierte er das Geld. Daher ging er bei Ministern ein und aus und hatte die Frechheit, den »Plan Koroivos« vorzulegen, also Staatsgelder für die Olympia-Vorbereitung von griechischen Athleten mit Verabreichung von Dopingmitteln zu verwenden. Dem Parlamentsausschuss für Bildungsfragen sagte Tsekos klipp und klar: »Ihr müsst verstehen, wollen wir Gold, passieren eben solche Dinge. Mit anderen Worten: Ich dope. Was tat der Staat? Was tat die Regierung? Sind sie nicht der Anstifter für das Doping? Wenn der Staat für die Goldmedaille über 150 000 Euro auslobt, den Athleten Anstellungen beim Heer, bei der Luftwaffe verschafft, ist das eine Ermunterung zum Dopen.« (*Berliner Zeitung* vom 27. November und 15. Dezember 2004) Tsekos bestreitet, von Staatsgeldern für Doping zu wissen. Mit dem Sportminister will er nur »zwischen Tür und Angel« gesprochen haben.

Das Desaster mit der peinlichen Unfall-Posse in Athen ist indes nicht nur eine Tragödie für die gesamte griechische Sportnation, es ist auch ein weiteres Armutszeugnis für das Dopingkontrollsystem. Tsekos' Athleten gelten seit Jahren als hochverdächtig – schon allein wegen des extrem muskulösen Körperbaus und der starken Behaarung der Sportlerinnen. Es erinnert ein wenig an die früheren Zeiten der DDR-Schwimmer, bei denen auch jeder Zuschauer davon ausgehen konnte, dass sie gedopt sind. Trotzdem stoppte bis zum Untergang der DDR kein Funktionär, kein Mediziner und kein Politiker diese Massenvirilisierung junger Mädchen.

Und obwohl Tsekos wegen eines Gerangels bei einer Dopingkontrolle in Dortmund 1997 seit Jahren unter besonderer Beobachtung stehen sollte, waren seine Athleten oftmals für die Kontrolleure nicht anzutreffen. Bis zum August 2004 scherte sich kein Funktionär darum – es war eine einzige Narretei.

Zudem gilt Griechenland unter Dopern traditionell als Paradies. Besonders auf vielen Ferieninseln sind Dopingpräparate mühelos ohne Rezept in Apotheken zu bekommen. In Korinth hatte man schon einmal eine illegale Fabrik zur Herstellung von Anabolika entdeckt.

Und natürlich sind auch Griechen in die Balco-Affäre verwickelt. Der Anti-Doping-Beauftragte des Internationalen Leichtathletik-Verbands gab bekannt, dass Athleten aus Griechenland mit THG aufgeflogen seien, dem Balco-Hausmittel, das intern »clear« genannt wurde. Doch anders als in den USA kennt man in Griechenland keinen Eifer, den Hintermännern nachzuspüren. Auch als aus Novitzkys Ermittlungserkenntnissen erkennbar wird, dass einige der Mails direkt an zumindest einen griechischen Trainer gegangen waren, juckt das niemanden.

Als die britische Zeitung *Observer* im Februar 2004 vor den Olympischen Spielen berichtet, Tsekos sei dieser Coach gewesen, sind alle maßlos empört: der griechische Staatssekretär für Sport, der Präsident des griechischen Leichtathletik-Verbandes und sogar die Vereinigung der griechischen Olympiasieger. Tsekos selbst kündigt eine Verleumdungsklage über 90 Millionen Euro an. Man hält eben zusammen.

Griechen-Trainer Christos Tsekos: »Wenn der Staat für die Goldmedaille 150 000 Euro auslobt, ist das eine Ermunterung zum Dopen«.

Auch Andreas Linardatos, ein prominenter Trainer, meldet sich zu Wort. Er sei der Empfänger einer Mail gewesen, behauptet er. Er habe die Informationen von Conte »für ein Buch über Doping erhalten«. Dass Linardatos die ehemalige Europameisterin im Dreisprung, Olga Vasdeki, auf Olympia vorbereitet, scheint in Griechenland niemanden stutzig zu machen. Man ist wenige Monate vor den Spielen froh, dass der Balco-Skandal irgendwie noch einmal am Ausrichterland vorübergegangen ist.

Aber auch das ist noch nicht das Ende dieses griechischen Krimis: Zwar wird Trainer Tsekos, der die ganze Angelegenheit für eine »Seifenoper« hält, für vier Jahre gesperrt, und Thanou und Kenteris sind nach zwei Jahren Sperre seit Dezember 2006 wieder startberechtigt. Doch das größte Opfer ist ein ganz anderer.

Der Journalist Filippos Syrigos, der als Sportchef der Zeitung *Eleftherotypia* seit vielen Jahren über Doping in Griechenland berichtet hatte, ist zwei Monate nach den Spielen gerade vor dem Gebäude eines Radiosenders, als zwei mit Motorradhelmen vermummte Angreifer mit einem Schlagring auf ihn einschlagen und mit zwei Messern dreimal zustechen. Er überlebt schwer verletzt. »Die Angreifer dachten sich, den machen wir fertig, den schlachten wir«, sagt der Journalist im November 2004 der *Berliner Zeitung*. »Ich hatte einfach Glück. Ich habe mit den Würfeln gespielt und gewonnen. Das war's.«

## Weltweit hergstellt – die Anwendung von Dopingmitteln ist unkontrollierbar

Die Betrugsmanöver von Balco und die spektakulären Ereignisse um die griechischen Sprinter zeigen, dass hinter den meisten Dopingaktivitäten eine enorme kriminelle Energie steckt, und sie zeigen außerdem, dass die Sportverbände diesem Treiben fast machtlos gegenüberstehen. So waren es im Fall Balco nicht die Sportorganisationen, die das Geflecht aufgedeckt haben, sondern staatliche Ermittlungsbehörden. Bis heute tun sich die Funktionäre im Fall Jones schwer, mit

Sanktionen zu reagieren. Auch der Fall der griechischen Sprinter spricht nicht dafür, dass ihr Kontroll- und Überwachungssystem greift, wie es Anti-Doping-Propagandisten gern von sich geben. Eher ist das Gegenteil der Fall: Das griechische Trio ist seit Jahren verdächtig zu manipulieren. Noch vor Olympia waren die beiden Sprinter bereits mehrere Male den Kontrolleuren ausgebüxt. Erst nach der lächerlichen Ausrede mit dem Motorradunfall war indes das Maß voll – und der Olympiaausschluss perfekt.

Auch daraus folgt: Doping im Spitzensport ist mit den derzeit angewandten Methoden nicht in den Griff zu bekommen.

Mit ein paar Mausklicks ist im Internet zu haben, was der Doper braucht: Epo aus Hongkong, russische Produkte aller Art, chinesische Designersteroide. Und natürlich sogleich auch die Hilfsmittel, um bei Dopingproben nicht aufzufallen. »Urine Luck« etwa ist eine chemische Substanz, die laut Eigenwerbung »zu 99,6 Prozent« unerwünschte Ergebnisse bei Tests verhindert. Entwickelt wurde sie für Arbeitnehmer in den USA, die nachweisen müssen, dass sie nicht unter Drogen stehen. Im Internet gibt es Dutzende verschiedener Angebote, bisweilen sind die Chemikalien bereits in kleinen Röhrchen oder sogar in der Größe und der Form eines kleinen Fingers abgefüllt, um Kontrolleure nicht aufmerksam zu machen, wenn der Stoff von den Getesteten heimlich in die Urinprobe gemixt wird. Das Präparat zerstört die Molekularstruktur der Abbaustoffe im Urin, sodass die Analytiker keine Chance mehr haben, Spuren von Drogen zu finden. Einige dieser so genannten Maskierungssubstanzen haben die Dopingfahnder inzwischen in ihrem Überwachungsprogramm. Aber längst nicht alle. Manche mögen meinen, das sei pervers. Und kein Sportler komme auf die Idee, so zielgerichtet zu betrügen.

Doch die Realität ist viel schlimmer. Bei den Olympischen Spielen in Athen holten zwei Männer aus Ungarn Medaillen, die noch einen ekelerregenderen Trick auf Lager hatten – das Projekt »Arschritze«. Die beiden Werfer ließen bei der Dopingprobe nach ihrem Wettkampf sauberes Urin, das sie in einer Blase im Anus gebunkert hatten, über eine hautfarbene Leitung in den Becher fließen. Per Zufall wurden sie diesmal erwischt, weil einer nicht genügend Urin in seinem Tank hatte. Schon zwei Jahre zuvor hatten anonyme Hinweisgeber dem Internationalen Leichtathletik-Verband von den Innovationen aus Ungarn berichtet. Geschehen war seitdem nichts – und wer weiß, wie viele Athleten und Zuschauer in der Zwischenzeit von der künstlichen Urinleitung betrogen worden sind.

Wie virtuos die Doper heute vorgehen, zeigt ein weiteres, lange Zeit unbekanntes Dopingmittel. 1997 fanden Dopinganalytiker erstmals Carphedon im Urin von Athleten. Es handelte sich um eine zum damaligen Zeitpunkt nicht zugelassene Substanz, die aus dem Moskauer Institut für kosmische Medizin, einem Labor für die Weltraum- und Militärforschung, stammte. Es war eine Weiterentwicklung des in der Geriatrie verwendeten Mittels Piracetam. Das Präparat wirkt auf das Gehirn. Es soll auf diese Weise die Leistungsfähigkeit des Athleten fördern und die Verträglichkeit von Kälte verbessern. Bald war die russische Designerdroge überall auf dem schwarzen Markt zu haben, und einige Athleten wurden mit dem Kosmonauten-Mix erwischt. (www.zsdebatten.com/dopingfrankeludwig)

Diesem Gepansche mit der russischen Designerdroge fiel dann im Jahre 2005 auch der deutsche Radfahrer Danilo Hondo zum Opfer. Nachdem er am Tag zuvor noch negativ getestet worden war, fanden sich nach einer Etappe bei der spanischen Murcia-Rundfahrt winzige Spuren von Carphedon in seinem Urin. Die entdeckten Abfallprodukte waren viel zu gering für einen bewussten Dopingversuch. Vermutlich hatte sich Hondo an einer verunreinigten Getränkeflasche kontaminiert. Doch diese feinen chemischen Unterschiede interessierten die Funktionäre dann nicht weiter. Sie zogen den Radprofi mit einer Sperre aus dem Verkehr.

Der Einfallsreichtum und die Skrupellosigkeit, mit der Doper und ihre Hintermänner zu Werke gehen, lassen besonders für die Olympischen Spiele 2008 in Peking Dopingspiele bisher unbekannten Ausmaßes erwarten. Natürlich werden alle Nationen, die eine unrühmliche Drogenvergangenheit haben, wieder mitmischen: Deutsche, Russen, Amerikaner, Bulgaren, Griechen, Türken.

Doch sie alle werden übertroffen vom Gastgeber. Schon einmal hatten chinesische Sportlerinnen im Schwimmen und in der Leichtathletik Mitte der Neunzigerjahre ihre internationale Konkurrenz dermaßen düpiert, dass eine ganze Sportlergeneration verzweifelt an Rücktritt dachte. Doch damals waren die Chinesen noch nicht so geschickte Plagiatoren. Sie wussten zwar, wie man dopt, aber sie wussten noch nicht so genau, wie sie die Kontrollen überstehen können.

Das wird sich bis 2008 geändert haben. Schon seit Jahren hat sich China in nahezu allen medaillenträchtigen Sportarten das Know-how aus dem Ausland besorgt – vorneweg Trainer und Wissenschaftler aus der ehemaligen DDR. Zwar beteuert die Regierung in Peking immer wieder, sie engagiere sich im Anti-Doping-Kampf. Und immer mal wieder werden auch Chinesen bei inländischen Kontrollen positiv erwischt. Einerseits. Andererseits puscht der Staat den Leistungssport mit immensen Investitionen.

Die olympischen Gastgeber – das haben nicht erst die Spiele 2000 in Sydney und 2004 in Athen gezeigt – wollen ihr Land stets als leistungsstarke Nation präsentieren. Die ausgelobten Medaillenprämien werden auch in Peking eine zügellose Leistungsjagd bisher unbekannten Ausmaßes entfachen.

Und noch etwas erleichtert die Arbeit der Dopingfreunde in China. Das Land ist für internationale Dopingfahnder nicht zu kontrollieren. Für jede Einreise brauchen die Kontrolleure ein Visum. Und dass der Mann oder die Frau mit den Urinbechern bald vor der Tür stehen werden, wissen die Insider bereits, wenn diese chinesischen Boden betreten haben – genügend Zeit, um Vorkehrungen für Verschleierungen zu treffen. Das gilt für die Hauptstadt Peking, das gilt aber erst recht für jeden Leistungsstützpunkt außerhalb der Metropole. Bis einer der Tester sich in diese abgelegenen Nester für Schwimmer, Leichtathleten oder Gewichtheber aufmachen kann, hat das Warnsystem längst Alarm geschlagen.

## Medizinische Barbarei und Verbrechen am Sportler – Interview mit Professor Werner Franke

*Frage:* Weshalb machen Ärzte, Universitätsmediziner, ganze medizinische Dienste und offenbar auch andere Wissenschaftler wie zum Beispiel Chemiker in bizarren Betrugsnetzwerken mit?

Franke: Eine spannende Frage, vor allem angesichts des höchsten medizinischen Prinzips: *Nil nocere* – auf keinen Fall etwas tun, was schaden könnte. Eine Antwort ist vor fast drei Jahrzehnten in einer sportmedizinisch-philosophischen Schrift gegeben worden und lautet, leicht abgewandelt, so: In der Anwendung von Dopingmitteln im Leistungssport kann ein Arzt durchaus eine verantwortungsbewusste Gestaltung der eigenen Rolle in der Gesellschaft sehen. Die Mitwirkung beim systematischen Aufbau einer sportlichen Spitzenleistung löst auch beim Arzt Erfolgserlebnisse aus.

*Frage:* Und wer hat dies formuliert?
Franke: Das ist aus der geheimen Grundlagenschrift des DDR-Dopings von 1979, verfasst von Dr. med. Dr. paed. Sigfried Israel, Professor in Leipzig und Kreischa.

*Frage:* Und dieses Prinzip sehen Sie auch heute noch gegeben?
Franke: Das lässt sich mit vielen Aussagen belegen, die beispielsweise aus den beiden klassischen Dopingzentren der Sportmedizin – die Universitäten Köln und Freiburg – stammen. Radrennfahrer Jörg Jaksche hat im *Spiegel* über die Freiburger Universitätsärzte Andreas Schmid und Lothar Heinrich gesagt: »Ich glaube, es ging ihnen vor allem darum, den Sportlern nahe zu sein und an deren Erfolg teilzuhaben. Eine Art von Liebe, eine krankhafte Zuneigung.«

*Frage:* Sie halten erfolgshungrige Ärzte und Wissenschaftler für das größte Übel im Sport?
Franke: Perversion der Wissenschaft und der ärztlichen Kunst: Me-

daillen als Kriterium für ärztliche Qualifikation zu sehen ist natürlich absurd. Hochpotente, aber deshalb eben auch hochriskante Medikamente wie anabole Steroide, Wachstumshormone oder Epo ohne jede ärztliche Indikation an gesunde junge Menschen zu geben, ist eine totale Verletzung der Paracelsus-Prinzipien. Es ist medizinische Barbarei.

*Frage:* Was sollte mit den Zauberlehrlingen der Medizin geschehen?
*Franke:* Dem kanadischen Sportmediziner Dr. Jamie Astaphan, der für das Doping an dem Supersprinter Ben Johnson mitverantwortlich war, wurde die Approbation entzogen. Ich kenne US-Sportmediziner, die wegen solcher Vergehen ihre Zahnbürste einpacken und ins Gefängnis gehen mussten.

*Frage:* Sie wollen solche drastischen Strafen auch in Deutschland?
*Franke:* Deutschland hat auf diesem Gebiet der ärztlichen und wissenschaftlichen Ethik und Verantwortung nun leider überhaupt keine gute Geschichte aufzuweisen. Auch die Dopingärzte der DDR haben nach der Wende – trotz vieler nachgewiesener Schadensopfer – nur Bewährungsstrafen erhalten und ihre Approbation behalten.

*Frage:* Sie hätten von der deutschen Justiz andere Urteile erwartet?
*Franke:* Tatsache ist doch, unsere sporttreibende Jugend wird nicht vor solchen nationalistisch oder kapitalistisch pervertierten Medizinern und Politikern geschützt. Sie wird nicht geschützt vor Ärzten und einer Wissenschaft, die weiß, dass solche Mittel auch – und letztlich in nicht zu kontrollierender Weise – zu Schäden führen können, ja, mit einer gewissen Wahrscheinlichkeit führen müssen.

*Frage:* Die Zahl der Dopingkontrollen wächst. Auch ihre Qualität wird durch die Einführung von so genannten intelligenten Trainings- und Zielkontrollen endlich besser. Und es gibt Fortschritte in der Analytik. Wie einfach können Sportler heute dopen, ohne erwischt zu werden?

**Franke:** Für Profidoper mit wissenschaftlich-medizinischer Betreuung ist es eben immer noch leicht zu dopen, wenn auch teurer. Sicher gibt es hier und da Fortschritte im Kontrollsystem, und es sind einige neue beziehungsweise verbesserte Nachweismethoden hinzugekommen, aber letztlich doch recht wenige. Die Forschung zur Entwicklung neuer Nachweismethoden wird ja vom Sport auch nur kümmerlich gefördert. Aber vor allem im Frauensport ist doch ein deutlicher Erfolg erkennbar: Die virilisierenden Nebenwirkungen der früher weltweit verwendeten androgenen Hormonpräparate sind seltener geworden, die dazugehörigen Rekorde natürlich auch. Am auffälligsten ist dies in der Leichtathletik, denn da sind die verbrecherischen Rekorde ja bei Fernsehübertragungen zum Vergleich immer eingeblendet. (www.zsdebatten.com/dopingfrankeludwig)

*Frage:* Verbrecherisch ist ein starkes Wort ...

**Franke:** Nein, der Bundesgerichtshof hat Strafurteile wegen solcher Taten als Körperverletzung oder als Beihilfe dazu ausdrücklich bestätigt. Es ist verbrecherisch, Sportler zu dopen, nur um neue Bestmarken zu erzielen. Bei nicht wenigen Rekorden – etwa in der Leichtathletik – kann man heute die jeweilige Dosierung mit Androgenen hinzufügen, bei einigen ist sie sogar gerichtlich bestätigt. In vielen Disziplinen wurden die zehn oder 20 besten Leistungen der Sportgeschichte – besonders auch der deutschen – nachweislich durch medikamentöse Virilisierung erzielt. Diese Rekorde sind – beweisbar – Ergebnisse von Mädchen- und Frauenschändung, es sind staatlich und sportpolitisch sanktionierte Lügen, die nur noch als Mahnmale taugen. Trotzdem findet Doping bei Frauen natürlich weiterhin statt: Erst vor kurzem wurde die Slowenin Jolanda Čeplak, 800-Meter-Hallen-Weltrekordlerin, mit Epo) erwischt, die russische Hammerwurf-Weltrekordlerin Tatjana Lysenko mit einem antiöstrogenen Wirkstoff. Es geht also weiter, wenn auch anders, vorsichtiger, zum Teil mit neuen Substanzen, moderner eben.

*Frage:* Aber ist nicht die Tatsache, dass immer mehr Dopingtäter – wie es auch bei der Tour de France 2007 zu sehen war – entlarvt werden, ein Hoffnungszeichen? Ein Zeichen, dass die Kontrollen greifen?
Franke: Erwischt werden vorwiegend die Dummen und die Nicht-Organisierten. Oder die bei einem Leistungseinbruch Verzweifelten: von Floyd Landis 2006 bis zu Alexander Winokurow 2007. Oder beim wohl bekanntesten Fall von positiver Wettkampfkontrolle, dem Kanadier Ben Johnson, 100-Meter-Weltrekordler und 1988 Olympiasieger für eine Nacht. Hier gilt eben, was Ben Johnsons Teamkamerad Desai Williams zusammenfassend zu einem solchen durch Panik ausgelösten Doping sagte: »Ben and Jamie cut it too loose!« Ben und sein Dopingdoktor Jamie Astaphan hatten es zu locker, das heißt zu risikoreich angesetzt.

*Frage:* Mit anderen Worten: Ein nach einem Plan und mit medizinisch-biochemisch eingebauter Sicherheit durchgeführtes Doping kann auch heute noch nicht entdeckt werden?
Franke: Das stimmt. Von ausgewiesenen Fachdopern geführte Sportler werden so gut wie nie entdeckt. Das war eigentlich immer so!

*Frage:* Als Fachdoper ist einst Bernd Schubert bezeichnet worden, der langjährige Cheftrainer erst der DDR und dann der gesamtdeutschen Leichtathletik. Solche Experten gibt es weiterhin im Sport?
Franke: Davon muss man ausgehen. Wer sich strikt an die Pläne der Fachdoper hält, der wird in der Regel auch nicht erwischt. Das ist es ja, was den organisatorischen Erfolg der modernen Dopingnetzwerke ausmacht: volle fachliche Planung, Logistik und Absicherung. Das alles ist natürlich nicht billig. Es ist praktisch die kapitalistische All-inclusive-Entwicklung von Dopingfirmen nach Methoden des Staatsdopings der DDR.

*Frage:* Doping wird heute überwiegend professionell organisiert, Spitzenathleten verlassen sich auf Hintermänner?

*Franke:* Das ist nun vielfach bewiesen. Abgesehen von speziellen Dopingformen im Osten, man denke an die chinesischen Rekordläuferinnen des Trainers Ma in den neunziger Jahren ...

*Frage:* ... die nach offiziellen Angaben mit Schildkrötenblut stimuliert waren – Wang Junxia, Qu Yunxia, Zhang Liuli, Ma Liyan, Zhang Lirong, Zhong Huandi, Ma Liyan, Liu Dong, Wang Yuan, Lin Dong, Liu Li, Ma Yuqin, Lu Yi und wie sie alle hießen und heißen.
*Franke:* Sie erlauben sich gerade den makabren Scherz und zählen mir die Namen aus der Weltbestenliste 1993 beziehungsweise der Medaillenliste der Stuttgarter Weltmeisterschaften von 1993 auf.

*Frage:* Später dann Jiang Bo, Dong Yanmei, Liu Shixiang ...
*Franke:* Und so weiter und so weiter. Richtig. China ist groß und hat eine große Dopingtradition. China hatte und hat auch Weltklasse-Werferinnen, -Kugelstoßerinnen, -Schwimmerinnen, -Gewichthebe-

Schwimmerin Le Jingye – verdächtig breiter Rücken.

rinnen. Mitunter wurden welche erwischt, dann, wenn ihnen schon die Androgene aus den Poren kamen. Die meisten aber blieben unentdeckt. Oder die vielen post-sowjetischen Dopingzirkel: Nur ab und zu wird mal jemand ertappt. Abgesehen von diesen Restformen des sozialistisch gelenkten Dopings haben sich auch schon seit Jahrzehnten im neoliberalen kapitalistischen Sport die für kriminelle Organisationen so typischen separaten Netzwerke herausgebildet. Wie Geheimbünde sind sie gelenkt, und natürlich vollkommen abgeschottet. Und nur wenn hier ein Berechnungsfehler gemacht wird oder wenn es zwischen den Mitgliedern einer Bande oder zwischen zwei Zirkeln Zoff gibt, können Neid und Verrat entstehen – und das System fliegt auf. Typisch war hier die Balco-Affäre in Kalifornien ...

*Frage:* ... die 2003 bekannt wurde, als der Sprinttrainer eines konkurrierenden Netzwerks, Trevor Graham, den Dopingkontrolleuren einen Wink gab und als Beweismittel eine Probe eines neuartigen, bisher nicht zu entdeckenden anabolen Steroids zuschickte. Lassen sich mit so genannten Designer-Steroiden, also Designerdrogen, alle Dopingkontrollen unterlaufen?
Franke: Designerdroge klingt etwas übertrieben: THG, also Tetrahydrogestrinon, das von Conte gemeinhin »the clear« genannt und von Patrick Arnold hergestellt und geliefert wurde, war nur die hydrierte Form von Gestrinon, einem Präparat der Firma Aventis – wobei Gestrinon ein Arzneimittel gegen Wucherungserkrankungen der Gebärmutter ist. Der Begriff »Designer-Steroid« trifft eher schon auf DMT zu, Desoxymethyl-Testosteron, das erst Jahre später in seiner Struktur aufgeklärt und wohl auch von Arnold zu beziehen war. Es war aber auch schon Jahrzehnte vorher in der reinen Forschung bekannt. Echtes Design liegt also nicht vor, geschickte ausgewählte Nachsynthesen sind das.

*Frage:* Und warum wurde das Balco-System nicht bei normalen Dopingkontrollen entlarvt?

*Franke:* Weil die Kontrolleure nicht intelligent und systematisch vorgingen – und weil das System gut organisiert war.

*Frage:* Welche Netzwerke benötigt der Doper, um die Kontrollen zu unterlaufen?

*Franke:* Die kalifornische Dopingfirma Balco Laboratories war nur das Zentrum eines Spinnennetzes. Dazu gehörten weiterhin ein korrupter Arzt, Dr. Brian Goldman, der medizinische Direktor der Firma, sowie ein technischer Leiter; und die absichernden Bluttests nahm das nahe gelegene Peninsula Hospital vor. Ähnlich wie später bei Fuentes in Spanien wurden im Balco-System Blutbeutel und Urinproben der Athleten mit FedEx zur Zentrale geschickt, um die absichernden Vor-Checks vorzunehmen, damit die gedopten Sportler später nicht auffielen.

*Frage:* Ein perfektes Manipulationsgebilde?

*Franke:* Auf diese Weise wird seit langem die Welt für dumm verkauft, schon seit Jahrzehnten gibt es viele Beweise für das weltweite Lügenwerk von tollen Kontrollen, wie es auch in den Medien verbreitet wird. Klar: Doping ist Betrug. Aber das Gerede von einem wirksamen, globalen und unabhängigen Dopingkontrollsystem ist der weitaus größere Betrug, die große Dumm-Verkaufe. Und die Besonderheit beim Balco-System: Quest Diagnostics, einer der größten amerikanischen Anbieter von medizinischen Diagnoseleistungen, führte viele Sicherheitstests vor großen Wettkämpfen durch, so etwa bei den Olympischen Spielen 2000 in Sydney. Der Leiter dieser Dopingabsicherungsabteilung bei Quest war ein Dr. Victor Uralets. Uralets nahm an jedem Workshop der Dopingkontrolllaboratorien teil und wusste so immer Bescheid, was gerade wie nachgewiesen werden kann und was nicht.

*Frage:* Warum wollte und konnte Dr. Uralets das denn so genau wissen?

**Franke:** Jahre zuvor war er als Chemiker im offiziellen sowjetischen Dopingkontroll-Laboratorium tätig gewesen, mithin ein Betrugsprofi. Und außerdem: Diese Dopingnetzwerke haben alle auch ihre vorgeschobenen Beobachter in den Kontrolllaboratorien sitzen, das sind regelrecht Doppelagenten. Ähnliche Doppelspione gibt es auch in anderen Ländern. Ich allein weiß schon von drei.

*Frage:* Ist denn ein solches Dopingnetzwerk auf eine bestimmte Sportart spezialisiert?
**Franke:** Eigentlich nicht. Aber in der Regel werden pro Netz nur drei bis vier Sportarten versorgt, dabei ist auch die Zahl der beteiligten Experten, Ärzte und verwendeten Substanzen bei jeder Disziplin limitiert. Bei Balco beispielsweise wurden Leichtathletik, American Football und Baseball betreut, darunter Barry Bonds, der neue Home Run King. (www.zsdebatten.com/dopingfrankeludwig)

*Frage:* Und das 2006 von der Guardia Civil ausgehobene Netzwerk mit dem Logistikzentrum des Eufemiano Fuentes in Madrid versorgte hauptsächlich Radprofis, aber auch Fußballer und Leichtathleten?
**Franke:** Ja, wobei jedoch die Namen außerhalb des Radsports offensichtlich bis heute noch von den spanischen Behörden gedeckt werden. Aber allein die Dokumentation zum Radsport ist hier sehr umfangreich, hier liegen inzwischen auch die Beweismittel vor. (www.zsdebatte.com/dopingfrankeludwig)

# Gemästete Jugend – Aufstieg und Tod des Andreas Münzer und das ahnungslose Dopen im Freizeitsport

Sie schlucken und spritzen alles, was der Markt hergibt. Im Kraftsport und im Bodybuilding sind Anabolika, Wachstumshormon und Pillen anderer Medikamentengattungen längst zum Alltag geworden.

Doping wird befeuert vom Spitzensport. Nachwuchssportler sehen erfolgreiche Athleten wie Jan Ullrich, Katrin Krabbe oder Marion Jones als Idole, und diese Begeisterung nutzen Trainer und Funktionäre aus. Sie trimmen und bisweilen indoktrinieren sie den Nachwuchs auch, diesen Helden nachzueifern – koste es, was es wolle.

Doch es gibt einen zweiten Strang der Dopingseuche, der mindestens ebenso gefährlich und zahlenmäßig noch bei weitem bedeutsamer ist. Doping im Freizeitsport ist ein Phänomen der Jugendkultur, das besonders viele Eltern beunruhigen dürfte. Hier sind es nicht die sportlichen Erfolge, die sich mit chemisch hochgerüsteten Muskeln und Blutkörpern erzielen lassen. Es sind die Muskeln selbst, die Jugendliche für erstrebenswert halten. Und was reizt, ist der Spaß, den der Konsum leistungssteigernder Drogen bringen soll. In einer Studie der Düsseldorfer Erziehungswissenschaftlerin Angelika Thönneßen aus dem Jahr 1999 gaben über 48 Prozent der befragten Jugendlichen an, solche Drogen wegen des »Freizeitspaßes« zu konsumieren.

Muskeln sind wie eine Visitenkarte. Wer sie vorweisen kann, hofft auf mehr Erfolg. Erfolg bei Frauen – oder zunehmend auch bei Männern – auf Respekt im Freundeskreis, Beachtung in der Clique, und bisweilen sollen Muskeln zudem helfen, einen Berufswunsch in Erfüllung gehen zu lassen. Doch so groß die Gemeinde der Dopingkonsumenten auch ist: Bisher gibt es allenfalls vereinzelt Ansätze, gegen den chemisch unterstützten Muskelkult vorzugehen – was unter anderem damit zusammenhängt, dass das Wissen über die Gefahren des Dopings weiterhin sehr gering ist. Ähnlich wie die Athleten der traditionellen Sportarten haben diese jugendlichen Kraftsportler ihre Idole. Es sind Idole, die nicht durch den attraktiven Gewinn vieler Medaillen und Prämien entstanden sind, sondern weil sie ihren Körper angeblich zur Perfektion gebracht haben: Oberschenkel so voluminös wie Eichenfässer, Oberarme so dick wie Baumstämme und Bauchmuskeln wie Tsunamiwellen – selbst wenn die meisten Freizeitsportler wissen, dass sie niemals so aussehen werden, kursieren solche Bilder menschlicher Monster unter den Anhängern.

Der Amerikaner Flex Wheeler war aus der Sicht des kalifornischen Gouverneurs Arnold Schwarzenegger einer »der besten Bodybuilder aller Zeiten« – er war eines dieser Vorbilder, bis ihn eine Nierentransplantation zwang, sein Sportlerleben, das aus Training, Eiweißfuttern und Anabolikaspritzen bestand, aufzugeben. Und er hörte auch auf, darüber zu reden, welche pharmazeutischen Hilfsmittel er einst in sich reingejagt hatte.

Aus einem einfachen Grund, wie Flex Wheeler sagt: »Ich habe viele Jugendliche zu Steroiden verleitet, weil sie genauso sein wollten wie Flex. Ich will das nicht mehr verantworten müssen.«

Einer der größten Helden dieser Muskelwahnsinnigen in Europa war neben Arnold Schwarzenegger Andreas Münzer – ein junger Österreicher, der in München zum Helden aufstieg, einige Jahre später qualvoll starb und im März 1996 auf dem Tisch der Rechtsmediziner endete.

### Der Fall eines Muskelhelden – die Pillen, die einen Menschen zerfraßen

Im »Kirchenwirt«, einer rustikalen Gaststube im österreichischen Flecken Pack, lebt der Held im Sommer des Jahres 1996 noch fort. Die Kneipenrunde, die ihr stärkstes Mitglied verlor, hat eine Gedenkschrift neben die Eingangstür geheftet. Darin heißt es: »Unserem Andi – der Sport war sein Leben. Dieses war unser ganzer Stolz.«

Warum Andreas Münzer mit 31 Jahren sterben musste, kann die Schankwirtin noch Wochen nach dem Tod nicht begreifen. Sie vermutet »einen Arztfehler«.

Fünf Kilometer talabwärts, in der Küche eines hübschen Einfamilienhauses, quält sich eine schwarzhaarige Frau jeden Tag mit der gleichen Frage, immer wieder. Wie konnte das nur passieren? »Der Andi hat doch immer so auf seine Gesundheit geachtet«, sagt Maria Klement leise.

Maria Klement und Andreas Münzer waren nicht nur Geschwister. Sie seien, sagt die Mutter zweier Kinder, »wie Freunde zueinander gewesen«. Wenn er wirklich krank gewesen sei, hätte gerade sie dies garantiert gewusst, meint sie. Die Nachricht vom Tod ihres Bruders kam für sie jedoch »aus heiterem Himmel«. Der Anruf aus München, sagt sie, habe sie »wie ein Stromschlag« getroffen.

Der Tod eines Bodybuilders bewegte die Kraftsportler in ganz Deutschland. Und nicht nur hier. Sogar Filmheld Arnold Schwarzenegger, früher selbst mit sieben Titeln als »Mr. Olympia« erfolgreichster Muskelmensch der Welt, schickt aus Hollywood einen Kranz an das Grab in der Steiermark. Der Terminator, der später Gouverneur in Kalifornien werden sollte und auch aus der Steiermark stammt, erweist dem toten Freund »einen letzten Gruß«. »Dass ausgerechnet der Andi sterben musste, ist tragisch«, sagt Erich Janner, der Generalsekretär des Deutschen Bodybuilding- und Fitness-Verbandes, »er war doch unser Vorbild für gesunde Ernährung.«

Andreas Münzer, der Held aller deutschsprachigen Bodybuilder, hat wie ein Herrgottschnitzer seiner Heimat 14 Jahre lang die äußere Hülle seines Körpers nach einem vorgegebenen Muster geformt. Er hat dem Ideal nachgeeifert, das ihm die Funktionäre, die Fachzeitschriften, die Juroren von Wettkämpfen und natürlich der Terminator höchstpersönlich vorgehalten haben.

Gleichzeitig jedoch wurde sein Körper Stück für Stück zerfressen. Weil er immer besser aussehen wollte, hat sich Andreas Münzer schließlich – offenbar ohne es zu spüren, zumindest aber, ohne die

Warnzeichen ernst zu nehmen – selbst vergiftet. Denn der vermeintlich saubere Held führte ein Doppelleben.

Münzer wächst auf einem abseits gelegenen Bauernhof auf, einen knappen Kilometer vom Modriacher Stausee entfernt. Die Eltern sind einfache Leute mit wettergegerbten Gesichtern. Ihre Milchwirtschaft wirft gerade genug zum Leben ab. Andreas hilft auf dem Feld, wenn es von ihm erwartet wird. »Der Junge war immer vernünftig«, sagt Vater Kilian stolz, »er hat uns nie Probleme gemacht.« In der Freizeit spielt er Trompete in der heimischen Musikkapelle.

Wann immer er Zeit und Gelegenheit findet, treibt der kräftige Junge Sport. Im Sommer spielt er mit Freunden Fußball, im Winter fährt er Ski. Die normalen Pisten genügen dem talentierten Abfahrer bald nicht mehr. Um sich selbst herauszufordern, baut er Sprungschanzen in die Strecke ein.

Die erste Berührung mit dem Kraftsport ist eher zufällig. Und sie ist typisch für viele Tausende von Jugendlichen. Andreas beginnt im zehn Kilometer entfernten Köflach eine Lehre als Werkzeugmacher. Weil er jeden Tag nach Arbeitsschluss zwei Stunden auf den Bus warten muss, der ihn wieder nach Hause bringen soll, sucht er einen Zeitvertreib. »Herumlungern und Bier trinken«, sagt Vater Kilian, »mochte er nicht.« Andreas meldet sich deshalb in einem Fitnessstudio an.

Die Trainingspartner merken sofort, dass es dem Neuen schneller als ihnen selbst gelingt, Muskeln aufzubauen. Sie überreden den Neunzehnjährigen, an einem Wettkampf teilzunehmen. Prompt belegt Münzer bei der Steirischen Meisterschaft in der Juniorenklasse bis 80 Kilogramm den zweiten Platz. Aus dem anfänglichen Spaß wird Leidenschaft. Die Erfolge, erinnert sich sein Vater, »kamen automatisch« – Münzer siegt bei den Österreichischen Meisterschaften, erst in der Juniorenklasse, wenig später auch bei den Erwachsenen.

Im Bodybuilding wird der Name Münzer peu à peu zum Begriff. »Der Sport«, sagt seine vier Jahre ältere Schwester, »wurde das Ein und Alles für Andreas.« Als sein Arbeitgeber in Konkurs geht, eröffnet der Kraftprotz 1986 zusammen mit einem Freund den »Fitnessclub

Florida Köflach«. Als Studiobesitzer kann sich Münzer noch intensiver dem Krafttraining widmen. Eigentlich liegt es dem schüchternen Bauernsohn immer noch nicht besonders, sich halbnackt auf der Bühne voyeuristischen und johlenden Zuschauern zu präsentieren. Am liebsten würde er nur für sich selbst trainieren und seinen tollen Körper nur seinen besten Kumpels zeigen. Doch jede gute Platzierung treibt ihn weiter. Mit 22 Jahren belegt er bei der Weltmeisterschaft 1987 in Madrid den dritten Platz.

Seinen endgültigen Durchbruch in die Hautevolee du corps glaubt Münzer ein Jahr später geschafft zu haben. Bei der Weltmeisterschaft im australischen Brisbane reicht es zwar wieder nur zu Bronze, doch er post sich in das Blickfeld von Albert Busek.

Busek ist der wichtigste Funktionär und Journalist im europäischen Bodybuilding. Und dieser Fachmann hält Münzer nun für einen »der eindrucksvollsten Athleten«, er sieht in ihm einen »potenziellen Weltmeister«. Als ihn Busek auch noch aufs Titelbild der Fachzeitschrift *Flex* hievt, ist Andreas erst einmal am Ziel: »Das ist mir viel mehr wert, als es WM-Gold hätte sein können.« Die *Flex* ist die Bibel aller Muskelprotze. Sie zeigt, wie die Idole aussehen, sie gibt Trainingstipps und Ernährungsratschläge, und im Anzeigenteil stehen reichlich Informationen, mit welchen Mitteln Nachwuchsathleten pharmazeutisch nachhelfen können.

Als der Erfolgsathlet kurze Zeit später sein eigenes Kraftstudio aufgeben muss, weil er die Kosten für dringend notwendig gewordene Renovierungsarbeiten nicht aufbringen will, grämt ihn dies nicht sonderlich. Der Vierundzwanzigjährige hat eine attraktive Alternative: Busek bietet ihm an, als Studioleiter und Trainer in seinem Münchner Leistungszentrum zu wirken.

In seiner Heimat hatte Münzer durch seine sportlichen Erfolge lokale Anerkennung erworben. Die enormen Muskeln hatten den Bauernsohn in eine neue Dimension katapultiert. München, die Hauptstadt des deutschen Bodybuildings, sollte das Sprungbrett für eine internationale Karriere werden.

Mit dem Umzug nach Bayern verbindet Münzer obendrein eine ideale Wertsteigerung: Durch den Schritt in die weite Welt ist er seinem Idol Arnold Schwarzenegger wieder ein Stück näher gekommen.

Schwarzenegger, der wie Münzer aus dem Raum Graz stammt, gilt der Bodybuilding-Gemeinde als eine Art Gott – nicht nur, weil er zu seiner aktiven Zeit die größten und schönsten Muskeln auf der Bühne zeigte. Der Österreicher, der in seiner zweiten Karriere als »Terminator« Filmgeschichte schrieb, wird verehrt, weil er es als Sohn eines Polizisten zum Schauspieler mit Weltruhm, zum Millionär und zum Mitglied der amerikanischen Highsociety gebracht hat. Ein Aufstieg mit Muskelkraft, davon träumen viele. Auch Münzer verehrt »Arnold, den Supermann«. Er eifert ihm nach, doch er weiß auch, dass es schier unmöglich ist, sein Idol jemals zu erreichen. »So was wie der, das schafft keiner mehr«, sagt er.

Arnold Schwarzenegger, in der Muskelgemeinde ein »Gott«. Hier posiert der »österreichische Terminator« vor einem Poster, das ihn als Bodybuilder zeigt.

Wie 24 Jahre zuvor sein Vorbild, bekommt Münzer 1989 eine Anstellung bei Busek. Er weiß, was das bedeutet: Busek macht Stars. Der ehemalige Kraftdreikämpfer führt die Bodybuilder ähnlich wie Ron Hubbard die Scientologen. Offiziell ist er nur Präsident des Deutschen Bodybuilding- und Fitness-Verbandes sowie Vizepräsident der Internationalen Föderation der Bodybuilder (IFBB). In Wahrheit aber läuft ohne Busek nichts in Europa.

Busek formuliert gern fromme Worte. »Bodybuilding ist der Inbegriff von Gesunderhaltung und Körperaufbau auf natürliche Weise«, doziert der Mann. Kritische Medien, die Bedenken über den Sinn hemmungsloser Muskelmast äußern, bürstet er ab. »Der Sensationsjournalismus«, schleudert er den Kritikern in seiner Zeitung entgegen, »wuchert überall wie ein Krebsgeschwür.«

Busek verbreitet gern den Eindruck, er suche ständig nach Lösungen für das unselige Dopingproblem. Doch in seinem Münchner Leistungszentrum, so berichten Insider, sollen sich die Bodybuilder noch in der Umkleidekabine die Spritzen ins Fleisch stechen. Busek dementierte dies, wann immer er darauf angesprochen wurde. Er habe sein Personal sogar angewiesen, ihm »bei dem geringsten Verdachtsmoment über Dopinghandlungen sofort Bericht zu erstatten«. Im Editorial der *Sportrevue*, neben der *Flex* das wichtigste Bodybuilding-Fachmagazin, schrieb der nach gesellschaftlicher Anerkennung seiner Sportart strebende Muskelfreund als Chefredakteur bis vor wenigen Jahren immer wieder gegen die Anabolikaseuche an. Gleichzeitig ließ er zu, dass Dopingratgeber ihre Anzeigen schalten konnten.

Münzer lebt zunächst gut unter der geistigen Führung Buseks. 1989 wird er in Karlsruhe gefeierter Sieger bei den World Games, einer Art Mini-Olympia für exotische Sportarten. Mit diesem Erfolg findet er zugleich Einlass in den höchsten Zirkel der Muskelmänner: Er bekommt eine Profilizenz der Internationalen Föderation der Bodybuilder. Und gleichzeitig steigt das Ansehen unter den jungen Leuten, die wie er versuchen, ihrem Leben durch den Aufbau kräftiger Muskelfasern eine Bestimmung zu geben.

Für die Wettkämpfe mit den Besten der Welt trainiert Münzer jetzt sechs bis acht Stunden am Tag, und das sechs Tage in der Woche. Was er nicht ahnt: Er ist längst Teil eines gnadenlosen Systems, das den Körper zu einer Geisel fremdbestimmter Ästhetikregeln macht.

In der so genannten Aufbauphase vor einem wichtigen Titelkampf muss Münzer seine Körpermasse aufblähen – so weit es eben geht. Denn ähnlich wie der Steinmetz einen hinreichend großen Block für eine Skulptur benötigt, braucht der Bodybuilder möglichst viel Muskelmasse, die er anschließend bearbeiten kann. In dieser Phase isst Münzer wie drei Normalbürger: bis zu 8000 Kilokalorien am Tag – das sind etwa sechs Pizzen. Am Ende wiegt er rund 115 Kilogramm.

In der darauf folgenden Phase, die etwa drei Monate vor dem Wettkampf beginnt, muss Münzer bei unverändert hohem Trainingsaufwand strenge Diät halten. Er verzehrt nur noch Fisch und Putenfleisch, dazu Reis, manchmal noch ein bisschen Obst und Salat. Auf Fett muss er in dieser Phase ganz verzichten.

Für seine Bühnenshow muss er den Anteil des Körperfetts, der bei gut trainierten Fußballern zwischen 14 und 18 Prozent liegt, auf bis zu drei bis vier Prozent drücken. Denn auf der Bühne soll jeder einzelne Muskelstrang so profiliert zu sehen sein wie in einem Anatomielehrbuch.

In der Diätphase reduziert Münzer sein Körpergewicht wieder um rund zehn Prozent, dafür sind seine Muskeln jetzt glasklar herausgebildet. Um »brutal hart auszusehen«, wie seine Konkurrenten sagen, muss Münzer in den letzten zehn Tagen vor dem Wettkampf noch versuchen, Gewebsflüssigkeit aus seinem Körper zu eliminieren. Das gelingt, indem er nur noch einen halben Liter Wasser am Tag trinkt. Messungen ergeben, dass nur eine acht Millimeter dünne Hautschicht Münzers Muskeln bedeckt. »Wir haben nie zuvor jemanden gesehen, der so definiert war«, schwärmt das Fachblatt *Muscle & Fitness*.

Der Koloss arbeitet gewissenhaft an kleinsten Veränderungen seines Muskelapparates: Jede Trainingseinheit, jede Nahrungsaufnahme, jedes Medikament hält er akribisch im Computer fest. Und wenn er sich im Spiegel betrachtet, packt ihn bisweilen der Stolz: »Das ist, als wenn du einen Ferrari hast. Den hat auch nicht jeder.« Doch die Kampfrichter bemängeln stets die etwas hölzern wirkende Präsentation auf der Bühne, und sie werten ihn herunter. Es ist so, als wenn ein Sänger eine glasklare Stimme besitzt, wegen seiner Performance auf der Bühne aber das Publikum langweilt.

Münzer wird abhängig von seinem Sport. Es sind nicht nur die schöne Freundin, der blaue Toyota MR2 und die Aufsteigerwohnung in München-Neuhausen, die der Junge aus dem Packer Alpenland als Lohn für seine Eisenstemmerei ansieht. »Bodybuilding war für den Andi wie eine Trance«, sagt seine Schwester.

Als Teil des Busek-Reiches funktioniert Münzer störungsfrei. In München kennt er nur Freunde, die sich wie er dem Rausch der Muskeln unterworfen haben. Er trinkt kein Bier und keinen Wein. Selbst wenn er mal ausgeht, verlangt er nur Tee, den er mit Süßstoff verfeinert. Die Gespräche drehen sich um Training, Muskeln, Wettkämpfe.

Dabei missbraucht Münzer seine Kraft – anders als viele Kollegen – nie für Brunftgehabe. Wenn er in Diskos geht, versteckt er seine mächtigen Bizepse unter schlabbrigen Sweatshirts. Er lernt die Trainingskollegin Elisabeth Schwarz näher kennen, zieht mit der ebenfalls erfolgreichen Athletin zusammen und macht einen Antrag nach Bodybuilder-Manier: Er will »die Sissy« heiraten, sobald sie Weltmeisterin geworden ist. Dreimal hintereinander hatte sie jeweils den zweiten WM-Platz erreicht.

Mit seinen mächtigen Muskelbergen ist Andreas Münzer in Buseks Leistungszentrum bald Vorbild für die gesamte Kundschaft. Er tritt ruhig und bescheiden auf, erscheint fast unnahbar. Nur wer sich selbst auf die Schulterbreite eines Sylvester Stallone vorgearbeitet hat, wagt es, ihn um Ratschläge zu bitten.

Auch Ralf, ein 19 Jahre alter Schüler aus München, meldet sich irgendwann in Buseks Kraftstudio an. »Wie jeder Inder einmal im Ganges baden muss«, sagt er sich, »so muss jeder echte Bodybuilder einmal dort trainieren.« Er registriert zunächst auch gute Fortschritte, doch irgendwann lahmt sein Muskelaufbau. Er ahnt, dass es ein Geheimnis gibt, wie man zügiger vorwärtskommt.

In einer ruhigen Minute spricht Ralf seinen Trainer an. An der Theke hinter der Eingangstür zum Leistungszentrum zieht ihn Münzer dann ins Vertrauen. Er müsse Mineralien, Nahrungszusätze, besonders aber Anabolika nach einem bestimmten Schema einnehmen.

Ralf befolgt Münzers Vorschläge. Er wirft sich anabole Steroide in einer Menge ein, die ausreicht, einen Rinderstall schlachtreif zu mästen. Der Gymnasiast registriert unverzüglich so gewaltige Muskelzuwächse, dass er bereit ist, alle Nebenwirkungen zu erdulden.

Besonders unterhalb der Gürtellinie hat die Einnahme der männlichen Sexualhormone sofort Folgen bei ihm. Um sich abzureagieren, schläft Ralf täglich zwei- bis dreimal mit seiner Freundin, bis die verstört die Flucht ergreift. Um seine »unerträglich gewordene Morgenlatte zu bekämpfen«, wie er sagt, legt er täglich noch vor seinem Weg

Die Muskelberge des Andreas Münzer –
Vorbild für die gesamte Kundschaft.

zur Schule Hand an sich. Auch wird Ralf zunehmend aggressiv. Nach Disko-Schlägereien steht er zweimal vor dem Jugendrichter.

Das stört ihn wenig: Schließlich legt er innerhalb von nur drei Monaten 20 Kilogramm Muskelmasse zu und reüssiert bei regionalen Wettkämpfen. Aus dem Münzer-Fan ist innerhalb kurzer Zeit ein Mini-Münzer geworden.

Im Studio, erzählt Ralf, wird über Anabolika nicht »viel Gequatsche gemacht«. Jeder weiß, was in der Szene abgeht, doch keiner spricht darüber. Die Kraftsportler lernen von Münzer, wie man sich in der Öffentlichkeit zu verhalten hat: das Zeug schlucken und Mund halten. Denn Verschwiegenheit gehört zum Geschäft. Busek hat seinen Angestellten längst zum Vorzeige-Saubermann aufgebaut. Regelmäßig prangt der Andi, »einer der größten Botschafter unseres Sports«, wie es dort heißt, mit einer unbekannten Schönheit im Arm auf dem Titelbild der *Sportrevue*. Aus der Fachzeitschrift erfährt die Branche ständig die letzten Details aus dem Trainingsalltag von »Mysterious Münzer Monster«.

Busek fördert vor allem ein Fernsehporträt, in dem der Österreicher die Zuschauer glauben machen will, sein Äußeres komme von Pute und Salat allein. »Ich esse nur, was ich nehmen darf«, sagt er treuherzig in die Kamera, »und Anabolika sind nicht erlaubt.«

Die Bodybuilder-Branche, deren heimlicher Trainingsspruch lautet: »Wer nicht betrügt, strengt sich nicht an«, registriert belustigt, mit welcher Chuzpe die Münchner PR-Experten der Öffentlichkeit das Bild der reinen Muskeln vorgaukeln. Wenn Münzers Gesicht besonders aufgeschwemmt ist, wissen sie genau, dass »der Andi« gerade in der Aufbauphase steckt und besonders starke, wassereinlagernde Anabolika nimmt. Münzers langes Kinn, die schnabelartige Nase, die an Mr. Spock aus dem Raumschiff Enterprise erinnernden Spitzohren beweisen ihnen, dass er Konsument von Wachstumshormonen ist.

Doch anders als viele Muskelsüchtige, die in ihrem Rausch alles einwerfen, was sie gerade bekommen können, gilt der stille Kraftmensch unter seinen Trainingskameraden als »ungeheuer kenntnisreich und nicht experimentierfreudig«. Er schluckt und spritzt nur das, was er auch kennt. Deshalb verzichtet Münzer etwa auf den »Öl-Arm«, wie Experten die monströsen Bizepse einiger Bodybuilder nennen, die durch Spritzkuren mit Sesamöl aufgebaut werden. Auch Silikonimplantate in Waden oder Brust lehnt er ab.

Doch so tablettenfeindlich, wie sich Münzer gern hinstellt, ist er keineswegs. Durch Zufall erfährt ein Kollege, was Münzer tatsächlich in sich hineinpumpt, um seinen Platz als bester deutschsprachiger Bodybuilder zu behaupten. In der Aufbauphase spritzt Münzer jeden Tag zwei Ampullen Testosterondepots, also ein Sexualhormon. Die erste Nadel setzt er sich zur besseren Wirksamkeit bereits 30 Minuten vor dem Frühstück. Dazu schluckt er das Steroid Halotestin und weitere Anabolika in Dosierungen, mit denen ein muskelschwacher Patient zehn Jahre behandelt werden könnte.

Dazu kombiniert er nach einem eigens ausgeklügelten und komplizierten Stundenplan die anabolen Steroide Masteron und Parabolan. Die Muskeln werden dadurch prall gefüllt wie Luftballons.

Zusätzlich spritzt sich Münzer das Wachstumshormon STH, zwischen vier und 24 Internationale Einheiten am Tag. Normalerweise behandeln Ärzte zwergwüchsige Kinder mit STH. Die Substanz aus dem Genlabor stellt im Körper einen Zustand her, als arbeite die Hirnanhangdrüse ständig im Akkord. Der Stoffwechsel und damit das Muskelwachstum werden so rapide beschleunigt. Mit Münzers Dosis aber können Monster herangezüchtet werden.

Um die Wirkung des STH zu verstärken und lästigen Nebenwirkungen vorzubeugen, setzt sich Münzer zudem ein Insulindepot. Künstliche Schilddrüsenhormone sollen darüber hinaus den Stoffwechsel auf Trab bringen, um die Nahrung besser umsetzen zu können.

Wie die meisten Spitzen-Bodybuilder greift Münzer mit vollen Händen in den Apothekenschrank. Morgens sollen fünf Aspirin das Blut verdünnen und die Stimmungslage verbessern. Die Aufputschmittel Ephedrin, AN 1 und Captagon, kurz vor dem Training eingenommen, erhöhen die Galligkeit an den Kraftgeräten und lassen Anstrengungsschmerzen besser verkraften. Eine Woche vor dem Wettkampf beginnt Münzer mit der Einnahme des toxischen Alactone. Diese Tabletten entziehen, ebenso wie später Lasix, dem Körper Wasser. Die Muskeln werden dadurch hart wie Beton.

Ähnlich wie Prostituierte, die aus der Provinz kommen und in der Stadt arbeiten, führt Andreas Münzer längst ein Doppelleben. Wenn er auf Besuch nach Hause fährt, erscheint er so rein wie die Almwiesen. »Wenn wir Schweinshaxe gegessen haben«, erzählt seine Schwester, »hat er sich eigens etwas anderes gekocht« – meist Pute mit Reis. Sein Vater Kilian ist noch lange nach Münzers Tod überzeugt, dass sein Sohn nie zu Anabolika gegriffen hat: »Das hätte ich wissen müssen.«

Tatsächlich scheint es, als habe sich Andreas stets in die steirische Idylle zurückgesehnt. Zu Hause spielt er mit seinen beiden Neffen. Noch im letzten Sommer vor seinem Tod hilft er mit seinen kräftigen Armen bei der Heuernte. Nie prahlt er mit seinen Muskeln, für die alten Freunde, die seine neue Heimat München mit »da draußen« gleichsetzen, bleibt er einfach »der Andi«.

In München aber, wo er der Star der Szene ist, erzählt er nie von seiner Heimat. Seine Bekannten wissen nur, dass er »irgendwo aus der Nähe von Graz« stammt. München bedeutet für Münzer Arbeit, und dort steckt er bald in einem Teufelskreis: Um oben zu bleiben, braucht er die Drogen. Mit jeder Tablette wird sein Körper aber auch unempfindlicher gegen die chemische Stimulation. Immer höhere Dosen sind notwendig. Münzer bekommt Beschaffungsprobleme.

»Der Andi hatte nie Kohle«, erinnert sich ein Dealer, der Münzer einige Zeit versorgte. Eine Spritze Parabolan kostet damals umgerechnet 12,50 Euro, eine Injektion STH 25 Euro, 30 Anavar-Tabletten 15 Euro, eine Schachtel des Schilddrüsenhormons 30 Euro.

Zu dem Geld für die illegalen Drogen summieren sich für Münzer die Beträge für Ernährungszusätze: zehn Tabletten mit Aminosäuren pro Mahlzeit, 30 bis 100 Milligramm Kreatin am Tag – dazu Vitamine, Magnesium, Kalium, Eiweißdrinks. Zusammen, so errechnet der Dealer, kostete Münzers Stoffplan rund 5000 Euro im Monat.

Um genügend Geld zu beschaffen, beginnen die meisten Bodybuilder selbst zu dealen. Münzer ist indes nicht der gerissene Geschäftsmann, der heimlich die heiße Ware unter dem Ladentisch verkauft. Er ist deshalb gezwungen, das ganze Jahr in Form zu bleiben. Denn nur wenn die Muskeln prall gefüllt im Scheinwerferlicht glänzen, kann er bei Gastauftritten oder in Diskos 1300 Euro Gage fordern. Münzer ist ständig unterwegs, er bringt es auf rund 40 Auftritte im Jahr. Damit ist zumindest der Grundstock für seinen aufwendigen Lebensunterhalt verdient. Meist fährt ihn sein Freund Michael, der wegen seines normalen Jobs in einem Bestattungsunternehmen »Grufti« genannt wird, zu den Veranstaltungen.

Münzer ist blond, stark, erfolgreich. Doch wenn er im künstlichen Nebel zu Disko-Klängen seinen Körper aufpumpt, bleibt sein Gesicht stets seltsam ernst. Er gewöhnt sich nicht daran, den Riefenstahlschen Heros zu mimen. Irgendwie bleibt er selbst im Scheinwerferlicht der Junge aus den Bergen von Österreich.

Was noch schlimmer ist: Münzer lässt seinem Körper keine Zeit mehr zur Regeneration. Der gequälte Leib beginnt sich gegen Leistungsdruck und Medikamentenmissbrauch zu wehren. Gegenüber Freunden klagt er schon mal über Magenschmerzen – aber nie laut oder nach Mitleid heischend. Still lässt er mehrere Magen-Rollkuren über sich ergehen, versucht die angegriffene Magenschleimhaut medikamentös zu stärken.

Und dann fliegt er zusammen mit seiner Freundin Sissy Schwarz und einer kleinen Anhängerschar nach Columbus, Ohio. Dort finden jährlich die »Arnold Classics« statt: Nach der Wahl zum »Mr. Olympia« ist diese Gala eine der bedeutendsten Bodybuilding-Veranstaltungen der Welt. Für Münzer ist sie sogar wichtiger als alles andere, schließlich fungiert sein Idol Schwarzenegger als Veranstalter.

Doch diesmal läuft es nicht so wie sonst. Münzer wirkt auf Freunde noch ernster als gewöhnlich, »ein bisserl gedrückt«. Kaum einmal kommt ein Lachen über seine Lippen. Über seinen sechsten Platz kann er sich auch nicht recht freuen. »Mensch, lach doch, du bist der

Gemästete Jugend – ahnungsloses Dopen im Freizeitsport **KAPITEL 6**

## Münzers Spezialitätencocktail

**Zum Aufputschen:** Ephedrin, AN 1, Captagon
**Zur Körperregulation:** Aspirin, Valium
**Zum Muskelaufbau:** Clenbuterol

**Zusätzlich in der Wettkampfvorbereitung:**

täglich: **Anabolika zum Muskelaufbau:**
2 Injektionen Testoviron-Depot à 250 mg
1 Injektion Parabolan
30 Tabletten Halotestin
bis zu 30 Tabletten Metandienon (»Thais«)
**Wachstumshormone zum Muskelaufbau:** 16 IE* STH

**Zur Körperregulation:** 20 IE* Insulin, Schilddrüsenhormon nach Bedarf

täglich: **Anabolika zum Muskelaufbau:**
3 Injektionen Masteron
2 Injektionen Parabolan
30 Tabletten Halotestin
50 Tabletten Stromba
2 Injektionen Stromba
**Wachstumshormone zum Muskelaufbau:** 24 IE* STH

**Zur Körperregulation:** Insulin, Schilddrüsenhormon nach Bedarf

\* Internationale Einheiten

täglich: **Anabolika zum Muskelaufbau:**
je 2 Injektionen Masteron und Stromba, 40 Tabletten Halotestin
80 Tabletten Stromba/»Thais«
**Wachstumshormone zum Muskelaufbau:** 24 IE* STH

**Zur Körperregulation:** Insulin, Schilddrüsenhormon nach Bedarf
**Zum Muskelaufbau:** IGF
**Zur Wasserreduzierung im Muskel:** wenige Tage vorher Aldactone und Lasix

## Wettkampf

WOCHEN VOR DEM WETTKAMPF: 10, 9, 8, 7, 6, 5, 4, 3, 2, 1

Quelle: Der Spiegel

beste Weiße hinter fünf Negern«, versucht ihn Funktionär Janner aufzumuntern. Anschließend fliegt Münzer zu Fotoaufnahmen nach Los Angeles und nimmt dort noch an einem Profiwettkampf teil. Am darauf folgenden Dienstag ist er wieder in München. Als er kurz in Buseks Studio vorbeischaut, wirkt er schon ein bisschen fahl im Gesicht, seine Freunde führen das auf den Flugstress zurück. Er ruft bei seinen Eltern in Österreich an, erreicht aber nur seinen sechsjährigen Neffen Markus. Er meldet sich für einen Besuch über Ostern an. Es ist sein letztes Telefongespräch mit der Heimat.

Am nächsten Morgen klagt Münzer über heftige Magenschmerzen, sein Bauch ist aufgebläht und hart. Ein herbeigerufener Arzt kann ihm nicht helfen, Sissy Schwarz bringt ihn ins nahe gelegene Rotkreuz-Krankenhaus.

Die anabolen Steroide erweisen sich jetzt für den Körper als chemische Bombe. Die künstlichen Abkömmlinge des Sexualhormons Testosteron docken sich an Rezeptoren der Muskeln an. Dieser Komplex befiehlt die Produktion von bestimmten Proteinen. Die Muskeln werden dick, regelrecht aufgetrieben. Die hohen Dosen haben aber gleichzeitig nach und nach die Leber geschädigt. Der Cholesterinspiegel steigt, das Blut verfettet, Gefäße drohen zu platzen.

Bei Münzer diagnostizieren die Doktoren eine Blutung im Bauchraum, die sie nicht stillen können. Der Muskelmann wird in ein Universitätsklinikum verlegt, in dem er gegen 19 Uhr operiert wird. Zwar gelingt es, die Blutung zu stillen: Aber es ist zu spät.

Münzer gerät in einen Schockzustand, ähnlich wie bei der gedopten Mainzer Siebenkämpferin Birgit Dressel, die sich neun Jahre zuvor ebenfalls nicht mehr aus diesem Dilemma erholen konnte und starb. Der Körper, der wenige Tage zuvor in Ohio noch so gesund gewirkt hatte, ist nicht mehr bereit zu kämpfen. Münzer stirbt in der Nacht zum Donnerstag an »multifunktionalem Organversagen«, wie die offizielle Todesursache lautet. Die Rechtsmediziner stellen zunächst fest, dass eine langzeitige Vergiftung, besonders hervorgerufen durch Anabolika, zu einem Organverfall geführt hat. Die Leber ist nahezu vollständig aufgelöst. Hinzu kommt eine akute Vergiftung, vermutlich die Folge eines Aufputschmittels. Zudem registrieren sie eine »gewaltige Elektrolyt-Entgleisung« und einen extrem hohen Kaliumgehalt im Körper.

Andreas Münzer wird zu einem Fall für Juristen und Mediziner. Der Münchner Oberstaatsanwalt Manfred Wick ermittelt wegen des Verstoßes gegen das Arzneimittelgesetz. Die Rechtsmediziner haben im toten Körper Spuren von Medikamenten festgestellt, für die keine Rezepte existieren. In mehreren Münchner Fitnessstudios, in denen Stoffdealer vermutet werden, führt die Kripo Razzien durch.

Die Pathologen versuchen weiter, die gefundenen Wirkstoffe zu entschlüsseln. Über 20 verschiedene Substanzen haben sie im Blut gefunden, »einmal quer durch die Rote Liste«, wie ein Oberarzt sagt. Es dauert Wochen, bis der endgültige Obduktionsbericht vorliegt. Denn einige der gefundenen Rückstände sind den Medizinern unbekannt. Welcher der vielen toxisch wirkenden Stoffe den Tod letztlich herbeigeführt hat, bleibt somit vorerst ungeklärt.

Während die Wissenschaftler ihre Arbeit tun, können andere den schnellen Tod des Muskelmannes nicht begreifen. Der Schmerz von Maria Klement kann in Sekundenbruchteilen in Wut umschwenken, wenn sie sich an so manche Reaktionen auf den Tod ihres Bruders erinnert. Zeitungen sind für sie nur noch »Schmuddelbladel«. Auch vom Fernsehen hält sie nichts mehr, seit dort diese Meldungen liefen, die das Leben »von Andreas in den Schmutz gezogen haben«.

»Es war wohl seine Zeit, Gott zu treffen«, kommentierte der Kraftsportler Aaron Baker lakonisch den Tod seines Kollegen – so als gehöre der Tod zum Berufsrisiko eines jeden Bodybuilders. Busek schwingt sich wie gewohnt zum Moralisten auf. Er lädt zu einer Totenmesse nach München-Sendling ein, hält Münzers Kumpel zum Schweigen an und geißelt öffentlich den »widerlichen Sensationsstil« der Medien, die über den Tod seines Angestellten berichten.

Maria Klement sieht sich getröstet von Andreas' Freunden, die bis zuletzt an den Mythos des Andi M. geglaubt haben. Mit Sissy Schwarz spricht sie am Telefon. Als Bodybuilderin muss die Verlobte Andreas' Geheimnis kennen, doch sie schweigt beharrlich, verbietet sogar die Veröffentlichung gemeinsamer Fotos.

Und Grufti, der Andreas Münzer zu so vielen Auftritten chauffiert hatte, ließ es sich nicht nehmen, seinen besten Kumpel auch auf der letzten Fahrt zu begleiten. Er überführte den toten Bodybuilder von München nach Pack.

## Das einsame Sterben – Kraftsportler bezahlen den Muskelaufbau mit ihrem Leben

Der Fall Münzer war das erste Signal in Deutschland, wie schlimm es um die Bodybuildingszene bestellt ist. Und dennoch versuchen viele Funktionäre bis heute, das Problem der Muskeldrogen zu verschleiern. Der Düsseldorfer Sportmediziner und heutige Ehrenpräsident des Bodybuilding-Verbands Friedhelm Beuker verstieg sich gar zu einer besonders abstrusen These. Nachdem der *Spiegel* Münzers Medikamenten-Mix detailliert beschrieben hatte, meinte Beuker: »Der *Spiegel* wirbt für Doping.«

Rechtsmediziner der Uni München ließen sich von der Verschleierungstaktik der Muskelfunktionäre nicht beeindrucken. Gewissenhaft suchten Pathologen und Toxikologen weiter nach der genauen Ursache für Münzers Tod. Und während sie noch dessen Gewebeproben unter dem Mikroskop hatten, landeten drei weitere Bodybuilder auf dem Autopsietisch – allesamt junge und scheinbar vor Gesundheit strotzende Athleten.

Sensibilisiert durch den Fall Münzer unterzogen die Wissenschaftler die drei Neuzugänge einer intensiven Prüfung und kamen dabei zu wichtigen Ergebnissen. Schon lange war der Zusammenhang zwischen der Einnahme von Anabolika und Schäden an Herz und Leber diskutiert worden. Die eigenartige Häufung von Dopingtoten in München lieferte nun neue Belege für die lebensbedrohende Wirkung der chemischen Starkmacher. »Wir haben gesehen«, sagt der Münchner

Toxikologe Hans Sachs, »welches gefährliche Spiel der Bodybuilder mit seinem Körper betreibt.«

Bei Münzer war laut Obduktionsbericht der Grund des Todes eindeutig: »Anabole Steroide sind als Ursache für Lebertumore anzusehen.« Die künstlichen Sexualhormone hatten zahlreiche tischtennisballgroße Geschwulste in der Leber hervorgerufen, sogenannte Adenome, wie sie auch von anderen Anabolikatoten bekannt sind. Als die Tumore das Gewebe gänzlich zerstört hatten, kapitulierten weitere innere Organe.

Adenome sind in der Regel gutartige Geschwulste, die unter anderem aus den Leberzellen entstehen, aber keine Metastasen bilden. Sie können aber trotzdem irgendwann gefährlich werden, wenn sie bei schnellem Wachstum andere Organe oder Blutgefäße schädigen. Aus demselben Grund können zwei weitere bekannte Krebsarten Anabolikakonsumenten in den Tod führen: fokale noduläre Hyperplasien, das sind Wucherungen aus Leberzellen, und Hämangiome, das sind Tumore aus Blutgefäßen. Amerikanische Forscher haben festgestellt, dass dreieinhalb bis sechseinhalb Jahre nach der ersten Einnahme von anabolen Steroiden bei den Betroffenen Tumorwucherungen an der Leber zu sehen sind. Durchschnittlich. Aber so manchen erwischt es auch schon ein Jahr nach dem Schlucken der ersten Pille. (www.zsdebatten.com/dopingfrankeludwig)

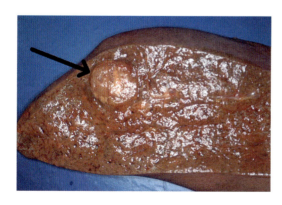

Die kranke Leber eines toten Bodybuilders,

Ähnliche Defekte wie bei Münzer fanden die Münchner Rechtsmediziner auch bei drei anderen toten Muskelmännern. Ein einunddreißigjähriger Bodybuilder aus München hatte sich mithilfe anaboler Steroide eine Oberarmdicke von 46 Zentimetern antrainiert. Bei der Sektion ermittelten die Pathologen Spuren von Deca Durabolin und Testosteronester. Neben den Anabolika hatte der Kraftsportler das Kälbermastmittel Clenbuterol geschluckt. Infolgedessen war das Herz auf abnorme 536 Gramm (normal sind rund 300 Gramm) vergrößert, in der Leber fanden sich Geschwulste, der Stoffwechsel war gestört.

Ein zweiunddreißigjähriger Athlet aus Bayern starb wie vom Schlag getroffen. Durch sein Tagebuch erfuhren die Rechtsmediziner die Ursachen für die Veränderungen an Herz und Leber. Der Verstorbene hatte versucht, seine Muskeln zu erhalten, obwohl er das Training reduzieren musste. In den 20 Tagen vor seinem Tod hatte der Bodybuilder insgesamt 114 Tabletten Dianabol eingenommen, dazu 200 Milligramm Stanozolol gespritzt. Irgendwann gab das Herz auf. »Todesursache: frischer Verschluss der linken Herzkranzarterie durch einen Thrombus«, heißt es im Obduktionsbericht.

An einem Herzversagen starb schließlich auch ein dreiunddreißigjähriger Bodybuilding-Trainer beim Basketballspiel. Das bereits vorgeschädigte Herz war stark verquollen. Die Freundin gab an, dass sich der Kraftsportler mit Anabolika fit gemacht hätte.

Im Normalfall beseitigt die Leber wie eine Entgiftungsanlage viele solcher toxischen Einflüsse. Wenn aber Hormone in extrem hoher Dosierung wie beim Bodybuilding eingenommen oder wie im DDR-Sport über viele Jahre verabreicht werden, nimmt das Organ selbst Schaden.

Renate Baumgarten, Chefärztin am Berliner Krankenhaus Prenzlauer Berg, berichtet von ähnlichen Lebererkrankungen durch Arzneimittelmissbrauch in der DDR: Von sechs beschriebenen Fällen hatten fünf Patienten Oral-Turinabol eingenommen, das Hausmittel der ostdeutschen Doper.

Schon zu DDR-Zeiten hatte sich der ansonsten nicht zimperliche Sportmediziner Manfred Höppner über Leberschäden gedopter Sportler Sorgen gemacht – besonders, wenn Athleten auch noch »saufen« oder Sportlerinnen »die Pille« nahmen, wie er dem Ministerium für Staatssicherheit als Inoffizieller Mitarbeiter mitteilte. Zwei »Körperkulturisten« (DDR-Sprachgebrauch für Bodybuilder), so berichtete ein Verbandsarzt der Stasi, hätten sich sogar »zu Tode gepillt«. Trotzdem wurden selbst vorbelastete Athleten angehalten, zur Ehre der Republik weiter zu schlucken. (www.zsdebatten.com/dopingfrankeludwig)

Ist die Leber durch anabole Steroide erst einmal angegriffen, arbeitet sie nur noch unzulänglich. Sie gibt keine fettbindenden Eiweiße mehr ins Blut ab. Der Cholesterinspiegel steigt an, das Blut verfettet. Gefäße drohen zu platzen. Es kommt zu Arteriosklerosen oder gar zu Herzinfarkten und Schlaganfällen.

Eine Vielzahl von Studien aus der ganzen Welt beschreibt zudem direkte Nebenwirkungen der Anabolika aufs Herz: Die Steroide können die gesamte Architektur des Herzens zerstören, bisweilen verstopfen Blutgerinnsel auch Zu- und Abläufe des Herzens. (www.zsdebatten.com/dopingfrankeludwig)

Auch in deutschen Kliniken gibt es zahlreiche Fälle, in denen es Ärzte mit kraftstrotzenden Kerlen zu tun haben, die mit Herz-, Leber- oder Nierenversagen ins Koma fallen. In der Fachliteratur hat der Bonner Rechtsmediziner Burkhard Madea zwei solcher Fälle von Anabolika-Toten beschrieben. (www.zsdebatten.com/dopingfrankeludwig)

Äußerlich war der vierzigjährige Mann ein kerniger Typ. Athletisch, muskulös. Seit acht Jahren hatte sich der Bodybuilder, der zwischenzeitlich als Profi auf der Bühne gestanden hatte, mit Anabolika gemästet. Doch dann kippte der Mann aus den Latschen. Die Ärzte, die nichts von den Einnahmen der Anabolika wussten, stellten einen Infarkt des Hirnstammes fest. Die linke Herzkammer hatte bereits kleine Infarkte erlitten, die Herzkranzgefäße waren sehr verengt. Die Blutzufuhr zum Gehirn des Athleten war nur noch dürftig. Der Mann hatte deshalb Schwindelanfälle und Sprachstörungen. Das Fitnessstudio, in dem er gearbeitet hatte, konnte ihn nicht mehr gebrauchen und kündigte ihm. Irgendwann hielt der Mann den Zustand körperlichen Verfalls nicht mehr aus. Er setzte sich eine Pistole der tschechischen Marke CZ, Kaliber 7.65, an die rechte Schläfe und drückte ab.

Auch ein Achtundzwanzigjähriger auf dem Seziertisch Madeas war ein Baum von einem Kerl. Er wog 136 Kilogramm bei einer Körpergröße von 1,78 Meter. Er hatte sich einen opulenten Bauch angegessen, aber er hatte auch enorme Muskeln. Ein Mensch, von dem jedermann glaubt, niemand könne ihm etwas anhaben.

Was kaum einer ahnte und was auch sein Arzt nicht wusste: Der Mann hatte seit 13 Jahren mehr oder weniger regelmäßig Anabolikapillen wie Dianabol oder Oral-Turinabol eingeworfen. Als deren Folge stieg sein Blutdruck auf 210/120, sein Fettstoffwechsel war schwer gestört. Der Schrank war ständig nervös, litt unter Erstickungsanfällen, er konnte nicht mehr im Liegen schlafen und schließlich wuchsen ihm Ödeme, die drei Kilo schwer waren – und dann war der Muskelprotz tot.

Madea fand eine schwere Arteriosklerose, die Verstopfung der Blutgefäße ist sehr ungewöhnlich für einen so jungen Menschen. In den Tod gebracht hat ihn aber sein Ochsenherz. Es war 800 Gramm schwer, schon schlimm vernarbt und irgendwann nicht mehr ausreichend durchblutet.

Die Herzerkrankungen sind eine bisher sehr unterschätzte Nebenwirkung von Anabolika, weil Steroidkonsumenten stark und attraktiv erscheinen und sich in ihren Köpfen ein Gefühl der körperlichen Unantastbarkeit eingenistet hat. So berichtet eine Medizinergruppe des Klinikums Darmstadt von einem zweiunddreißigjährigen Freizeit-Bodybuilder, dessen Herzkranzgefäße wegen seiner 15 Jahre langen Anabolikaeinnahme bereits arg in Mitleidenschaft gezogen waren. Auch die Hoden des Mannes waren durch die Steroide geschrumpft. Unter anderem hatte er das Mittel Metandienon genommen.

»Der Patient«, schreiben die Ärzte, sei »trotz eindringlicher Warnungen nicht von seinem Medikamentenmissbrauch abzubringen ge-

Gemästete Jugend – ahnungsloses Dopen im Freizeitsport KAPITEL 6

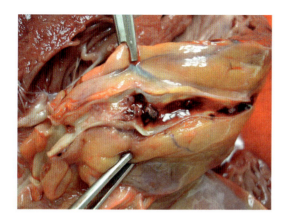

Das kranke Herz eines toten Bodybuilders.

wesen«. Schließlich stoppte eine Thrombose den Blutfluss im Herzen des wohl gebauten Mannes, er starb an einem Herzinfarkt. (www.zsdebatten.com/dopingfrankeludwig)

Wie verbreitet der körperliche Zerfall durch Anabolika in Deutschland bereits ist, zeigt eine Doktorarbeit aus dem Institut für Rechtsmedizin der Universität München. Luitpold Kistler wertete die Obduktionen von zehn Männern aus, die Anabolika eingenommen hatten und im Alter von 28 bis 45 Jahren gestorben waren. Alle hatten zum Teil erhebliche Veränderungen am Herzen, mit einer Ausnahme war überall die Leber krankhaft vergrößert, die Hälfte der Gestorbenen hatte verkleinerte Hoden – Kistlers Schlussfolgerung: Anabolika führen zu »weit reichenden Organschädigungen«.

Ein wichtiges Ergebnis seiner Studie ist zudem die Feststellung, dass Personen, die anabole Steroide verwenden, »dazu neigen, auch weitere Substanzen zu konsumieren (Opiate, Cannabinoide, Benzodiazepine) beziehungsweise nach Beendigung des Missbrauchs von Steroiden auf andere Substanzen im Sinne einer Suchtverlagerung umzusteigen«.

Es dürften deshalb in Deutschland viel mehr Menschen an ihrem Dopingkonsum gestorben sein, als bisher bekannt geworden ist. (www.zsdebatten.com/dopingfrankeludwig)

## Der Muskelrausch – Dopingpillen treiben in die Verzweiflung

So groß das Wissen um die Folgeschäden von Anabolika in der Fachwelt ist: Bisher gelang es interessierten Kräften wie Trainern, Funktionären, Studiobesitzern weitgehend, das Ausmaß der Folgen von Doping zu leugnen oder abzustreiten. Oder, wenn es wegen eindeutiger Beweise nichts mehr abzustreiten gibt, Doping als Phänomen einiger durchgeknallter Bodybuilder wie Münzer abzutun. Oder die Verantwortung für die Pillensucht einigen wenigen leistungsgeilen Trainern und Funktionären aus dem Spitzensport zuzuschieben.

Dabei ist die Einnahme leistungssteigernder Mittel längst im Alltag der Jugendkultur angekommen und verankert. Trotzdem wissen die meisten jugendlichen Konsumenten bis heute nur sehr wenig über die wirklichen Folgen der chemischen Muskelmast. Und wenn sie etwas ahnen, nehmen sie es in Kauf – so wie man auch die Nebenwirkungen von Kokain oder Ecstasy in Kauf nimmt. Auch bei Marios Diamantis war das so.

Marios Diamantis streicht mit seinen Händen über das blaue T-Shirt, das über seinem kräftigen Bauch spannt. Der junge Mann aus Garbsen bei Hannover bläst die Atemluft mit kurzen Pfiffen durch die Lippen. Er ist gerade einmal 25 Jahre alt, aber wenn er atmet, hört es sich an wie bei einem Achtzigjährigen. Pffft. Pffft. Pffft.

Marios Diamantis beugt sich nach vorn und schüttet eine Plastiktasche aus, die voll mit Medikamenten ist. Auf dem Glastisch liegen jetzt vier verschiedene Sprühfläschchen: Apsomol N, Salbu Novolizer, Berotec N, Foradil – es sind Mittel, die ihm helfen sollen, Luft zu bekommen. Dazu Tablettenschachteln Antidepressiva und Blutdrucksenker, viele sind bereits leer. »Geholfen hat dieses ganze Zeug auch nicht«, sagt der Mann mit den langen, kräftigen Locken.

Marios Diamantis hält sich selbst für ein körperliches Wrack. Er ist dick, schlapp und ohne Antrieb, kann nichts mehr mit seinem Leben anfangen. Das Schlimmste aber seien die Panikattacken, sagt er, das Gefühl, nicht mehr atmen zu können. Das Einatmen ginge zwar noch, doch dann »kommt es mir vor, als bleibe die Luft in meinem Körper stecken«. Deshalb prustet er laut, um »alles bewusst wieder rauszupressen«. Dabei macht es pffft, pffft, pffft.

Ein Leben sei dieser Zustand nicht mehr, sagt der gebürtige Grieche und kramt ein Foto hervor, das einen lachenden jungen Kerl in einem ärmellosen Hemd zeigt. Die kräftigen Arme sind weit auseinandergespreizt. »Das war ich vor vier Jahren«, sagt Diamantis. »Ich habe mich gefühlt wie Super-Mario.« Diskos, Mädchen, durchgemachte Nächte – es ist noch nicht lange her, da hat er alles mitgenommen, was Spaß versprach.

Marios ist einer dieser typischen Fälle junger Leute, die rein zufällig in den Kraftsport hineinrutschen, schnell irgendwelchen Idolen in den Kraftstudios nacheifern wollen und dann nicht mehr von der Droge loskommen. Denn warum sein Körper so schnell zerfallen ist und was ihn kaputt gemacht hat, glaubt Diamantis genau zu wissen: Es waren die Anabolika. Als Teenager hatte er angefangen, sein Krafttraining mit Pillen zu puschen. Bis eines Tages sein Körper streikte. Die Probleme fingen ganz harmlos an, zunächst unter der Gürtellinie. »Ich hatte Lust«, sagt Diamantis, »aber der Penis wollte einfach nicht mehr richtig.« Es kamen die Atemprobleme dazu, das Herz raste, der Frust steigerte sich – schließlich landete er in einer psychiatrischen Klinik.

Karrieren wie die von Marios Diamantis sind mittlerweile weit verbreitet in der Jugendszene. Es wird alles genommen, was der schwarze Markt hergibt. Und das Angebot ist fast grenzenlos geworden. Es gebe »Strukturen wie beim illegalen Drogenhandel«, stellt das Berliner Robert-Koch-Institut 2007 in einer Studie fest. Zudem sind über das Internet nahezu alle Starkmacher schnell, preiswert und anonym zu bekommen.

Und nicht nur dies: In einschlägigen Foren tauschen die Muskelfetischisten über das Netz auch alle wichtigen Informationen aus. Auf einer deutschen Seite für Kraftsportler heißt es etwa: »Die besten Kuren und Kombinationen – trage deine Kur hier hinein.« Und dann erzählt ein gewisser Nukem etwa seine letzte Kur, in der er über mehrere Wochen 500 Milligramm Sustanon, 152 mg »Para«, 200 mg »Deca«, 150 mg Winstrol und 180 mg Finaplix genommen habe. Mit beachtlichem Erfolg, wie er meint: »Habe acht Kilo zugelegt, ohne wie ein Schwamm auszusehen!!! Ist 'ne Klasse Kur für Qualitätsmuckies.«

Ein Jürgen verrät seine Kur vor den Deutschen Meisterschaften im Bodybuilding, nach der er in zwölf Wochen drei Kilo zugenommen, seinen Körperfettanteil aber um sechs Prozentpunkte reduziert habe. Ralf sagt, folgende Kur sei bei ihm »eingeschlagen wie eine Bombe: 400 ml Deca, max. 5 Tabs Dianabol, 100 g Eiweiß pro Tag«.

Wer beim Surfen im Netz diese Tipps liest und auf pralle Bizeps steht, muss schon ein scharfer Tablettenfeind sein, um nicht verführt zu werden.

Es gibt Studien, die besagen, dass vier von zehn Sportlern in Fitnessstudios chemisch aufrüsten. Der Lübecker Arzt Carsten Boos hatte 1998 Sportler in 24 Fitnessstudios Norddeutschlands befragt. 24 Prozent der Männer hatten angegeben, anabol wirkende Medikamente einzunehmen, und acht Prozent der Frauen. In einer neueren Studie 2005 in einem Oberklasse-Fitnessstudio in München gab über ein Drittel der Männer zu, Dopingmittel eingenommen zu haben oder einzunehmen, und immerhin noch 17,6 Prozent der Frauen.

Solche Studien können nur ein sehr diffuses Bild über den tatsächlichen Zustand geben. Denn wer gesteht schon gern – selbst in anonymen Befragungen –, seine tollen Bizeps künstlich aufgebläht zu haben? Es dürfte jedenfalls mehr Muskeltempel in Deutschland geben, in denen alle Mitglieder von der Dopingseuche infiziert sind, als Studios, in denen niemand etwas nimmt. Fachleute schätzten schon vor sechs Jahren, dass mindestens 500 000 Deutsche schlucken oder spritzen, um gut auszusehen, um Erfolg bei Frauen zu haben oder um sich erfolgreicher prügeln zu können. Die Ärztekammer von Nordrhein-Westfalen geht für Deutschland dagegen von 200 000 Freizeitdopern aus. Keiner weiß es ganz genau.

Die gesundheitlichen Folgen dieser Modewelle sind gravierend: Der Blutdruck steigt, Haare wachsen dort, wo sie vorher nicht waren, die Hoden schrumpfen, die Aggression verstärkt sich. Nach einer gewissen Zeit können Anabolikaschlucker in depressive Phasen fallen.

Obwohl die Anabolikasucht längst zu einem Massenphänomen geworden sei, gebe es noch keine »abgestimmten Präventionsstrategien«, klagt das Robert-Koch-Institut Anfang 2007 in einem Gesundheitsbericht an die Bundesregierung. Das ehemalige Bundesgesundheitsamt fordert deshalb dringend Abhilfe: »Das kritische Bewusstsein gegen leistungssteigernde Mittel« müsse »in allen Bereichen des täglichen Lebens geweckt« werden.

Auch bei Marios Diamantis fängt die Sucht wie bei vielen Teenagern der McDonald's-Generation ganz harmlos an. Eines Tages vor sechs Jahren findet er, er sei zu dick. Er geht ins Fitnessstudio, nutzt zunächst aber nur die Laufbänder und Steppgeräte. Er nimmt schnell ab, Kilo für Kilo, irgendwann sind es 20. Glücklich ist der junge Mann immer noch nicht. Nun fühlt er sich »wie ein Hänfling« und bewundert die Trainingskollegen, die immer cool drauf sind und so muskulös aussehen, irgendwie »übernatürlich«.

Er beginnt mit Krafttraining, und es dauert nicht lange, da nimmt ihn ein Kumpel zur Seite und erzählt ihm die wahren Gründe der Mus-

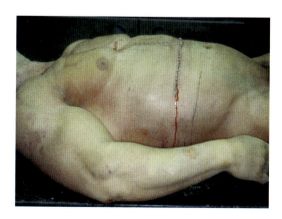

Ein toter junger Bodybuilder.

kelberge: Anabolika. Das will der damals Achtzehnjährige auch. Und der Erfolg ist grandios. Nun geht es mit dem Wachstum der Muskeln rasant voran. »Alles ist super, aufregend«, sagt Diamantis im Sommer 2007, und noch eine Wirkung haben die Steroide: Mit seinem neuen Körper gewinnt er neue Freunde. Er gehört zu einer Clique, die wie er denkt, die wie er trainiert, feiert und eben Dopingmittel schluckt.

Das Leben ist für Diamantis jetzt »ein einziger Kick«. Der »Hormonschwung«, sagt er, führe ihn in eine »Zauberwelt«, die aus Training und Spaß, Muskeln und Mädels besteht. Fremde Menschen sprechen ihn in der Disko auf seine dicken Oberarme an, wollen sie anfassen. Er fühlt sich unschlagbar. Er weiß nicht, dass er beginnt, Opfer der Kraftdrogen zu werden. Seine Kollegen raten ihm, er solle sechs Thais pro Tag nehmen, diese gängigen Anabolikapillen aus Asien. Marios nimmt oft acht oder neun. Er kann sich nicht beherrschen.

Die erste Kur von Marios Diamantis dauert acht Wochen. Um den Hormonhaushalt zu normalisieren, raten ihm erfahrene User zu einer Pillenpause. Aber der Hannoveraner hält die Zeit ohne Tabletten nicht lange aus, weil er sich sofort schlapp fühlt. Er spritzt nun jeden Tag 400 bis 500 Milliliter eines Testosteronpräparats, nimmt dazu acht Thais. Doch das ist nicht alles: Gelegentlich schluckt er die anabolen Steroide Deca Durabolin aus Russland, Winstrol oder Anapolon, dazu den Wachstumsbeschleuniger Spiropent und Ephedrin als Aufputschmittel.

Damit kann Diamantis die Nächte durchfeiern. Und weil er so gut drauf ist, nimmt er schon mal eine Prise Kokain oder Ecstasy – und das ist keine Ausnahme, wie Wissenschaftler der Ludwig-Maximilians-Universität München herausgefunden haben. Gerade Jugendliche würden neben Anabolika auch andere Substanzen konsumieren. Anabolika seien oft die Einstiegsdroge für weitere Drogen. Am Anfang ist es wie eine nicht endende Spirale des Glücks: Anabolika machen attraktiv. Wer attraktiv ist, will seinen Spaß ausleben. Und wer einmal mit dem Pillenschlucken angefangen hat, ist auch bereit, noch mehr zu schlucken. Pillen, die den Spaß noch weiter steigern und ihn verlängern.

Natürlich weiß Diamantis, dass sein Dopingkonsum schädlich ist. »Klar, ich mach was Verrücktes«, redet er sich ein. »Aber ich bin jung, und ich werde das nicht ewig machen.« Noch wird er reichlich belohnt durch die Anabolika. Er spürt nicht nur die Anerkennung seiner Bekannten, er nennt sich selbst »das Tier, der Stier«, und »im Bett funktioniert es riesig«. Er kann, ohne zu schwächeln, seine Freundinnen stundenlang beglücken.

Doch der Rauschzustand dauert nur zwei Jahre lang an. Diamantis fühlt sich irgendwann nur noch schlecht. Am schlimmsten ist es für ihn, dass er, der noch bis vor kurzem der unersättliche Gockel war, irgendwann »keinen mehr hoch kriegt«. Was er nicht weiß: Auch das ist eine typische Nebenwirkung von Anabolika. Durch die Einnahme männlicher Hormone steigt die Kraft in den Lenden zunächst rapide an. Doch dann stellt der Körper die eigene Produktion des Testosteron ein, die Hoden schrumpfen. Irgendwann herrscht nur noch tote Hose.

Diamantis leidet zudem unter Bluthochdruck, er kann kaum noch schlafen. Nach einer Pause fängt er noch mal an, zu trainieren und Dopingmittel zu schlucken, er kann nicht anders: »Ich brauche das Zeug.« Doch sein Körper gibt auf, es geht nicht mehr.

Nachts bekommt er nun Panikattacken und Atemnot. Er sucht einen Lungenarzt in Griechenland auf und dann noch einmal einen Facharzt in Deutschland. Die Mediziner sagen, seine Atmung höre sich an wie bei einem Greis, aber sie können nichts feststellen, die Lunge sei organisch einwandfrei.

Es folgen weitere Besuche bei Lungenärzten, bei Allgemeinmedizinern. Ein Hals-Nasen-Ohrenarzt rät ihm, die Mandeln herausnehmen zu lassen. Es wird nicht besser. Ein Endokrinologe in Hannover versucht, seiner Impotenz auf den Grund zu gehen, kann aber keine hormonellen Störungen feststellen – die »Gabe von Viagra könnte nützlich sein«, schreibt der Mediziner in den Arztbrief.

Schließlich landet der junge Bodybuilder in der Abteilung für Klinische Psychiatrie der Medizinischen Hochschule Hannover. Die

Ärzte stellen eine »depressive Störung« infolge seines Tablettenkonsums fest, sie reden von einem »psychosomatischen Schockzustand« und verschreiben Antidepressiva.

Die Sucht nach Anabolika ist längst vorbei. Training und Sport interessieren Diamantis nicht mehr. Aber auch sonst interessiert er sich für nichts mehr, meistens liegt er zu Hause apathisch auf dem Sofa. Als ihm und seiner Freundin diese Lähmung unerträglich wird, fährt er zu Medizinern nach Kalkar, Köln und Berlin. Schließlich lässt er sich für mehrere Wochen in die Medizinisch-Psychosomatische Klinik im schleswig-holsteinischen Bad Bramstedt einweisen.

Die Tour durch die Wartezimmer der Ärzte ist nicht ungewöhnlich. Viele Mediziner wissen nicht einmal, dass Anabolika psychische Veränderungen auslösen können. Erst recht wissen sie nicht, dass die geistige Verwirrtheit anhalten kann, wenn die Präparate schon längst abgesetzt sind. Mediziner und Ärztekammern, die sich intensiver mit der Dopingproblematik befasst haben, fordern deshalb, dass die Vermittlung von Kenntnissen über die Gefahren des Anabolikakonsums stärker als bisher in die Aus- und Weiterbildung der Doktoren aufgenommen wird.

Werner Hübner kennt die Lebensgeschichten junger Männer wie Diamantis. Hübner ist Psychotherapeut und er sagt, dass die Muskeldrogen voll im Trend sind. Es würden immer mehr Jugendliche zu ihm kommen, die die Sucht nicht mehr loswerden, und es kommen immer mehr Eltern, die sich Sorgen um die Entwicklung ihrer Kinder machen.

Doping, sagt Hübner, sei eine Sucht wie andere auch. Über die erste Einnahme mache sich niemand Gedanken, es herrsche der Glaube, die Mittel jederzeit wieder absetzen zu können. Doch dann wolle der Konsument das »tolle Gefühl wieder haben. Immer und immer wieder«. Und schließlich sei er »nicht mehr Herr im eigenen Haus«. Er wird zum Spielball der Chemie.

Dopingmittel würden Jugendlichen einen hohen Gewinn bringen, sagt Hübner, »Muskeln sind wie ein Kokon, durch den keiner dringen kann«. Sie helfen gegen blöde Anmache in der Disko. Sie bringen Hochachtung bei Freunden und beim anderen Geschlecht. Und schließlich, sagt der Psychologe, sei heute ein »guter Körper wie ein Bewerbungsschreiben«. Wer gut und kräftig aussehe, habe bessere Chancen, nicht nur in der Sicherheitsbranche.

Es sind junge Menschen wie die Freunde Taifun und Tay, die sehr anfällig sind für die Muskeldrogen. Sie bringen einen schnellen Nutzen für den Konsumenten, haben aber in diesen Kreisen bei weitem nicht den kriminellen Anschein, wie sie die illegalen Rauschdrogen haben. Taifun ist 17 Jahre alt, ein Kerl von einem Mann. »Ich will Respekt, Respekt«, sagt der Kölner, er will irgendwann so ausschauen »wie die Wrestler im Fernsehen«. Er glaubt, dass er nur über das Aussehen seines Körpers die Anerkennung der anderen erlangen kann. Der gebürtige Kurde aus dem Irak hat schon mit 13 Jahren die ersten Anabolikapillen eingeworfen, derzeit sei er sauber, sagt er. Aber die nächsten Kuren hat er fest eingeplant. Er will Türsteher werden, weil das »ein geiler Job« sei, dafür müsse er eben »so schnell wie es eben geht stark sein«.

Oft holt sich Taifun Rat bei seinem Freund Tay, der schon mehrere solcher Kuren hinter sich hat. Tay ist Türke, er stammt aus einer angesehenen Familie, sein Vater ist Tierarzt. Er hat mit 17 Jahren angefangen, Anabolika zu schlucken – Anabolon, das er sich in der Türkei besorgt hatte. In kurzer Zeit, so erzählt er in breitem Kölsch, habe er »so feste Brüste gehabt, darauf konnte ich Gläser abstellen«. Anfangs sind es meist die grandiosen Erfahrungen, die in Erinnerung bleiben. Das Negative wird verdrängt oder gerät in Vergessenheit. Sicher habe er durch die Einnahme Pickel bekommen, sagt Tay, auf der Schulter seien ihm Haare gewachsen und er sei so aggressiv gewesen, dass er Teller durch die Wohnung warf, wenn ihm sein Essen nicht schmeckte.

Doch wirklich in Erinnerung ist ihm geblieben, wie er in Diskos irgendwelche Kerle angerempelt hat und die sofort »Angst gekriegt haben«. Und dass er Frauen gehabt habe, »jede Menge Frauen«, denn

Frauen stünden auf Muskeln, sagt der Mann mit den bleistiftdünnen Koteletten bis zur Kinnspitze, »eine war schon 30 Jahre alt«. Niemand der starken Kerle rechnet damit, dass die anabolen Steroide ihren aufgehübschten Körpern etwas anhaben können. Bis sie etwa auf dem Tisch von Abdul Rahman Yousef liegen. Der Chirurg operiert im Elisabeth-Krankenhaus von Recklinghausen jedes Jahr mehrere junge Männer, denen durch die Hormone Brüste gewachsen waren.

Es gibt viele solcher Dopingopfer, die meisten bleiben unbekannt, verstecken sich, trauen sich kaum noch unter Leute. Jörg Börjesson ist noch einmal davongekommen. Der Einundvierzigjährige sei selbst ein »wandelnder Giftschrank« gewesen, sagt er. Er war 20, als er begann, seinen Körper mit chemischer Hilfe aufzupumpen – bis er Blut spuckte und ein Arzt 400 Gramm Gewebewucherungen aus seiner Brust entfernte. Heute tourt Börjesson durch Deutschland und berichtet in Fitnessclubs, Jugendheimen und Schulen vom Aufstieg und Elend als Muskelmann.

Auch Börjesson hatte einen Helden – einen gut aussehenden Frauenschwarm, zwei Meter groß, Bizepsumfang von 52 Zentimetern, ein Mann, der noch heute von dem Ruhm seiner Muskeln leben kann. Börjesson buchte bei ihm ein Trainingsseminar. Am Ende nahm das Vorbild ihn beiseite und gab ihm ganz im Vertrauen die echten Tipps für seinen Erfolg. Die ersten Pillen brachte er gleich mit – Börjesson war angefixt.

Jetzt hören Börjesson die Jugendlichen zu, weil er Bilder zeigt, in denen er wie ein geölter Pfau auf der Bühne steht und seine dicken Oberarme zeigt. Er sagt, dass er »besessen war, muskelsüchtig«. Und dann hört er den jungen Türken zu, wenn sie erzählen, dass sie sich »aufrüsten müssen für den Kampf gegen die Neonazis«. Und er hört den jungen Deutschen zu, die sich von Ausländern belästigt fühlen und deshalb »muskulär zulegen wollen«.

Und dann erzählt er ihnen, wie es ihm ergangen ist. Er zeigt seine gerissene Haut, er zeigt die Bilder von seinen hässlichen Brüsten. Das

»war irre«. Er sagt, irgendwann habe er die Schmerzen nicht mehr ertragen können. Da habe er aufgehört, das Zeug zu nehmen. Auch im Internet gibt er seine Lebensgeschichte (www.doping-frei.de) jetzt weiter.

## In den Knast trainiert – die unkontrollierbare Wirkung der Pillen

So unerträglich das Leben für Diamantis geworden war, er hat eher noch Glück gehabt, weil er erkannt hat, dass er Hilfe braucht, um seine depressiven Phasen zu bekämpfen. Es ist ein Phänomen der Anabolika, dass deren psychotrope Wirkung bei dem einen Menschen eher zu depressiven und bei dem anderen eher zu aggressiven Schüben führen kann – und bei dem einen kommen diese Schübe schon während der Einnahmezyklen, bei anderen jedoch erst nach dem Absetzen der Pillen.

Wie schnell die Muskelsucht in Katastrophen enden kann, zeigt das Schicksal von Heiko – einem jungen Mann mit vielversprechenden Talenten, der sein Dopingtraining mit seinem Untergang bezahlte.

Der Junge wächst in ärmlichen Verhältnissen von Mannheim auf. Seinen Vater lernt er nie kennen, dieser trennte sich von seiner Mutter, bevor Heiko geboren ist. Die Mutter heiratet wieder, einen Alkoholiker, der unerträglich wird, wenn er etwas getrunken hat, und dann auch Heiko und dessen Mutter schlägt.

Zudem leidet Heiko unter einem körperlichen Gebrechen. Er hat eine Trichterbrust. Wegen seiner nach innen gewölbten Knochen traut er sich nicht, ins Schwimmbad zu gehen.

Doch Heiko ist ein durchaus starker Kerl. Trotz seines schwierigen Elternhauses schafft er es auf das Gymnasium, und er macht sein Abitur, ohne einmal sitzen zu bleiben. Auch seine körperlichen Defizite geht er offensiv an: Im Keller der elterlichen Wohnung trainiert er fast täglich mit alten Gewichten. Zudem spielt er Handball und Basketball – ein Junge, auf den jede Mutter stolz sein kann.

Heiko entschließt sich, Chemie zu studieren. Später kommt Sport hinzu, er möchte Lehrer werden. Da er von seiner Mutter keine große finanzielle Unterstützung erwarten kann und Bafög wegen seines Studienplatzwechsels nicht gezahlt wird, finanziert er sein Studium selbst. Er arbeitet dreimal in der Woche als Trainer in einem Fitnessstudio. Zudem bessert er sein Einkommen als Türsteher in einer Heidelberger Diskothek auf.

Das Krafttraining, mit dem er einst seine schmächtige Brust bekämpfen wollte, ist inzwischen zu einer Art Sucht geworden. Der ehrgeizige Junge weiß auch, dass sein Körper das Kapital für seine Jobs als Trainer und Türsteher ist. Von einem befreundeten Bodybuilder bekommt er den Tipp, den Muskelaufbau mit Anabolika zu beschleunigen. Heiko nimmt Dianabol und injiziert sich zusätzlich Testosteronester – bis er eine Eiche von einem Mann ist: Mit 27 Jahren wiegt er rund 120 Kilogramm.

Es ist das Jahr 1999, was er macht, macht er jetzt exzessiv. Er beginnt zu trinken. Regelmäßig, zunächst zwei- bis dreimal die Woche, später nahezu täglich, erlebt er einen Vollrausch. Nur wenn er als Türsteher arbeitet, bleibt er trocken. Trotz seines turbulenten Lebenswandels schafft er sein Sportexamen. In Chemie steht er kurz vor seinem Abschluss. Doch dann gerät sein Leben außer Kontrolle. Der Mix aus Anabolika und Alkohol, der in Deutschland längst zu einem gängigen Drogencocktail geworden ist, lässt die hoffnungsvolle Lehrerkarriere jäh enden. Die chemisch aufgerüsteten Muskeln, die ihn zunächst zu einigem Ansehen in seiner Clique und sogar in den Besitz einer protzigen Chevrolet Corvette gebracht haben, führen ihn ins Verderben.

Das erste Mal rastet er aus, als er mit seiner ehemaligen Freundin in Streit gerät. Zwischen zwei Disko-Besuchen packt er sie am Hals, würgt sie, bis sie bewusstlos wird, mit dem Kopf auf den Boden schlägt und einen Schädelbruch erleidet.

Dann geht es in seinem Job mit ihm durch. Mit einem Baseballschläger haut er einem Iraner auf den Hals, die Knie und den Oberkörper. Er wird zu einer Geldstrafe von 1800 Euro verurteilt.

In seiner Stammdisko schlägt er einem Finanzdienstleister, der ihn angeblich schief angeguckt hat, mit voller Wucht ins Gesicht. Die Anabolika entfalten hier ihre fatale, doppelte Wirkung. Sie machen ihn aufbrausend-aggressiv, und sie machen ihn wegen seiner ungeheuren Masse gefährlich. Mit einem einzigen Schlag ist das Gesicht des Kontrahenten entartet: Das Jochbein ist einen Zentimeter eingedrückt, ebenso gebrochen sind Augenhöhle und der Unterkiefer.

Heiko ist nun eine wandelnde Zeitbombe. Noch zweimal gerät er danach in Schlägereien. Und einmal kann er sich von einer Anzeige wegen Körperverletzung freikaufen, weil er einer Frau, die er getreten und bespuckt hatte, 2000 Euro Schmerzens- und Schweigegeld zahlt.

Und dann kommt die Nacht seines Endes. In der Disko trifft Heiko eine Bekannte, die ihn früher als »zärtlichen und liebevollen Menschen« kennen und schätzen gelernt hat. Der Bodybuilder schläft ab und zu mit dieser Frau. Gegen vier Uhr morgens will ihn die Bekannte, die ein Auto hat, mit nach Hause nehmen. Sie wohnen in der gleichen Gegend. Man verabredet, bei Heiko, der noch in der Wohnung seiner Mutter ein Zimmer hat, einen Kaffee zu trinken. Doch Heiko will mehr. »Zieh dich aus, du Niggersau«, sagt er zu der Mulattin. Er packt die Bekannte, die an diesem Tag keine Lust auf Sex hat, hart an, holt ein Butterflymesser aus dem Regal und hält es ihr zur Bedrohung an den Hals.

Heiko zwingt sie zum Oralverkehr, er führt anschließend seinen Penis erst in ihre Scheide und dann in ihren Anus ein. Erst als sein Opfer aus Angst und vor Schmerzen kotet, lässt er von ihr ab. Als er es zulässt, dass sie sich im Badezimmer waschen darf, kann sie durch einen Sprung vom Fenstersims flüchten und zur Polizei rennen. Wenig später wird er verhaftet.

Bei der Gerichtsverhandlung gegen Heiko wird auf den Anabolikakonsum eingegangen, er spielt aber nur eine untergeordnete Rolle. Ein Gutachter führt aus, dass »Anabolika in Verbindung mit der Einnahme von Alkohol zusätzlich enthemmende Wirkungen entfalten können«. Aber eine Psychiaterin meint auch, dass der »exzessiv betriebe Muskelaufbau und die langjährige Anabolikaeinnahme aus sachverständiger Sicht weder eine Sucht noch eine Krankheit im Sinne einer Persönlichkeitsstörung« seien.

Die Gutachter müssen im Mai 2000 zugeben, dass sie noch zu wenig wissen über das fatale Zusammenspiel von extremem Training, Anabolikakonsum und Alkohol.

Es gibt indes im internationalen Schrifttum bereits eine Vielzahl von Fachveröffentlichungen, die belegen, dass anabole Steroide zu rauschhaften oder gar wahnhaften aggressiven Zuständen führen können – im Fachjargon wird dies »steroid rage« oder »roid rage« genannt. Wissenschaftler berichten von starken Stimmungsschwankungen und drastischen Veränderungen des Sexualtriebes. Selbst eher zurückhaltende und schüchterne Typen können durch die Pillen von einer Sekunde auf die andere zu Monstern werden. (www.zsdebatten.com/dopingfrankeludwig)

Heiko wird wegen seiner »brutalen und erbarmungslosen Art« der Vergewaltigung und wegen seinen Körperverletzungen schließlich vom Mannheimer Landgericht zu drei Jahren und neun Monaten Gefängnis verurteilt.

## Gewinnmargen wie auf dem Drogenmarkt – die dunklen Kanäle der Pillen

Dass junge Männer wie Diamantis oder Heiko zum Doping greifen, hat auch mit dem in Deutschland bestens funktionierenden Dopingmarkt zu tun. Es ist überhaupt kein Problem, sich mit Starkmachern aller Art zu versorgen. Drehscheibe des Handels sind die Fitnessstudios selbst, in denen junge Kraftsportler, Junkies ähnlich, ihre Sucht mit dem Dealen der Mittel finanzieren. Es gibt regelrechte Netzwerke, die den Import besorgen.

Im August 2006 hebelte etwa das Landeskriminalamt Berlin, Abteilung Organisierte Kriminalität, einen deutsch-polnischen Ring aus. Kopf der Bande war ein achtunddreißigjähriger gebürtiger Grieche, der zusammen mit seiner Ehefrau und weiteren Familienangehörigen von Bielefeld aus ein bundesweites Vertriebs- und Verteilernetz aufgebaut hatte. Dick mit im Geschäft war auch ein dreiundvierzigjähriger Polizeiangestellter aus Berlin.

Zu den tragenden Säulen der Bande zählte zudem der dreißigjährige Bodybuilder Boris K. aus Berlin, der irgendwann ins polnische Kielpino bei Danzig geflüchtet war, und offensichtlich von dort sein Geschäft weiter betrieben hatte.

In Kiel wurde 2006 ein Türke in seine Heimat abgeschoben. Der Mann hatte jahrelang von Prag aus den deutschen Markt versorgt. Der Dealer war einst selbst bayerischer Meister im Bodybuilding und fing dann schon mit 20 Jahren an, über Mittelsmänner die Präparate weltweit zu vertreiben. In Prag hatte er schließlich zwei Stadtvillen und kutschierte mit dicken Luxusautos durch die Stadt. Mit Anabolika sind Gewinnspannen wie im klassischen Drogenhandel zu erzielen. Eine Packung, die in Russland oder China 35 Euro kostet, verkaufen die Dealer für 300 Euro weiter.

Viele Jugendliche versorgen sich zudem auf Urlaubsreisen. In Spanien, Griechenland, auf Zypern oder in der Türkei gibt es die Starkmacher in vielen Geschäften oder Apotheken frei zu kaufen. Zunehmend dienen auch obskure Internet-Versandhäuser als Quelle. Webadressen bieten ein umfassendes Potpourri von Steroiden und Wachstumshormon an, sie geben Tipps zum optimalen »Einspritzen« in den Muskel und werben »mit Discount für Großbestellungen«.

»Der illegale Handel blüht«, sagt Wolfgang Schmitz vom Zollkriminalamt Köln. 2005 beschlagnahmten die Fahnder rund 500 000 Tabletten, ein Jahr später waren es bereits 120 000 mehr. Anfang 2007 ging den Leuten vom Zoll ein besonders dicker Fisch ins Netz. Auf einem Parkplatz des Sportplatzes im bayerischen Oberasbach beobachtete ein Passant, wie zwölf schwere Kisten von einem LKW auf Transporter umgeladen wurden. Der Mann verständigte die Polizei. Die Beamten beschlagnahmten die heiße Ware: 547 500 Tabletten des Anabolikums Naposim und 25 600 Ampullen des Starkmachers

Testoviron. Das Zeug kam ursprünglich aus Tschechien, sollte dann eigentlich nach Spanien, wo der potenzielle Abnehmer jedoch ausfiel. Die Einfuhr solcher Präparate nach Deutschland ist zwar verboten, doch im Wust der Millionenpäckchen im internationalen Warenhandel und wegen der weitgehend offenen Grenzen hat das Zollkriminalamt kaum Chancen, den Geschäftsgang ernsthaft zu kontrollieren.

Da die Behörden erst allmählich beginnen, das Internet systematisch zu durchforsten, bleiben Entdeckungen oft Zufallsfunde. Immerhin enttarnte das Hamburger Zollfahndungsamt im Oktober 2006 einen vierundzwanzigjährigen Studenten aus Kiel. Der Mann hatte in seiner Studentenbude mithilfe seines PC via Internet Anabolika aus Polen, Thailand und China vertrieben. In einer Garage fanden die Ermittler unter anderem 13 059 Tabletten und 858 Ampullen Anabolika.

Doch all dies scheint erst der Anfang einer noch viel größeren Welle zu sein, die auf die westlichen Länder Europas zurollt. Im Auftrag der Welt-Anti-Doping-Agentur (Wada) hat der italienische Sportwissenschaftler Alessandro Donati die Handelsströme von Dopingsubstanzen untersucht. In seiner im Februar 2007 veröffentlichten Studie kommt er zu dem Ergebnis, dass weltweit jährlich 700 Tonnen Steroide konsumiert werden. Zudem würden sich 500 000 Menschen mit Epo dopen. Wichtigste Exportländer seien Russland, die Ukraine und Litauen. Eine andere Route führe aus Thailand nach Europa. Stark aufholen würde aber China, schon zehn Prozent der Dopingmittel kämen aus dem Land des Gastgebers der kommenden Olympischen Spiele.

Weil das Geschäft mit den Muskeldrogen so lukrativ ist, mischen aber selbst heimische Ärzte, Apotheker und Pharmafirmen mit. Nach einer Studie von Tübinger Forschern aus dem Jahr 2005 steht immerhin jede dritte Anabolika-Kur deutscher Kraftathleten unter ärztlicher Begleitung.

Die Rezepte eines Doktors aus Waldshut etwa hätten ausgereicht, um eine große Krankenhausstation mit bettlägerigen Patienten über Wochen aufzupäppeln. Doch der Medicus half nur einem Möchtegern-Muskelprotz bei seiner dubiosen Karriere aus. Der Arzt verschrieb mindestens 3300 Tabletten des Kraftmachers Spiropent, dazu half er dem Kraftsportler per Rezeptblock zu 60 Pillen Andriol und 60 Ampullen Deca Durabolin.

In der Regel schlüpfen solche Verordnungen durch. Kaum eine Krankenkasse kann oder will diesen Betrug kontrollieren. Eines Tages jedoch war Peter Scherler, dem kenntnisreichen Leiter der bundesweit zuständigen AOK-Untersuchungsgruppe Falschabrechnungen in Hannover, aufgefallen, dass ein Mediziner jungen Leuten »exorbitante Mengen« an Starkmachern rezeptierte, ohne dass eine »schlüssige Verordnung« vorlag. Scherler bat den Sportarzt um Aufklärung. Der Doktor habe ihm nur lakonisch geantwortet, sagt Scherler, dass »der Versicherte die Medikamente für sein Bodybuilding benötige«.

Chemisch aufgepäppelte Muskeln auf Rezept? Das ging der AOK dann doch zu weit. Die Krankenkasse zeigte den Arzt wegen des Verdachts auf Betrug und Verstoßes gegen das Arzneimittelgesetz an. Die Staatsanwaltschaft leitete ein Ermittlungsverfahren gegen den Arzt ein. Die AOK Niedersachsen informierte zudem die Staatsanwaltschaft Oldenburg, dass die Kassen eine »extreme Zunahme der Anabolika-Kriminalität« registrierten. Auch in Bochum, Hamburg, Passau, Berlin und Frankfurt liefen daraufhin Dopingmittelverfahren.

Doch nicht nur der Missbrauch mit anabolen Steroiden macht den Krankenkassen zu schaffen. So wurde die AOK eher zufällig stutzig, als angeblich eines ihrer Mitglieder ein Rezept eingelöst hatte, auf dem Wachstumshormon für über 20 000 Mark notiert waren. Diese Medikamente werden äußerst selten verordnet – ist die medizinische Indikation doch nur bei Kindern mit Zwergenwuchs gegeben. Die AOK programmierte daraufhin ihre Computer und kam auf diese Weise innerhalb weniger Wochen rund 20 Betrügern auf die Spur. Einer der Täter hatte mit gefälschten Rezepten an einem Vormittag Medikamente im Wert von über 100 000 Mark erhalten. Mit seinem Mercedes, in den er eigens einen Kühlschrank für die Hormone eingebaut hatte, verteilte der Mann die teure Fracht in ganz Deutschland – bis er schließlich in Bochum in flagranti erwischt wurde.

Es war sehr verwunderlich, dass Apotheker die sündhaft teuren Präparate bereitwillig herausgegeben hatten, ohne sich jemals Gedanken über die korrekten Verordnungen zu machen. Auf diese laxe Weise helfen auch Apotheken mit, den schwarzen Markt mit Mitteln jeglicher Art zu überschwämmen.

Es verwunderte selbst Kenner der Szene, dass nicht nur einzelne Dopingdealer oder organisierte Händlerringe Geschäfte mit den jungen Konsumenten betreiben und die Besitzer von Fitnessstudios Kasse machen wollen, sondern offensichtlich auch die Heilbranche lukrative Zusatzgewinne anstrebt.

Wie blind die deutsche Gesellschaft aber weiterhin ist, wenn es darum geht, den gesundheitsschädlichen Konsum von Aufbaupräparaten zu bekämpfen, zeigt ein Beispiel aus Heidelberg. In einer unscheinbaren Hinterhof-Klitsche der Rudolf-Diesel-Straße produzierte dort die Firma DG-Pharma das Anabolikum Deganabol. Geschäftsführer Stefan Brändlin suchte in der Fitnesszene offen »Wiederverkäufer/Exporteure für einen weltweiten Markt«.

Was den Mann wohl nicht weiter störte: Auch der Wirkstoff dieses Anabolikums kann Herz, Nieren und Leber schädigen und Tumore auslösen. DG-Chef Brändlin aber sah »im Kraftmarkt einen sehr großen Bedarf« für sein in Deutschland nicht zugelassenes Medikament. Die Begründung für die Vermarktung seines Präparats war einfach. »Männer ab 40« sollten sich schlichtweg »fitter fühlen«.

Erst auf eine private Anzeige hin, wurden die Justizbehörden tätig – wenn auch mit einer erstaunlichen Behäbigkeit.

## Bestens versorgt durch deinen Freund und Helfer – die Polizei und der Dopingmarkt

Dass bisher so wenig gegen die gefährliche Muskelkultur getan wurde, hat viel mit dem Weggucken der Politik zu tun. Es hat aber auch damit zu tun, dass es eine Verwandtschaft zwischen der Muskeldrogenszene und Teilen der Ermittlungsbehörden gibt. Viele Polizisten sind

Mitglieder in Fitnessclubs, und von dort ist der Weg in die Illegalität oft nicht weit.

Dass Polizisten im Muskelgeschäft mitmischen, ist spätestens seit den Enthüllungen um den Revierabschnitt 45 im Berliner Stadtteil Steglitz bewiesen. Die Berliner Staatsanwaltschaft klagte im Herbst 2001 mehrere Polizisten an, die im großen Stil nicht nur selbst Anabolika geschluckt, sondern auch mitgedealt hatten. Jahrelang ging der illegale Handel gut, und dann war es reiner Zufall, dass die Anabolika-Connection auffiel. Einer der Beschuldigten war in die Telefonüberwachung geraten, als Kollegen hinter einem gewissen Abdul B., dem »König vom Kurfürstenstraßen-Strich«, her waren.

Hauptbeschuldigter des Verfahrens waren der Polizeimeister Karsten M. und der Apotheker Rainer R., ein alter Bekannter des Polizisten. Der Beamte bekam nach eigenen Aussagen von dem Pharmazeuten mindestens 150 Päckchen Anabolika. Um Abnehmer brauchte er sich nicht zu kümmern, die meisten Mittel brachte er gleich auf dem Revier an den Mann. Schnell fanden sich auch Kollegen, so ermittelte die Staatsanwaltschaft, die beim Verkauf mitmischten. Der Kollege Uwe R. hatte nicht nur Anabolika, sondern auch Ecstasy und Kokain in der Türsteherszene vertrieben. Drei Ordnungshüter der »Pillen-Wache 45« (*Bild*) wurden schließlich vom Dienst suspendiert. Insgesamt konnten die Staatsanwälte 111 Abnehmer ermittelt. 30 Polizeibeamte machten mit, darunter ein Kripo-Schichtleiter. Der Vorwurf: Sie hätten nicht nur Anabolika geschluckt, sondern auch von dem illegalen Handel gewusst.

Karsten M., den alle in der Szene nur unter dem Spitznamen »Bullenkalle« kannten, gestand nachher, dass er eine ganz gewöhnliche Kraftsportkarriere hingelegt hatte. Er war einer der besten Polizisten seiner Ausbildungsklasse und ging nebenher regelmäßig ins Fitnessstudio. Irgendwann wollte er seinem Kraftzuwachs mit Anabolika nachhelfen: »Ich wollte Erfolg, mit aller Macht. Den Kick.« Er besorgte sich deshalb von dem Apotheker-Freund Pillen und verschleuderte sie gegen Aufpreis weiter. Und wie so oft waren die Muskelpillen irgendwann nicht genug: Ecstasy und Kokain kamen hinzu. Schließlich brauchte er rund 500 Euro im Monat, um seine Abhängigkeit zu bezahlen. »Ich war auf beiden Ufern zu Hause, bei den Guten und bei den Bösen«, sagte der Familienvater Karsten M. nach seiner Festnahme, »bin täglich hin- und hergeschwommen und irgendwann abgesoffen.«

Wie leicht Kraftsportler auf die schiefe Bahn geraten und sich innerhalb kurzer Zeit ihr gesamtes Leben ruinieren können, zeigt auch der Fall eines bayerischen Polizeiobermeisters. Der junge Mann wollte seinem Vater ein guter Junge sein. Er ging erst zu den Fallschirmjägern und trat dann, mit 20 Jahren, in den Polizeidienst ein. Doch unter den Ordnungshütern konnte er sich zunächst nicht recht integrieren. Er suchte deshalb einen Ausgleich und fand ihn unter seinen Freunden im Kraftstudio. Er trainierte bald wie versessen, zweimal am Tag, oft auch nachts. Irgendwann gehörten auch Anabolika zu seinem Trainingsalltag.

Seine neuen Freunde, die ihre Muskeln als Türsteher zu Geld machten, führten ihn schließlich in die Szene ein. Ohne eine Genehmigung seiner Vorgesetzten zu haben, half auch der Polizist bald bei dem Sicherheitsdienst aus. Er ahnte, dass seine Muskelkumpels keine feinen Jungs waren. Er überprüfte ihre Namen im Polizeicomputer, und er stellte fest, dass einer seiner Freunde, ein gebürtiger Albaner, aus einer berüchtigten Frankfurter Glücksspiel-Szene kam.

Doch das machte ihn nicht weiter stutzig, er steckte schon mitten drin in diesem Muskel-Anabolika-Drogensumpf. Als ihn der Albaner per SMS bat, im Computer eine Halterabfrage eines Kraftfahrzeuges durchzuführen, gehorchte der Polizeimann. Es war sein Verhängnis: Später stellte sich nämlich heraus, dass sein vermeintlicher Freund Kurierfahrer einer Kokainbande war, und der Wagen, für den sich der Albaner so interessierte, gehörte einem V-Mann der Kriminalpolizei.

Erst als das Gekungel mit dem kriminellen Milieu aufflog, merkte der Polizist, was die Muskelmast aus ihm gemacht hatte. Er begab sich in psychiatrische Behandlung – zu spät, sein Leben war verpfuscht. Er verlor das, was ihm am wichtigsten war: seinen Posten bei der Polizei. Einem Beamten, »der sich so verhält, kann weder der Dienstherr noch die Allgemeinheit Vertrauen entgegenbringen«, urteilte das Münchner Verwaltungsgericht, das über die Entlassung zu entscheiden hatte.

Auch wenn sich aus dem Leistungssport »eine Sucht entwickelt hat«, hätte der Polizist nur zu legalen Mittel der Leistungssteigerung greifen dürfen. »Die außerdienstliche Einnahme von Anabolika, Clenbuterolen und Amphetaminen«, sagten die Richter, »ist dem beruflichen Fortkommen in keinster Weise dienlich«. (www.zsdebatten.com/dopingfrankeludwig)

# Der verratene Sport – ist er noch zu retten?

Wann immer in den vergangenen Jahren Dopingaffären an die Öffentlichkeit drangen, waren die Reaktionen der Sportfunktionäre stets die gleichen: Entweder sprachen sie von bedauerlichen Einzelfällen – verführten oder betrügerischen Athleten, die das große Ganze gefährden würden. Oder von kriminellen Netzwerken, die der Sport jetzt mit allen Mitteln schnell, umfassend und nachhaltig ausrotten würde. Und danach sei alles wieder gut.

Unsinn. Nichts ist besser geworden. Das Sportsystem ist dermaßen verrottet, dass es nicht mehr zu retten ist. Ärzte, die sich gleichzeitig an Anti-Doping-Kampagnen beteiligen und Sportler dopen; Sportler, die dopen und in der Öffentlichkeit schwören, noch nie betrogen zu haben; Wissenschaftler, die mit den Kontrolllaboren zusammenarbeiten und ihr Wissen dann den Dopingringen weitergeben; Sponsoren, die sauberen Sport verlangen, aber nur die Siege prämieren; Fernsehanstalten, die ihre Dopingberichterstattung in die politischen Magazine abschieben und dann, der Quote wegen, stundenlang unkritisch über dopingverseuchte Sportarten berichten; Funktionäre, die in Fensterreden den reinen Sport fordern, aber alle Athleten aussortieren, die gegen dopende Konkurrenten verlieren – all diese Beispiele lassen nur einen Schluss zu: Der Sport ist tot. Einen fairen Wettkampf gibt es nicht mehr.

Aber soll man die Leiche einfach vergraben und denen den Sieg gönnen, die das Milliardengeschäft so dermaßen überhitzt haben, dass es nun den Abgrund hinunterrutscht? Darf man etwas, das Jugendlichen auch heute noch Spaß und Freude bringt, das erzieherische Werte und körperliches Wohlergehen vermittelt, einfach zugrunde gehen lassen? Natürlich nicht, das wäre genauso, als würde der Staat den Autoverkehr verbieten, weil jeden Tag Tausende bei Rot über die Ampel fahren.

# KAPITEL 7  Der verratene Sport – ist er noch zu retten?

Aber um das Kulturgut Sport noch zu retten, müssen radikale Änderungen her, Umwälzungen, die die organisierte Muskelbranche bisher noch nicht einmal angedacht hat. Die radikalsten Vorschläge, wie man den Sport trotz Dopingkrisen retten kann, kamen bisher nicht von Funktionären, Ärzten oder Sponsoren. Die revolutionären Ideen, so untauglich sie im Einzelfall auch sein mögen, kamen bisher von Sportlern, die erkannt haben, dass es so wie bisher nicht weitergehen kann. Faris Al-Sultan, Sieger des Ironman-Triathlons 2005 auf Hawaii, setzt ganz auf die Hilfe staatlicher Ermittler und fordert unnachgiebige Härte. »Auf den dopenden Sportler muss Druck ausgeübt werden. So jemand muss in Beugehaft, bis er sagt, woher er sein Zeug hat«, schlug der Münchner vor, um auf diese Weise an die Hintermänner des Dopings zu kommen. (*dpa* vom 22.06.2007) Dietmar Mögenburg, Hochsprung-Olympiasieger 1984, setzte, verzweifelnd an der Glaubwürdigkeitskrise des Sports, noch einen drauf: »Es wäre an der Zeit, Undenkbares mal auszusprechen. Schickt den Sportlern beispielsweise Privatdetektive hinterher, nur tut endlich was.« (*Sportinformationsdienst* vom 7. April 1992) Und auch bei den Sanktionen sind die Sportler viel rigoroser als die Funktionäre. Der Leichtathlet Jan Fitschen, 2006 Europameister über 10 000 Meter, forderte in der *Frankfurter Allgemeinen Zeitung* vom 4. Januar 2007 eine Verschärfung der Strafen: »Wer nachweislich gedopt hat, der gehört meiner Meinung nach ins Gefängnis. Man bringt die Athleten, die es sauber versuchen, um ihren gerechten Lohn, und das meine ich nicht nur finanziell. Betrug ist ein Verbrechen, und es ist nicht damit getan, wenn einer zwei Jahre gesperrt wird. Da muss juristisch voll durchgegriffen werden. Da ist auch der Staat gefordert.« Der ehemalige Zehnkämpfer Frank Busemann verlangte im Sommer 2007 laut dpa nicht nur lebenslange Sperren, er verlangte auch, »dass der wirtschaftliche Ruin des Athleten herbeigeführt wird«.

Von Sportlern kommen auch deshalb die schärfsten Vorschläge, weil das Doping sie am unmittelbarsten trifft. So jammerte Hans-Michael Holczer, der Chef des Radteams Gerolsteiner, kurz vor Be-

## Der verratene Sport – ist er noch zu retten?

ginn der Tour de France 2007, dass die Dopingaffären große wirtschaftliche Folgen für ihn hätten, der Wert seiner Firma sei wegen der Skandale seit eineinhalb Jahren »dramatisch gesunken«. Doch solche Einbußen sind Marginalien gegenüber dem, was der Sportler zu ertragen hat. Wenn seine Konkurrenten dopen, hat er nur zwei Auswege: Entweder er dopt mit und setzt damit seine Gesundheit aufs Spiel oder er bleibt sauber und verliert damit seine Chance auf den Sieg. Doping ist für Funktionäre, Sponsoren und Medien allenfalls ein Ärgernis, für die Athleten geht es an die Grundfeste. Im Juni 2007 hat dies der Radprofi Jörg Jaksche in seinem Geständnis im *Spiegel* auf den Punkt gebracht: »Wenn du weißt, dass sich der Radsport nicht grundsätzlich geändert hat, wovon auszugehen ist, dann musst du weitermachen. Es ist pervers, aber das Dopingsystem ist gerecht, weil alle dopen. Radsport ohne Doping ist nur gerecht, wenn wirklich niemand mehr dopt.«

Das Irrwitzige ist, dass Sportfunktionäre Doping zwar als wirkliche Bedrohung ansehen. Aber die Bedrohung besteht für sie nicht darin, dass die grundlegenden Regeln des Sports zerstört und Athleten auf brutale Art und Weise verheizt werden. Die Bedrohung besteht für sie darin, dass jeder Dopingfall die Öffentlichkeit aufs Neue auf die Verwilderung der Sitten aufmerksam macht und die Sponsoren ärgert, kurz: das so lieb gewonnene System der Selbstverwaltung gefährdet. Erst wer wirklich begreift, was eine radikale Dopingbekämpfung auslösen würde, versteht, warum sich der Präsident des Deutschen Olympischen Sportbundes (DOSB), Thomas Bach, so vehement gegen eine Dopingbekämpfung durch den Staat wehrt. Der Sport und besonders Olympia lebt von seinen hehren Werten, von den Idealen, die Funktionäre gern im Mund tragen. Wer aber zulässt, dass Ermittler den Sport einmal wirklich durchleuchten, der setzt die Geschäftsgrundlage aufs Spiel. Es würde sich zeigen, dass die Reden vom Fairplay nur Teil einer riesigen PR-Maschinerie sind. Die Enthüllung der Wahrheit würde das Bild vom Muskelspiel zerstören. Deshalb reagieren die Funktionäre nach der Aufdeckung von Skandalen nicht nur mit der Versicherung, sie würden jetzt schnell und rigoros handeln, sie setzen auch so genannte Unabhängige Untersuchungskommissionen, Kontrollausschüsse oder Ad-hoc-Gremien ein. Und dort schlummert dann das Problem weiter, es wird zerredet und die Ergebnisse werden schließlich zwischen zwei Aktendeckeln weggeheftet.

Geradezu beispielhaft dafür ist die Unabhängige Dopingkommission, die 1991 unter Vorsitz von Heinrich Reiter, dem damaligen Präsidenten des Bundessozialgerichts, eingerichtet wurde, um nach den Enthüllungen des DDR-Dopingsystems die deutsche Pharma-Vergangenheit tiefenscharf aufzuarbeiten. In der Beschreibung der deutsch-deutschen Dopinggeschichte kam die Kommission zu einem durchaus realistischen Sittengemälde. Seit den ersten Vermutungen über Doping in Deutschland im Jahre 1976, so resümierte die Kommission, sei so gut wie nichts geschehen: »Forderungen nach einem energischen Vorgehen wurden halbherzig erfüllt; insbesondere das Problem der Kontrollen in der Trainingsphase wurde zunächst nicht angegangen. Man beschränkte sich auf den Erlass einer Vielzahl von Resolutionen und Erklärungen sowie auf andere Maßnahmen, die im Nachhinein als Alibi-Vorgehen zu bezeichnen sind.« Und dann beschleunigte die so kritische Reiter-Kommission wortreich genau das, was sie gerade kritisiert hatte. Zunächst legte sie die Bekämpfung des Dopingproblems wieder in die Hände derer, die den Schlamassel mitverursacht hatten: der Sportfunktionäre. Genauso könnte man die Lösung des Drogenproblems in die Hände der kolumbianischen Drogenkartelle legen. Folge dieser Grundsatzentscheidung war, dass der Sport bis zum heutigen Tag unter mehr oder minder großen Wellen immer neuer Dopingaffären zu leiden hat.

Auch die Einstellung der Reiter-Kommission, dass es nicht ihre Aufgabe gewesen sei, »Einzelfälle von Doping aufzuklären und Sanktionsmaßnahmen vorzuschlagen«, hatte gravierende Folgen. Weil die Aufklärung im Schwammigen und Unkonkreten blieb, wähnten sich die alten Dopingkenner bald wieder in Sicherheit. In deren Folge gaben viele Verbände und Organisationen belasteten Trainern, Ärzten und Wissenschaftlern eine »günstige Sozialprognose« und stellten diese Kräfte dann wieder ein. Auf diese Weise wurde die latente Dopingmentalität im deutschen Sport nicht bekämpft, sie bekam sogar noch den Segen eines angeblich objektiven Beratergremiums. Die Folgen sind bekannt: Die Dopingkarriere eines Leichtathletik-Trainers wie Thomas Springstein hätte es niemals gegeben, wenn die Vorschläge der Reiter-Kommission vor 16 Jahren mutiger gewesen wären. Vermutlich hätte es auch das Freiburger Dopingsystem für das Team Telekom um die Ärzte Andreas Schmid und Lothar Heinrich niemals gegeben, wenn die Herren damals konsequenter gehandelt hätten. Denn schon 1991 gab es konkrete Hinweise, dass Sportler unter der Leitung von Professor Joseph Keul, dem Vorgesetzten der Doktoren, chemisch schnell und stark gemacht wurden. Aufgeklärt und öffentlich gemacht hat die Reiter-Kommission dies aber nicht. Und so konnte der weißhaarige Doyen der deutschen Sportmedizin munter weiterwirken. Als der *Spiegel* 1999 eine Geschichte über Doping im Radteam Telekom veröffentlichte, verfasste Keul gar eine erstaunliche eidesstattliche Versicherung zur Vorlage vor Gericht: »Ich kann nach den von uns durchgeführten Untersuchungen versichern, dass die bei uns vollständig vorliegenden Dokumentationen bei Fahrern des ›Team Telekom‹ in keinem einzigen Fall ein Ergebnis zeigen, welches Anlass zur Feststellung geben könnte, der Fahrer habe verbotene Mittel im Sinne der im Radsport geltenden Definition des ›Doping‹ eingenommen.« Heute ist klar: Die Erklärung ist eindeutig falsch. Und mit seiner schmutzigen Sauberkeitsoffensive stellte Keul seinen Ärzten praktisch Persilscheine aus, mit denen sie weiterhin segensreiche Dienste für die Radfahrer ausüben konnten.

Und mit noch einer Empfehlung zementierte die Kommission einen Anti-Doping-Kampf light in Deutschland. Ausdrücklich sagten die Mitglieder der Reiter-Kommission, dass es in Deutschland, anders als in anderen zivilisierten Ländern, keine staatlichen Anti-Dopinggesetze und keine unmittelbare Verantwortlichkeit des Staates für Kontrollen und Sanktionen geben solle. Die Kommission wollte das Handeln auch weiterhin bei genau jenen Sportorganisationen und deren Führern belassen, denen sie Untätigkeit, ein »Alibi-Vorgehen« und damit das klammheimliche Tolerieren des Dopings vorgeworfen hatte. Wie weltfremd die Kommission mit dieser Entscheidung war, zeigt die Tatsache, dass die größten Skandale – sei es nun Balco in den USA oder Fuentes in Spanien – nur mithilfe staatlicher Ermittlungsorgane aufgedeckt und aufgeklärt werden konnten. Auch in Deutschland wären die Dopingfälle Springstein und Ullrich schnell im Sande verlaufen, wenn nicht die Staatsanwaltschaften eingegriffen hätten und mit Beamten von Polizei und Bundeskriminalamt den Dopingtätern auf den Leib gerückt wären.

Die Arbeit und die Ergebnisse der Reiter-Kommission sind somit für den Anti-Doping-Kampf nicht Geschichte. Die Ergebnisse sind aktuell, weil sie bis zum heutigen Tag nachwirken und weiterhin das Denken vieler Funktionäre mitprägen. Reiter übergab seinen Bericht damals Bundesinnenminister Wolfgang Schäuble, der sich an die Empfehlungen hielt. 16 Jahre danach ist Schäuble wieder Innenminister, und wieder muss er sich in dieser Funktion um das alte Dopingproblem kümmern. Bundestagsabgeordnete aus mehreren Parteien hatten ihn seit Mitte 2006 aufgefordert, ein Anti-Doping-Gesetz auf den Weg zu bringen, wie es heute in vielen Ländern Europas beschlossen ist. Es gibt mächtige Funktionäre, an deren Spitze Thomas Bach steht, die halten solche Gesetze für eine Pest. Sie fühlen ihre Machtposition bedroht, weil der Staat dann leichter in das Spiel eingreifen könnte, deren Regeln sie bisher nach Gutdünken selbst bestimmen konnten. Deshalb kam es wegen dieses Gesetzes zu einer Art Showdown: auf der einen Seite Bach und andere Funktionäre wie die Schwimm-Präsidentin Christa Thiel, auf der anderen Seite Parlamentarier und Funktionäre wie Clemens Prokop, der Präsident des Deutschen Leichtathletik-Verbandes. Bayerns Justizministerin Beate Merk konnte den Standpunkt der Gesetzesgegner nicht verstehen: »Ich halte das für eine Symbolpolitik«, sagte sie der *Welt* am 13. Juni 2007. »Man verweist darauf, der Staat solle tätig werden, aber bitte nicht zu viel. Es fehlt da am Nachdruck, Doping wirklich aus dem Sport hinausdrängen zu wollen.« Und irgendwo zwischen den beiden Positionen stand Schäuble, der sich mit seinen Anti-Terror-Gesetzen in Deutschland längst einen Ruf als scharfer Hund erworben hatte, im Anti-Doping-Kampf aber weiterhin erstaunlich lasch geblieben ist. Nach monatelangen Debatten im Bundestag, auf Symposien und Diskussionsveranstaltungen, die Dutzende von Zeitungsseiten füllten, kam am Ende eine leichte Verschärfung des Arzneimittelgesetzes heraus – wahrlich kein Pfund, mit dem Ermittler beim Verdacht auf Dopingvergehen künftig wuchern können.

Nun ist es keineswegs so, dass in den vergangenen Jahren im Anti-Doping-Kampf überhaupt nichts geschehen wäre. 8196 Dopingkontrollen führten die 2002 gegründete Nationale Anti-Doping-Agentur (Nada) und die Sportverbände im Jahr 2006 durch. Es gibt neben den Wettkampfkontrollen längst auch Tests in den Trainingsphasen. Es ist eine ziemlich große Pipi-Beförderungsbranche quer durch alle Länder dieser Erde entstanden. Und es wird nicht nur das Urin untersucht, sondern auch das Blut der Sportler, um Spuren von Epo entdecken zu können. Einige Freiwillige lassen sich auch ihr Blutvolumen messen, um eine Manipulation mittels Blutaustauschs weitgehend ausschließen zu können. Wegen dieser Mini-Fortschritte sind besonders die deutschen Funktionäre groß darin, dem eigenen Volke vorzugaukeln, das eigene Land habe eines der besten, wenn nicht das beste Kontrollsystem der Welt. Doch zuweilen hören sich die Zahlen wie die alte »Tonnen-Ideologie« der DDR an – mit eindrucksvollen Steigerungsraten soll die hohe Leistung eines Systems bewiesen werden. Doch die reine Steigerung der Quantität sagt überhaupt nichts aus über die Effektivität und die Qualität der Kontrollen.

Der Radfahrer Jörg Jaksche hat in seinem Geständnis über zehn Jahre Doping beschrieben, dass Kontrollen dem dopenden Sport durchaus zusetzen. Der medikamentenhörige Athlet verzichtet aus Angst vor den Tests bei unwichtigeren Wettkämpfen schon mal auf die eine oder andere Spritze, er dosiert noch sorgfältiger und sucht nach nicht nachweisbaren Alternativen. Die Resultate einiger Disziplinen wie Kugelstoßen oder Diskuswerfen, in denen die Aktiven heute zwei beziehungsweise zehn Meter weniger weit werfen als vor 15 Jahren, belegen, dass sich einige Sportarten in der Tat beeindruckt zeigen von der Kontrolldichte. Es ist aber ein Trugschluss, wie bislang zu glauben, Dopingkontrollen würden den Sport insgesamt sauberer machen. Erwischt werden vielmehr nur die Doofen. Dopingkontrollen, wie man sie bisher kennt, schärfen nur die Sinne der Sportler und ihrer Hintermänner, noch geschickter zu manipulieren, sich mit noch größerer Intensität in die Möglichkeiten sicherer Betrugsmaschen einzuarbeiten.

Wie einfach es für deutsche Athleten ist, sich dem Kontrollsystem zu entziehen, kam Anfangs des Jahres 2007 heraus. Rund 400 vorgesehene Trainingskontrollen konnte die Nada allein 2006 nicht durchführen, weil sie die für eine Probe vorgesehenen Athleten nicht angetroffen hatte. Die Nationale Anti-Doping-Agentur gab selbst zu, 201 dieser verpassten Tests nicht an die zuständigen Verbände weitergeleitet zu haben – also: viel Murks im Kontrollsystem, und passiert ist nichts. Vom Deutschen Leichtathletik-Verband abgesehen, hatten die Verbände nicht einmal Sanktionsmaßnahmen beschlossen, mit denen Flüchtige bestraft werden können. »Eine Pflicht ist nur dann eine Pflicht, wenn ihre Nichtbefolgung bestraft wird«, sagt deshalb Helmut Pabst, der mit seiner Firma PWC fast alle Dopingtests in Deutschland vornimmt. Nun bedeutet zwar ein verpasster Test nicht automatisch, dass der entfleuchte Athlet auch wirklich gedopt hat. Die ernüchternd hohen Zahlen zeigen jedoch, wie sich der Kontrollmechanismus mit einfachen Tricks aushebeln lässt, wenn es ein Athlet darauf angelegt hat.

Die Vergangenheit hat deshalb eines eindrucksvoll bewiesen: Durch die Installation von Untersuchungskommissionen, durch die Diskussion und Verabschiedung lauer Gesetze und allein durch die Steigerung der Kontrollzahlen ist der Sport nicht sauberer geworden. Es bedarf neuer, viel radikalerer Änderungen, um den Sport zu retten.

## Schritt 1: Radikale Trennung vom Zirkussport

Wer sich einen Tag und eine Nacht lang durch die deutschen Fernsehsender zappt, wird auf außergewöhnliche Formen menschlicher Tätigkeiten stoßen. Da ziehen dicke Männer große Lastkraftwagen an einem Tau hinter sich her. Muskelprotze werfen klobige Steine über hohe Hindernisse. Und breitschultrige Kerle watscheln wie Pinguine, weil sie mit ihren Armen tonnenschwere Koffer tragen. Wer sich die unnatürlichen Bizeps der Kraftmenschen anschaut, würde niemals auf die Idee kommen, die seien allein durch Training und gute Ernährung gewachsen. Die Herren der ulkigen Wettkämpfe dopen, und jedermann weiß es und nimmt es hin. Niemand würde die Forderung aufstellen, bei solchen Unterhaltungssendungen müssten Dopingkontrollen her. Das ist Show, Panoptikum, eine Art Zirkus.

Doch es gibt im Fernsehprogramm auch angeblich seriöse Sportarten, von denen alle Kenner wissen, dass dort nicht der faire Wettkampf herrscht. Spätestens seit dem Festina-Skandal 1998 in Frankreich hat sich auch der Radsport als eine Vereinigung krimineller Subjekte entlarvt. Die Affäre um den spanischen Arzt Fuentes und die Beichte des deutschen Profis Jörg Jaksche belegen eindrucksvoll, dass sich seitdem so gut wie nichts geändert hatte. Aber dennoch übertrugen ARD und ZDF weiter von der Tour de France, als sei nichts geschehen. Da wurde bei Zielankünften gejubelt, da wurden in den Berganstiegen die Leiden der Helden besungen und das Schicksal der Geschlagenen beklagt. Es war großes Kino, was die Sender dort betrieben, aber es war auch ein großer Betrug am Publikum. Als deshalb Werner Franke der ARD »systematische Lügnerei« und »öffentlich-rechtliche Prostitution« vorwarf, reagierten die Intendanten der ARD-Sender gereizt. Sie verklagten Franke, und die Sache kam vor Gericht. Der Richter gab dem Wissenschaftler schließlich recht, er habe sich »möglicherweise nur ein bisschen in der Wortwahl vergriffen«. Aber in der Sache stimmte er Franke zu, dieser dürfe weiter sagen, dass die ARD Doping in ihrer Berichterstattung »ausklammere«.

Immer noch werden Millionen in die Dopingwettkämpfe der Radler gesteckt, aber niemand käme im Vergleich dazu auf die Idee, Drogendealern Unterstände zu bauen, damit sie besser ihren Geschäften nachgehen können. Wenn es in Zukunft dopingfreien Sport geben soll, müssen sich die öffentlich-rechtlichen Sender von diesem Zirkussport trennen. Der Ausstieg aus der Tour de France 2007 war ein erster Schritt, mehr nicht. Er wird sofort verwässert, wenn andere Sender dafür einspringen und die Entscheidung als einmalige Maßnahme kommuniziert wird. Und das Ergebnis bleibt als Einzelaktion wirkungslos, wenn Dachorganisationen wie der DOSB weiter mit solchen Verbänden und Veranstaltern zusammenarbeitet, der Staat ihnen Geld zur Förderung der Sportler gibt und Mittel zur Veranstaltung von Großevents zur Verfügung stellt.

Doch nicht nur der Radsport – zumindest bis er sich nicht radikal gesäubert hat – gehört ins Sendeschema neben die Steinewerfer und LKW-Schlepper. Das ZDF zeigt auch Bodybuilding. Und ums Boxen gibt es regelrechte Schlachten zwischen ZDF, ARD, RTL und ProSieben um die besten Faustkämpfer. Aber hat schon jemand davon gehört, dass die Boxer regelmäßig von Dopingkontrolleuren aufgesucht werden? Verseuchte Sportarten müssen als das gebrandmarkt werden, was sie sind: eine Veranstaltung von Schaustellern. Erst wenn das Publikum das begreift, kann es einen Neubeginn geben. Wenn die ehrlichen Sportler nicht so lange warten wollen, müssen sie selbst ein alternatives Wettkampfprogramm zu den Dopingspielen erstellen – radikal geändert, garantiert sauber. Sie müssen sich ein eigenes Kontrollsystem schaffen, notariell beglaubigt, jederzeit transparent. Natürlich sollen sie auch an den Dopingwettkämpfen teilnehmen dürfen, aber sie dürfen dort ruhig im letzten Drittel ins Ziel kommen. Es wird sich bald zeigen, wer von der Öffentlichkeit und den Sponsoren besser angenommen wird: der gedopte Radsportler, der eine Rundfahrt mit einer Durchschnittsgeschwindigkeit von 41 Stundenkilometern fährt, oder der nachgewiesenermaßen saubere Athlet, der im Schnitt fünf Stundenkilometer langsamer ist.

Wer wirklich dopingfreien Sport will, der wird auf diese radikale Lösung zurückgreifen müssen, denn das heutige System und deren Vertreter haben dermaßen versagt, dass andere Alternativen nicht möglich sind. Noch immer stoßen bereits kleinste Reformvorschläge, die etwas aus dem Rahmen fallen, auf Widerstände. Wie auf Kosten der Athleten bis heute ein gefährlicher Leistungsdruck erzeugt wird, dokumentierte Michael Vesper, der Generaldirektor des Deutschen Olympischen Sportbundes. Auf die Frage, ob es nicht angesichts der Dopingmentalität in vielen Sportarten vernünftiger sei, die drei besten Deutschen zu internationalen Wettkämpfen zu schicken, statt auf die Erfüllung immens hoher Normen zu drängen, meinte Vesper im Juni 2006 bei Gesprächen im Düsseldorfer Landtag, das ginge nicht. Sportler, die Deutschland vertreten, müssten schon die Kraft haben, in den Endkampf zu kommen. Solange die Verbandsdamen und -herren den Leistungssport immer noch allein am Medaillenspiegel ausrichten und damit die Vorstellung verbreiten, mit anabol hochgerüsteten chinesischen Schwimmern oder amerikanischen Sprintern mithalten zu wollen, der fördert den Zwang zum Mitdopen.

**Merke:** Wer dopingfreien Sport will, der muss sich entschlossen vom Zirkussport trennen.

## Schritt 2: Radikale Repression über die Grenze des bisher Vorstellbaren hinaus

Debatten nach Dopingfällen hatten bisher stets das gleiche Muster: Der ersten Aufregung über einen bestimmten Sportler folgte ein Feuerwerk an Empörung. Hochrangige Vertreter von Politik und Sportverwaltung trafen sich bei Maybrit Illner oder Sabine Christiansen. Dort folgten eine paar wichtige Vorschläge, wie es nun weitergehen könne. Dann wurde irgendeine Kommission gebildet. Am Ende blieb im Kern alles wie bisher. Wer wirklich dopingfreien Sport will, darf in diesem Schauspiel nicht mehr mitwirken. Es müssen Konsequenzen folgen, die so repressiv sind, wie es bisher noch nicht vorstellbar ist.

Zunächst muss es den Funktionären an den Kragen gehen. Bisher haben die Funktionäre alle Affären schadlos überstanden. Heinz-Jochen Spilker ist so einer ihnen. Der Rechtsanwalt aus dem westfälischen Hamm war erfolgreicher Trainer von Sprinterinnen, bis enthüllt wurde, dass er mit Doping nachgeholfen hatte. Wegen Verstoßes gegen das Arzneimittelgesetz wurde Spilker verurteilt. Er tauchte eine Zeit lang unter und war dann wieder obenauf: als Rechtswart und Vizepräsident des thüringischen Landessportbundes. Oder Thomas Pfüller: Der Mann war Langlauf-Cheftrainer im Skiverband der DDR und damit direkt ins Dopingsystem eingebunden. Trotz seiner Vergangenheit legte der Sachse nach der Wende eine beachtliche Karriere hin. Er wurde Generalsekretär des Deutschen Skiverbandes und damit der mächtigste Mann dort: Er stellt Trainer ein und entlässt sie, er bestimmt die Normen mit und entscheidet darüber, welche Athleten zu den großen Wettkämpfen dürfen. Es mag ein Akt christlicher Nächstenliebe sein, solchen Leuten eine zweite Chance zu geben, aber wer wirklich dopingfreien Sport will, muss sich von ihnen trennen.

Doch eine Belastung sind nicht nur die Funktionäre, denen man direkt oder indirekt nachweisen kann, selbst am Dopingsystem mitgewirkt zu haben, es sind auch die Leugner, die heimlichen Vertuscher, die Kleinredner, die das korrupte System jahrelang mitgetragen haben. Sie sind dafür verantwortlich, dass die Selbstheilungskräfte des Sports verkümmert sind. Paradebeispiel dieser Spezies ist Rudolf Scharping, der Präsident des Bundes Deutscher Radfahrer – ein Mann, den Jan Ullrich einen seiner »besten Kumpel« genannt hat und über den er in seiner Hamburger Rücktritts-Pressekonferenz sagte: »In meiner erfolgreichen Zeit war er einer der größten Schulterklopfer. Er war bei vielen Rennen dabei, im Trainingslager hat er sich oft mit mir ablichten lassen, war immer mit seinem eigenen Fotograf dabei.« Wer sich auf diese Weise gemein macht mit Sportlern, die längst unter Verdacht stehen, dem nimmt niemand einen ernsthaften Anti-Doping-Kampf ab. Solche Funktionäre sind mitverantwortlich dafür, dass Eltern ihre Kinder ab einem bestimmten Leistungsstand aus dem

Sport herausnehmen, weil sie Angst um deren Gesundheit haben. Wer es ernst meint mit dem sauberen Sport, der muss Leute wie Scharping abwählen.

Die Beispiele von Balco in den USA und Fuentes in Spanien haben gezeigt, wie tief staatliche Stellen in den Dopingsumpf eindringen können, wenn sie das Handwerkszeug dafür haben. Zwar gibt es auch in Deutschland durchaus Möglichkeiten, nach dem Arzneimittelgesetz gegen Hintermänner, Trainer und Dealer vorzugehen. Doch die Paragrafen sind den Ermittlungsbehörden oft nicht hinreichend bekannt. So reagierten Staatsanwälte in der Vergangenheit trotz Anzeigen zurückhaltend oder abweisend – nach dem Motto: »Doping hat etwas mit Sport zu tun, und für die Freizeitbeschäftigung sind wir nicht zuständig.« Die bayerische Justizministerin Beate Merk verlangt deshalb: »Wir brauchen klare und einfache Gesetze.« Wer wirklich eine einsatzkräftige Truppe gegen Doping haben will, müsste zudem eine Schwerpunkt-Staatsanwaltschaft gründen, die sich mit den Besonderheiten des Sportsystems auskennt. Bisher behindert auch das gering geschätzte Strafmaß von Dopingdelikten schlagkräftige Ermittlungen. Nur wer Doping – besonders an jungen Mädchen – als schwere Körperverletzung begreift, wird sich auch trauen, internationale Ermittlungen aufzunehmen. Wer wie die Staatsanwaltschaft in Magdeburg Bedenken hat, weiter gegen die international operierenden Netzwerke vorzugehen, weil am Ende einer mühsamen Ermittlung über Staatsgrenzen hinweg womöglich nur ein marginaler Strafbefehl herauskommt, ist mitverantwortlich dafür, dass die großen Dopingnetze niemals zerschlagen werden. Wenn Doping erst einmal als Bandenverbrechen verstanden wird, dann wird sich auch die Justiz trauen, ähnlich wie in anderen Bereichen der organisierten Kriminalität Gewinne abzuschöpfen. Illegal erworbene Prämien und Sponsoringeinnahmen könnten auf diese Weise wieder in den Anti-Doping-Kampf oder in die Unterstützung dopingfreier Sportzirkel umgeleitet werden. Wenn der Staat wirklich Interesse an einem sauberen Sport, an gesundem Fitnesssport hätte, müsste er die Gesetze jedenfalls grundlegend präzisieren und verschärfen. Schließlich muss das Strafmaß für Dopingtäter so erhöht werden, dass es wirklich abschreckend wirkt. Einige Verbände sprachen in der Vergangenheit Dreimonats- oder Einjahressperren aus – davon lässt sich kein Dopingprofi beeindrucken. Selbst die weitgehend übliche Zweijahressperre wirkt nicht gerade furchteinflößend. Wer im Radsport über 15 Jahre lang vorne mitfahren kann, wird sich von der Gefahr einer 24-monatigen Pause nicht ernsthaft bedroht sehen. Und auch den Sportler, der seine gesamte Schaffenskraft alle vier Jahre auf die Olympischen Spiele legt, bringt eine Sperre außerhalb dieser Höhepunkt nicht aus der Bahn.

Mit der Kommerzialisierung der Sportbranche hat sich zudem eine Verrechtlichung breitgemacht, die die Interessen der Sportler immer weiter zurückgedrängt hat. Wenn der Sport nicht durch eine Elite von Schwerverdienern, sondern wieder von der Masse der Sportenthusiasten bestimmt wird, dürften viel radikale Lösungen im Sinne des Triathleten Sultan oder des Langläufers Fitschen möglich sein. Dann sind auch Entscheidungen denkbar, wie sie im kindlichen Spiel möglich sind: Wer mit seinen Betrügereien nervt, darf einfach nicht mehr mitmachen. Ganz einfach: Wer dopt, muss draußen bleiben. Es gab bereits Beispiele von Athleten, die sich weigerten, gegen gedopte Konkurrenten anzutreten. Selbst bei der Tour de France gab es 2007 die ersten zarten Proteste von Fahrern, die sich gegen dopende Kollegen und die Dopingpolitik der Sportfunktionäre auflehnten. Am Start der 14. Etappe traten zumeist junge Athleten deutscher und französischer Teams in einen einminütigen Streik, um ihren Unmut über die Geschehnisse während der »Tour de Farce« kundzutun.

Aber solche Entscheidungen setzen voraus, dass der Profisport vom Kopf auf die Füße gestellt wird. Derzeit haben die Athleten, die mit ihrer Muskelkraft eigentlich für den Geschäftsgang verantwortlich sind, so gut wie keine Einflussmöglichkeiten. Die Damen und Herren in den Anzügen machen die Regeln, und die Jungen und Mädchen in den kurzen Hosen müssen über die hingehaltenen Stöckchen springen. Beispielhaft ist diese Aufgabenverteilung im Radsport zu erleben gewesen. Jahrelang übten die Geldgeber und deren Sportlichen Leiter einen solchen Druck auf die Athleten aus, dass diese sich gezwungen sahen, alle Spielarten des Dopings mitzumachen. Doch dann drehte sich irgendwann der Wind. Weil es die Öffentlichkeit so wollte, verlangten die Sponsoren und die Medien irgendwann saubere Wettkämpfe, und die Sportlichen Leiter, die den Pharmabetrug forciert hatten, drängten nun die Athleten in die Ecke. Die Dopingverantwortlichen von einst verfassten Beschlüsse für die neue Reinheit, nannten sie ausgerechnet auch noch »Ethikcode« und verlangten etwa von den Fahrern vor der Tour 2007 eine »Ehrenerklärung«, nicht gedopt zu haben und nicht beim spanischen Dopingarzt Fuentes gewesen zu sein. Niemand kam auf die Idee, eine solche Verpflichtungserklärung auch von den Teamleitern oder anderen Tour-Funktionären zu verlangen.

Wer den Sport wirklich dopingfrei haben will, muss ein gerechtes Strafenregister schaffen, das auch den Ausschluss auf Lebenszeit mit einschließt. Bisher sind die Sanktionen sehr holzschnittartig: Wer eine positive Probe aufweist, wird gesperrt. Aus. Basta. Die Satzungen legen die Höhen der Strafe fest. Es wird nicht geprüft, welche biochemischen Ursachen die positive Probe haben könnte. Es wird nicht gefragt, welche Motive es für die Einnahme eines Mittels gab. Und es wird nicht gefragt, ob der Athlet auf Druck von oben schluckte oder spritzte, ob es Hintermänner und Mitwisser gab oder ob es seine eigene, freie Entscheidung war. Kein Athlet dopt gern, schließlich sind es allein die Sportler, die die gesundheitlichen Folgen und das Risiko des Ausschlusses von den Wettkämpfen zu tragen haben. Deshalb müssen die Athleten mitbestimmen, von wem sie sich betrogen fühlen. Deshalb muss das Register der Strafen weitreichender und individueller werden. Es muss möglich sein, sich von denjenigen zu trennen, die kein Interesse am fairen Wettkampf haben, und es muss möglich sein, diejenigen zu entfernen, die Sportler zwingen mitzudopen.

**Merke:** Der Staat und die Sportler selbst müssen sich verpflichten, härter durchzugreifen, um den Sumpf trockenzulegen.

## Schritt 3: Radikaler Umbau des Kontrollsystems

Wann immer in den vergangenen Jahren erste Dopinggerüchte über Athleten wie Marion Jones, Jan Ullrich oder Grit Breuer an die Öffentlichkeiten drangen, hatten die Sportler stets ein schlagendes Argument parat. Sie seien nachweislich nicht gedopt gewesen, schließlich sei ihre reine Weste durch Hunderte von Dopingkontrollen festgestellt worden. Die Vergangenheit hat also bewiesen, dass die vielen Tests oft nicht mehr sind als die Maskerade eines dopingfreien Sports.

Jährlich werden Sportler viele tausend Mal zum Urinlassen gebeten, mittlerweile gibt es auch immer mehr Blutkontrollen. Es mangelt nicht an der Zahl der Probennahmen, es hapert immer noch an der Qualität. Es gab einmal die Vorstellung, mit der Nada eine unabhängige Institution zu schaffen, die in Deutschland federführend den Anti-Doping-Kampf betreibt. Doch von Beginn an litt sie unter Geldmangel; 2007 hatte die Nada gerade einmal einen Etat von 1,8 Millionen Euro zur Verfügung.

Und deshalb fehlten etwa das trainingswissenschaftliche Personal und das Know-how, um Sportler in Hochdopingphasen zu überprüfen. Es fehlten ein Konzept und der Mut, sich auf die Sportarten und Athleten zu konzentrieren, die sich besonders verdächtigt gemacht hatten. Und es fehlten die Mittel, die Athleten in ihren Trainingslagern im Ausland aufzusuchen – also dort, wo im Frühjahr etwa für Leichtathleten die leistungsmäßige Grundlage für die gesamte Saison geschaffen wird. Keine fünf Prozent der Trainingskontrollen fanden außerhalb von Deutschland statt.

Die Wahrscheinlichkeit für einen Athleten, in Südafrika, Australien oder den USA kontrolliert zu werden, war lächerlich gering. Weil sich aber gerade Spitzenathleten solche kostspieligen Aufenthalte erlauben können, haben die besten Sportler auch die besten Möglichkeiten zu manipulieren. Wer wirklich einen dopingfreien Sport will, hat mit der Nada ein Grundgerüst. Mehr nicht. Es bedarf einer erheblichen Aufstockung der Finanzen, um Kontrollreisen ins Ausland vornehmen zu können. Vor allem müssen aber Dopingkenner eingeschaltet werden, die wissen, wann Athleten für gewöhnlich dopen, und die den Mut haben, ihre Kontrolleure gerade zu diesem Zeitpunkt loszuschicken. Die Dopingjäger müssten sich dann auch auf die Kraft- und Ausdauersportarten wie Leichtathletik, Schwimmen oder Boxen konzentrieren und dürfen im Eisstockschießen, Wasserspringen oder Hockey ruhig etwas nachlässiger sein.

Die Nada hat zumindest angekündigt, mit einem Strategiewechsel zu »intelligenteren Kontrollen« in diese Richtung zu gehen. Der Fall des Radfahrers Patrik Sinkewitz ist der Beweis, dass dieses Konzept aufgehen kann. Die Zahl der Nada-Kontrollen soll zudem verdoppelt werden. Außerdem will die Agentur die Zielkontrollen verstärken, also jenen Athleten und Athletengruppen gezielt auflauern, gegen die es berechtigte »Verdachtsmomente« gibt.

Dass die Nada in den fünf Jahren ihres Bestehens ein zahnloser Tiger geblieben ist, hat im Wesentlichen damit zu tun, dass den Verbänden diese Organisation immer suspekt geblieben ist. Vielen war sie lästig, ein Feind. Als Clemens Prokop Ende Mai 2007 vorschlug, fünf Prozent der öffentlichen Sportförderung in den Nada-Topf zu geben, wurde er von seinen Kollegen brüsk zurückgewiesen. Und als sich der ehemalige Nada-Geschäftsführer Roland Augustin für ein Anti-Doping-Gesetz stark machte und sich damit gegen den mächtigen DOSB-Präsidenten Bach stellte, fiel er in Ungnade, und bald war er seinen Posten los.

Dafür installierte man mit Armin Baumert ausgerechnet einen Mann, der jahrelang für die Produktion von Hochleistungssportlern verantwortlich war. Baumert war Leichtathletik-Trainer, dann acht Jahre lang Leiter des Olympiastützpunkts Berlin und anschließend zehn Jahre Leistungssportdirektor im Deutschen Sportbund.

Kontrollsysteme brauchen unabhängige Leute an ihrer Spitze. Personelle Verquickungen wie im Fall Baumert darf es nicht geben. Anti-Doping-Agenturen haben nur dann eine Chance, wenn sie völlig unabhängig von den Verbänden agieren können. Sie dürfen weder finanziell noch organisatorisch oder personell mit den Sportverbänden verbunden sein. Statt sich in einer Melange aus Naivität und Kumpanei mit dem Sportsystem gemein zu machen, müssen sich die Dopingfahnder als Polizisten sehen, als Gegner mafiaähnlicher Vereinigungen, die alles versuchen, um die Kontrolleure auszutricksen. Und das gilt nicht nur für Deutschland. Im Mai 2006 hatte der australische Schwimmstar Ian Thorpe bei einer unangekündigten Trainingskontrolle verdächtig hohe Hormonwerte. Für gewöhnlich gilt Australien als strenger Bekämpfer des Dopings. Aber nicht, als es um den eigenen Volkshelden ging. Die australische Anti-Doping-Agentur verschwieg den Fall zehn Monate lang. Hand in Hand übrigens mit den Medien in Australien, die den eigenen Heros schonten und sich stattdessen vor der Schwimm-Weltmeisterschaft im eigenen Land mit Feuer auf Dopingverdächtigungen gegen die Chinesen und die Deutsche Britta Steffen stürzten.

Doch die totale Abtrennung des Kontrollsystems von den Sportorganisationen wird nicht ausreichen. Es muss eine internationale Eingreiftruppe installiert werden, die weltweit zuschlagen kann. Denn wer den Athleten für Sauberkeit im Sport im eigenen Land viel abverlangt, muss auch für internationale Gerechtigkeit sorgen. Es gibt immer wieder Gerüchte, Informationen und berechtigte Schlussfolgerungen, dass es in Ländern wie China, der Ukraine, Weißrussland, aber auch Algerien oder Marokko und vielen anderen Staaten kein ernsthaft funktionierendes Kontrollsystem gibt. Wer wirklich dopingfreien Sport will, muss eine internationale Dopingpolizei aufstellen, die mit einer Art UNO-Status versehen überall dorthin reisen darf, wo sie es für notwendig hält. Unangemeldet und inkognito. Und wer diese Fahnder nicht in sein Land lässt, wird vom internationalen Sportbetrieb ausgeschlossen. Das Internationale Olympische Komitee hätte die Macht, das durchzusetzen.

Schließlich müssen die Athleten einsehen, dass Dopingkontrollen keine Strafmaßnahmen sind, sondern eine Bringschuld, die notwendig ist, um das System Sport zu retten. Schon heute ist es so, dass viele Anti-Doping-Regeln nicht mehr mit den Vorstellungen der freiheitlichen Grundordnung überstimmen.

Es ist bereits ein starker Eingriff in die Intimsphäre, wenn die Kontrolleure den Sportlern beim Urinlassen auf den Schniedel schauen müssen und die Kontrolleurinnen den Sportlerinnen in die Vagina. Und es verträgt sich wohl kaum mit dem Datenschutz, wenn sich Athleten bei der Nada immer abmelden müssen, sobald sie ihr Zuhause verlassen wollen. Sie müssen stets angeben, wo und wie sie jederzeit zu erreichen sind. Doch wer wirklich dopingfreien Sport will, der muss sogar noch weitere Einschränkungen der Grundrechte in Kauf nehmen.

Es sind Maßnahmen, die bisher allenfalls Beschuldigten eines Strafverfahrens zugemutet werden. Aber es gibt nun mal die Urinröhrchen, die von einem Beutel über die Poporitze zum Hodensack geführt werden, und es gibt Pülverchen, die sich Sportler an die Finger haften, um damit die Urinproben zu manipulieren. Um solche Betrugsvarianten aufspüren zu können, müssen den Kontrolleuren auch Leibesvisitationen erlaubt sein.

Zudem muss die Zahl der unangemeldeten Dopingtests erweitert werden. Um solche Überraschungskontrollen organisatorisch und finanziell gewährleisten zu können, müssen sich die Fahnder darauf verlassen können, dass sie die Sportler auch tatsächlich dort antreffen, wo sie laut ihrem Terminkalender sein müssen. Abweichungen müssen rigoros bestraft werden.

Und schließlich muss es auch Maßnahmen für bessere Kontrollen der Trainingslager im Ausland geben. Wer mehrmals im Jahr beabsichtigt, in Afrika, Amerika oder Australien zu trainieren, muss sich an den Kosten der Reisen für die Kontrolleure beteiligen – oder er muss im Inland bleiben.

**Merke:** Dopingtäter lassen sich nur bei einer konsequenten Trennung des Kontrollsystems von den Sportverbänden und mit verschärften Überwachungsmöglichkeiten erwischen.

## Schritt 4: Entschlossene Entwicklung von Aufklärungs- und Präventionsprogrammen

Kaum hatten sich im Mai 2007 die ehemaligen Telekom-Profis Rolf Aldag und Erik Zabel auf einer Pressekonferenz in Bonn zu ihren früheren Dopingtaten bekannt, da schrieb Sylvia Schenk, die ehemalige Präsidentin des Bundes Deutscher Radfahrer, in der *Süddeutschen Zeitung:* »Wenn das ganze Umfeld – Kollegen, Konkurrenten, Teamchefs, Trainer, Masseure, Ärzte – über Jahre entweder mitmacht oder die Augen verschließt, dann geht das Unrechtsbewusstsein jedes Einzelnen gegen null«. Es gebe »charakterliche Defizite auf breiter Front, die nicht mit einer Pressekonferenz aus der Welt zu schaffen sind.«

Ist Doping wirklich nur eine Frage des Gewissens? Oder ist es nur logisch, systemimmanent, weil mit dem Betrug ein so »umfassender Profit« zu machen ist, wie Helmut Digel, der jetzige Ehrenpräsident des Deutschen Leichtathletik-Verbandes, in der *Welt am Sonntag* vom 3. Juni 2007 meint: »Wer auf Profit aus ist, der wird auch zukünftig daran interessiert sein, dass sein Profit gesichert wird, und er wird sich mit aller Macht gegen jene stellen, die den Profit gefährden.«

Dass in der hitzigen Dopingdebatte des Sommers 2007 nicht über Moral und Ethik gesprochen und die Lösung des Problems fast ausschließlich über die technokratischen Fragen der Biochemie gesucht wurde, hat einen einfachen Grund. Das Problembewusstsein über die tieferen Ursachen des Dopings und damit die Frage, wie dem Medikamentenmissbrauch langfristig beizukommen ist, ist in Deutschland fast gänzlich verloren gegangen.

Das Zusammenspiel von Medien und Werbewirtschaft hat eine Heldenkultur geschaffen, in der nur noch der Sieger zählt. Sieht man einmal von den künstlich hochgepushten Sportarten wie Boxen oder Skispringen ab, so interessieren in der Breite nur noch die Volkssportart Fußball oder heldenhafte Triumphe. Im Vorlauf der Leichtathletik-Weltmeisterschaft mit persönlicher Bestzeit ausgeschieden? Wen juckt's? Achte über 200 Meter Rücken im Finale der Schwimm-WM?

Gähn! »The winner takes it all« heißt der Leitspruch der Sportindustrie, und deshalb wollen alle ganz oben sein, wollen alle an die Töpfe der Prämien und Werbeverträge.

Es scheint derzeit unmöglich zu sein, vor dem Hintergrund dieser Siegerfokussierung den Sport auf die ursprünglichen Ideale wie das Fairplay zurückzuführen. Wer aber zumindest vor der eigenen Haustür in Deutschland den Sport langfristig dopingfrei haben möchte, muss in Aufklärung und in Prävention investieren – auch wenn sich dort nicht jede Maßnahme sofort messbar auswirken wird. Denn was bisher in Deutschland an vorbeugenden Maßnahmen beschlossen wurde, ist lächerlich wenig. Im Bundeshaushalt waren für das Jahr 2007 gerade einmal 300 000 Euro für Prävention eingeplant.

Ziel der Prävention muss es sein, aufgeklärte Athleten heranzuziehen, die nicht allein auf den Sport fixiert sind. Wer über die Nebenwirkungen der Dopingmittel wirklich Bescheid weiß, wird sich ihnen viel eher verweigern als der Unwissende. Nur wer selbstbewusst genug gegenüber Trainern und Funktionären auftritt, wird in der Lage sein, Dopingangebote abzulehnen. Und schließlich können sich Athleten viel eher dem Druck zum Mitdopen entziehen, wenn sie ihre berufliche Existenz oder ihre gesamte Lebensplanung nicht allein auf das Bestehen im Sport gestellt haben. Diese Persönlichkeitsmerkmale und diese Eigenschaften widersprechen jedoch dem bisherigen Idealbild des Sportlers. Noch immer gibt es Verbände, die Athleten mit dem Entzug von Fördergeldern bestrafen, wenn sie sich zentralen Maßnahmen entziehen. Und noch immer gibt es Vereine und Verbände, die vom Athleten verlangen, ihr ganzes Leben der Sportlerlaufbahn zu opfern. Jede Ausbildung, jedes Semester, das ein finanziell Geförderter absolvieren möchte, wird dort als Bedrohung für die Leistungssteigerung angesehen.

Das Ziel von Präventionsmaßnahmen muss lauten, Kinder und Heranwachsende stark zu machen gegen übermäßige Versprechungen des Sports und die Verlockungen des Dopings. Die Umsetzung ist gar nicht so schwer, weil der Sport zum einen auf die Konzepte der allgemeinen Suchtprävention zurückgreifen kann. Wissenschaftler haben verschiedene Kampagnen der Prävention gegen Drogen, Zigaretten oder Alkohol auf ihre Wirksamkeit überprüft. Hier gilt es erfolgreiche Maßnahmen zu übernehmen. Der Heidelberger Sportpädagoge Gerhard Treutlein hat bereits einige der Kampagnen auf den Sport übertragen – ohne aber bisher auf großes Gehör bei den Verbänden zu stoßen. Zum anderen kann sich der Sport in der Dopingprävention auf die emotionale Wirkung des Sports und seiner herausragenden Persönlichkeiten verlassen. Prävention ist am wirkungsvollsten, wenn das direkte Umfeld Einfluss ausübt. Und für die Kids sind die erfolgreichen Stars der Sportbranche nun mal die größten Vorbilder. Wenn sich diese Stars in der Dopingprävention engagieren statt als heimliche Förderer eines brutalen Leistungsgedankens zu agieren, ist viel für die Jugend getan.

Dopingprävention muss in drei Phasen geschehen. In der Phase eins der Kindergarten- und Grundschulzeit müssen die Kinder lernen, Regeln zu akzeptieren. Es muss vermittelt werden, dass Sport nur dann Freude bringt, wenn sich alle an Fairplay halten. Den Kindern sollte klar werden, dass Sport auch dann Spaß macht, wenn man nicht gewinnt. Zudem kann den Kindern bereits in diesem Alter verständlich gemacht werden, dass man zum Sporttreiben keine besondere Nahrung, keine Energy-Drinks oder Vitaminpillen benötigt. Auf diese Weise soll auf die in vielen Familien verbreitete Medikamentenhörigkeit eingewirkt werden. In der Ausbildung der Grundschullehrer und der Übungsleiter für die Vereine müssen diese Ziele stärker verankert werden. Am meisten Nachholbedarf besteht jedoch in der Ausbildung der Erzieherinnen und Erzieher, in der die Sportpädagogik ohnedies bisher äußerst stiefmütterlich behandelt wird.

Schon in der Phase eins sollten berühmte Sportler zum Einsatz im Anti-Doping-Kampf kommen. Vereine der Fußball-Bundesliga suchen schon heute Schulen auf; dies sind bisher aber lediglich Marketingmaßnahmen, um die zahlende Kundschaft frühzeitig an die Clubs zu binden. Besuche sollten deshalb auch unter dem Gesichtspunkt der

Vermittlung von Regeln und Fairplay verpflichtend für alle Profis sein. Für die Deutsche Fußball Liga, die Dachorganisation der Erst- und Zweitligisten, wäre es leicht, solche Besuche obligatorisch durchzusetzen. Ähnliche Dachverbände haben inzwischen viele andere Sportarten wie Handball oder Basketball gegründet, auch hier sollte es entsprechende Verpflichtungen für die Profis geben. In allen anderen Sportarten könnten zumindest die Athleten herangezogen werden, die mit öffentlichen Fördergeldern oder Zuschüssen von der Deutschen Sporthilfe unterstützt werden.

In der Phase zwei vom 10. bis 14. Lebensjahr kann begonnen werden, eine Anti-Doping-Mentalität zu entwickeln. Doping muss als Bedrohung für die Existenz des Sports vermittelt werden. Auch in dieser Phase ist der Einsatz der Vorbilder immens wichtig. Darüber hinaus sollten Anti-Doping-Inhalte in die Lehrpläne des Sportunterrichts oder der Gesellschaftskunde aufgenommen werden. Hinzukommen müssen Kampagnen, die in der Drogen- oder Alkoholprävention erfolgreich waren: TV- und Kinospots, Lehrfilme für die Schule, Broschüren, Internetauftritte.

In der Phase drei ab dem 14. Lebensjahr geht es darum, das Wissen über Doping zu vergrößern, nämlich Bescheid zu wissen über die Folgen des Dopens für den Sport, für die Karriere von Sportlern, für die Medien und Sponsoren und vor allem für die Gesundheit. Wichtig dabei ist, dass Doping nicht allein als Betrug am Konkurrenten und am Zuschauer vermittelt wird, sondern Doping muss darstellt werden als Teil eines kriminellen Akts, der Leib und Leben bedroht. Für die Informationsvermittlung müssen altersgemäße Broschüren und Telefon-Hotlines geschaffen werden. Zudem sollte eine eigene Website eingerichtet werden, auf denen sich die Sportler nicht nur gegenseitig informieren, sondern sich auch untereinander unterhalten und mit Fachleuten austauschen können. Insbesondere sollte hier auch auf die Erfahrung ertappter Dopingsünder zurückgegriffen werden. Statt überführte Athleten simpel für zwei Jahre zu sperren, sollten sie als Strafe verpflichtet werden, Vorträge vor Jugendlichen zu halten. Am

Ende dieser Aktivitäten sollten nicht nur aufgeklärte Athleten stehen, sondern selbstbewusste Sportler, die auch in der Lage sind, Druck auf Mitsportler auszuüben, keine Dopingmittel anzufassen.

**Merke:** Es muss jetzt in die Jugend investiert werden, um in zehn Jahren weniger Dopingprobleme zu haben – im Spitzen-, aber auch im Breiten- und Jugendsport.

## Dopen, ohne erwischt zu werden: Warum auch in Zukunft Athleten trotz Kontrollen nicht auffliegen werden – Interview mit Professor Werner Franke

*Frage:* Was muss ein Sportler heute tun, wenn er dopen will, ohne positiv getestet zu werden?

Franke: Ob man auffliegt, ist meist nur eine Frage der Risikobereitschaft und des Geldes. Es gibt zum Beispiel diesbezüglich einen großen Unterschied in den Fällen, die bisher bekannt geworden sind. Laut den Unterlagen der Fahnder haben die Leichtathleten, die zum kalifornischen Balco-Labor-Netzwerk gehörten, meist nur Beträge unter 4000 Dollar gezahlt. Dagegen war das Fuentes-Netzwerk in Spanien schon eine andere Preisklasse und hatte einige Super-Deluxe-Mitglieder, die laut der Guardia Civil Beträge von 120 000 Euro als Jahresgrundversorgung zahlten; allein die jährlichen Anzahlungen bewegten sich da schon im Bereich von 35 000 und 40 000 Euro. (www.zsdebatten.com/dopingfrankeludwig)

*Frage:* Aber wer kann sich solche immensen Ausgaben für Doping schon leisten?

Franke: In manchen Sportarten wird ja richtig viel eingenommen. Was bedeuten solche Summen schon, wenn Stars wie Jan Ullrich oder Ivan Basso jährlich etwa 2,5 Millionen Euro Grundgehalt hatten, dazu kamen noch Nebenverdienste aus Werbeeinnahmen und obendrein noch – wie bei Ullrich – allein 200 000 Euro von der ARD nur für eine Interviewbereitschaft. Für Großverdiener in dieser Liga sind die Ausgaben für ihre Dopingversorgung wirklich nur Peanuts, vor allem, wenn darin die Lieferung an die jeweiligen Etappen-Orte, die Blutkonservierung, die Qualitätsgarantie und die Versorgung mit den jeweils modernsten und bei Kontrollen nicht feststellbaren Dopingmitteln eingeschlossen ist.

*Frage:* Zur modernen Manipulation mit Dopingmitteln gehört auch eine ausgeklügelte Logistik?
*Franke:* Dafür gab es etwa bei Fuentes eigens Drogenkuriere, die »Läufer« genannt oder in Spanien auch gern als »Lastenkamele« bezeichnet wurden. Der Radprofi Jörg Jaksche hat einen mit dem Namen Alberto Herranz ausdrücklich identifiziert. Wichtig in diesem System ist auch, dass der Sportler nie nennenswerte Mengen an Dopingmitteln mit sich führt, damit er nicht erwischt werden kann. Deshalb war es so bedeutsam, dass man bei der Erweiterung des deut-

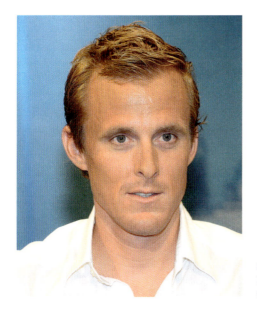

Radprofi Jörg Jaksche packte umfassend aus und hilft nun bei der Aufklärung.

schen Gesetzes zur Dopingbekämpfung die Formel einschob, der Besitz »von nicht geringen Mengen« sei strafbar. Ein Witz! Das ist purer Schutz für dopende Sportler. Das letzte Mal sind bei der Razzia während der Tour de France 1998 Teams mit erheblichen Mengen illegaler Arzneimittel erwischt worden. Das ist seitdem vorbei.

*Frage:* Doping bedeutet heute meist eine Art Verschwörung von Sportlern, Ärzten, Trainern und Betreuern. Bieten solche Netzwerke besondere Sicherheit, um nicht aufzufallen?
Franke: Es ist auffällig, dass sich immer häufiger solche Netzwerke über Landesgrenzen hinweg bilden. Im Netz des Spaniers Eufemiano Fuentes war der thüringische Mediziner Dr. Choina mutmaßlich ein entscheidender Mann in Deutschland; er wird verdächtigt, vor allem das Blutdoping im Auftrag von Fuentes durchgeführt zu haben. Es hat hier aber wohl auch weitere Mitarbeiter gegeben. Zwei weitere Systeme sind in Italien bekannt geworden. Eines wurde im Jahr 2000 von der Staatsanwaltschaft in Bologna aufgedeckt, ein anderes um den Professor Francesco Conconi an der Universität Ferrara umfasste mindestens 33 gedopte Spitzensportler, darunter prominente Radsportler und Stars des Nordischen Skisports. Besonders Conconi hatte Kunden aus der ganzen Welt, auch aus Deutschland, auch T-Mobile-Fahrer.

*Frage:* Welche Netze sind denn in Deutschland bekannt geworden?
Franke: Außer dem bekannten Dopingreich der DDR gab es im Westen abgeschottete Spitzendoping-Netzwerke, etwa eines um den Wurftrainer Christian Gehrmann oder den Langsprint-Bundestrainer Jochen Spilker, den Erfinder des »Hammer Modells«. In Freiburg existierten gleich zwei Zentren des organisierten Dopings: eines um Professor Armin Klümper, ein anderes um Professor Joseph Keul. Drei Sportmediziner aus diesem Dopingzentrum der Universität Freiburg mussten im Jahr 2007 – endlich – ihre Unidoper-Posten räumen: die Ärzte Lothar Heinrich, Andreas Schmid und Lothar Huber. Heinrich und Schmid, so Jaksche in seiner Aussage vor der Staatsan-

waltschaft, haben für die verabreichten Mittel auch Geld genommen. Sie haben vor allem Epo und Wachstumshormon »vertickt«.

*Frage:* Ist es Zufall, dass bei diesen Netzwerken nie einer der vielen gedopten Sportler bei einer Kontrolle erwischt wurde?
Franke: Natürlich nicht, die Dopingführer kannten sich doch bestens aus. Das ist ja gerade der Sinn solcher Netzwerke. Dr. Huber saß sogar im Vorstand der Nationalen Anti-Doping-Agentur Nada.

*Frage:* Auch wenn jetzt national und international einige Dopingnetzwerke ausgefallen sind, so gibt es offenbar immer noch genügend andere Zusammenschlüsse in verschiedenen Ländern, denen sich dopingwillige Sportler oder Teams anschließen können. Letztlich ist also weiterhin Doping nur eine Frage der Beratung und des Geldes?
Franke: Für manche der Dopingmittel gilt sogar: Es ist etwas billiger geworden. Durch den Wettbewerb besonders der post-sowjetischen, chinesischen und, nicht zu vergessen, thailändischen Internet- und Postversandfirmen existieren völlig neue Wege und Möglichkeiten. Das klassische Dianabol der Bodybuilder zum Beispiel ist heute überwiegend durch ein »Thaibol« genanntes Anabolikum ersetzt worden. Epo gibt es über das Internet besonders preiswert als Eposino von der Firma Bioproducts im chinesischen Shandong, ebenso das gentechnisch hergestellte Wachstumshormon HGH als Jintropin.

*Frage:* Es gibt auf dem Markt aber auch falsch deklarierte Schwindelprodukte. Woher weiß der Doper oder sein Berater, ob das Präparat gut ist und keine Fälschung ist und dass kein zusätzliches Risiko durch Kontamination besteht?
Franke: Auch dieses Problem ist gelöst, ohne dass staatliche Stellen jemals eingegriffen hätten. Es gibt einen Fachbuchmarkt für Dopingprodukte, ganz offizielle Bücher oder Kataloge, in denen man genau instruiert wird, mit welchen Dopingmitteln man was erreichen, woher man sie beziehen und eben auch, wie man korrekte und saubere

Produkte von kontaminierten und von Fälschungen unterscheiden kann. Als kompetente Anabolika-Dopingfibel empfehle ich zum Beispiel das Buch von Peter Grunding und Manfred Bachmann mit genauen Dopinganleitungen. Oder – unter www.anabolika-dasbuch.de – die farbig illustrierte Muskel-Bibel *Anabolika* von Steinmeier. Oder das vielfarbige – gerade 2007 erschienene – über 800 Seiten starke Werk *Anabole Steroide: Das Schwarze Buch* aus dem BMS-Verlag in Gronau. Das alles sind brillante Verhöhnungen unserer Arzneimittelgesetze. Staatsanwälte und Polizisten wissen das natürlich. Aber was Kohle bringt, bleibt immer auch gut geschützt.

*Frage:* Und woher weiß der gedopte Sportler, der an einem Wettkampf teilnehmen möchte, ob er die Kontrolle übersteht?
Franke: Es gibt überall auf der Welt kleine, spezialisierte Auftragslabors, bei denen man seinen Urin auf Dopingkontrollsicherheit überprüfen lassen kann. Und es gibt zudem offizielle Labors, die das Gleiche tun. So war der Urin der 100-Meter-Olympiasiegerin von 2004, Julia Nesterenko aus Weißrussland, im Jahr davor im heutigen IOC-Labor von Warschau geprüft worden. Das Ergebnis blieb natürlich vertraulich. Das war auch wichtig, denn damals ließ sich in ihrem Urin noch das anabole Asthma-Dopingmittel Clenbuterol nachweisen, das viele Jahre zuvor schon Katrin Krabbe schnell gemacht hatte. Zu den Olympischen Spielen 2004 war der Urin der Dame dann natürlich clean.

*Frage:* Angenommen, ich bin Sprinter und will mit welchen Mitteln auch immer schneller werden. Welche Präparate zur Muskel- und Schnellkraftsteigerung sind denn zurzeit nicht nachweisbar?
Franke: Seit der Balco- und der Fuentes-Affäre wissen wir, dass sehr viele Experten die menschlichen Wachstumshormone HGH und IGF-1, den insulinähnlichen Wachstumsfaktor, als wirksamstes Prinzip zur Leistungssteigerung ansehen. Schon seit mehreren Jahren. Diese Substanzen gibt es in verschiedenen molekularen Varianten, sie

## Der verratene Sport – ist er noch zu retten?  KAPITEL 7

werden zurzeit nicht nachgewiesen. Weit verbreitet sind inzwischen auch die sogenannten Gonadotropine, die bei Männern in den Hoden die Testosteronsynthese steigern sollen. Manchmal werden sie auch mit einer besonderen, nicht nachweisbaren Variante eines Hormons mit Namen HCG verabreicht. Das Fuentes-Programm für Spitzen-Radrennfahrer sah auch FSH vor, das bei der Frau den Eifollikel reifen lässt, beim Mann aber vor allem wieder das Testosteron vermehrt. Das stand früher mutmaßlich auch für den Tour-de-France-Sieger 2007 auf dem Dopingplan. Dazu nehmen fast alle Insulin und bestimmte Schilddrüsenhormone. Und natürlich Epo.

*Frage:* Epo kannte man bisher nur als Droge für Ausdauerathleten.
Franke: Davon ging man lange aus. Jetzt weiß man, das auch Kurzleister im Training Epo nehmen, um in einer bestimmten Zeit mehr harte Übungen absolvieren zu können, in denen sie eine so genannte Sauerstoffschuld eingehen, also mehr Sauerstoff verbrauchen, als ihnen der Körper zur Verfügung stellt.
(www.zsdebatten.com/dopingfrankeludwig)

*Frage:* Wie kommt es dann, dass gerade in diesem Sommer deutsche Spitzenradrennfahrer wie Matthias Kessler oder Patrik Sinkewitz mit weit erhöhten Testosteron-Werten aufgefallen sind?
Franke: Wenn man derart amateurhaft ohne Fachdoperanleitung vorgeht und sich zum Beispiel wie Patrik Sinkewitz ein Androgenpflaster zur Potenzsteigerung von Jenapharm aufklebt, dann muss man irgendwann mit hohen Werten auffallen. Wichtig ist den fachkundigen Dopern, dass sie immer deutlich unter dem Quotienten von 4:1 Testosteron zu Epotestosteron bleiben.

*Frage:* Aber die Labors sind doch in der Lage, mit einer Zusatzmethode festzustellen, ob sich jemand fremdes Testosteron zugeführt hat.
Franke: Das ist richtig, aber zunächst misst das Labor stets den Quotienten. Ist der nicht auffällig, wird der aufwendige Kohlestoff-Isoto-

pen-Zusatztest in der Regel gar nicht erst durchgeführt. Der stellt übrigens letztlich nur fest, ob jemand aus pflanzlichen Produkten, also industriell hergestelltes Testosteron im Körper hat.

*Frage:* Einige Verbände haben angekündigt, Urinproben einzufrieren, um sie später erneut zu prüfen. Sie wollen die Proben später ein weiteres Mal untersuchen, wenn neue Testverfahren zur Verfügung stehen. Gibt es denn keine wirklich sichere Methode, um mit Testosteron zu dopen?
Franke: Doch, wenn man natürliches Testosteron tierischer oder menschlicher Herkunft nimmt. Diese Methode ist ja bereits 1935 wissenschaftlich beschrieben worden. Hier wäre China als gigantische Urin-Rohstoffquelle im Vorteil, möglicherweise wird sich in dieser Hinsicht ein ganz neuer Markt entwickeln.

*Frage:* Gibt es denn noch das Anabolika-Grunddoping, vor allem zum Muskelaufbau in der Vorbereitungszeit?
Franke: Davon gehe ich aus. Es wird heute wohl überwiegend mit den holländischen Andriol-Kapseln durchgeführt. Andriol ist deshalb so beliebt, weil es zwei Tage nach dem Absetzen im Normalfall nicht mehr nachweisbar ist.

*Frage:* Und Ausdauersportler setzen weiter auf Epo, obwohl es grundsätzlich nachweisbar ist?
Franke: Der Nachweis von Epo ist inzwischen besser geworden, aber eben mit einem noch immer recht fehleranfälligen Testverfahren, das in der Fachwelt schon wiederholt kritisiert worden ist. (www.zsdebatten.com/dopingfrankeludwig)

*Frage:* Kann auch dieser Test unterlaufen werden?
Franke: Das geht sogar sehr leicht, etwa indem man sich einige Tage nur noch sehr kleine Dosierungen des natürlichen, wenn auch teuren Epos injiziert, das von biochemischen Firmen bezogen werden kann.

Dadurch kann man die Epo-Wirkung bei der Bildung roter Blutkörperchen im Knochenmark aufrechterhalten. Oder man geht noch einen Schritt weiter und erzielt dies mit Epo-ähnlichen Stoffen, so genannten Epo-Biosimilars oder Epo-Mimetika. Die Fachliteratur ist voll davon. (www.zsdebatten.com/dopingfrankeludwig)

*Frage:* Angenommen, ich nehme als Sportler Wachstumshormon oder IGF-1 oder Epo, und die Welt-Anti-Doping-Agentur Wada lässt nun plötzlich doch einen Test zu, den ich und mein Dopingberater noch nicht kennen. Gibt es so etwas wie die Pille danach, die hundertprozentige Sicherheitsmethode?

Franke: So etwas existiert. Dopingarzt Fuentes sah dafür das »polvo rojo« oder das »polvo blanco« vor, das rote oder das weiße Pulver. Die Sportler, die er betreute, hatten ein solches bei sich, etwa in einem winzigen Faltpapierstückchen in der Trikottasche, in einem Pflaster oder sonst irgendwo am Körper versteckt. Kurz vor Abgabe der Urinprobe lässt der Getestete etwas von diesem Pulver an seinem Finger haften und lenkt dann den Harnstrahl kurz über diesen in den Becher. Das Gemisch der darin enthaltenen Eiweiß abbauenden Enzyme, so genannte Proteasen, zerstört dann so gut wie alle Peptidmoleküle im Urin. Dopinganalytiker können anschließend nichts mehr feststellen, sogar die körpereigenen Proteine nicht mehr. Enzympräparate, die rasch Dopingmittel abbauen können, gibt es auch in Form von kleinen Körnern, die man sich vor der Urinprobe in die Harnröhre steckt und sie dann mit dem Strahl abgibt.

# 15-Punkte-Rettungskatalog für einen dopingfreien Sport

**1 Sperren** mit Abschreckungswirkung: lebenslang für überführte Sportler, drastisches Senken der Strafe bis auf ein Jahr, wenn Dopingberater und Hintermänner genannt werden und sich die Dopingtäter an Präventionsmaßnahmen beteiligen. In Mannschaftssportarten oder in Sportarten, in denen wie im Radfahren oder Rudern Teams gebildet werden, kann nach einer positiven Probe die gesamte Mannschaft bestraft werden.

**2 Absetzen** oder Abwählen von Trainern, Ärzten und Funktionären mit einer Dopingvergangenheit. Wer jemals Dopingmittel vergeben oder sie direkt oder indirekt gefördert hat, hat im Sport nichts mehr zu suchen. Einzige Ausnahme: Er gibt sein Wissen lückenlos zu und beteiligt sich an Präventionsmaßnahmen.

**3 Verpflichtung** von Spitzensportlern und Dopingtätern, an Präventionskampagnen in Schulen und Vereinen teilzunehmen. Ohne Mitwirkung an solchen Programmen gibt es keine öffentlichen Fördergelder mehr.

**4 Abkopplung** der Sportförderung von Medaillengewinnen oder Endlaufplatzierungen. Der deutsche Sport orientiert sich nicht mehr am Weltniveau, das womöglich nur mit Dopingmitteln erreicht wird, sondern setzt eigene Bewertungsmaßstäbe.

**5** Dopingsport ist Zirkussport: **Verpflichtung der Fernsehsender**, keine Live-Bilder von Sportveranstaltungen mit Dopingbelastung zu zeigen. Hat eine Sportart mehr als drei Dopingfälle in einem Jahr, wird die Übertragung beendet. Öffentlich-rechtliche Medien beteiligen sich nicht mehr an der Organisation oder Veranstaltung von Sportevents.

**6 Umstellung** des Dopingkontrollsystem: Ein Drittel aller Kontrollen müssen intelligente Zielkontrollen sein. Verbände und Einzelsportler müssen 10 Prozent der Reisekosten für Trainingslager an die Nada abführen, um vermehrt Kontrollen im Ausland zu ermöglichen. Sportarten, die europaweit in einem Jahr mehr als fünf Dopingfälle ausweisen, wird die Dopingkontrolle zur Bringschuld. Sportler können aufgefordert werden, sich aktiv an der Durchführung von Tests zu beteiligen.

**7 Schulung** von Ärzten über die Dopingfolgen und Sensibilisierung für körperliche Schäden als Folgen von Dopingkonsum.

Schärfere Strafen gegen Ärzte und Apotheker, die Rezepte für Medikamente ausstellen und einlösen, die dem Doping dienen.

**7** Ein Viertel der Sportförderung des Bundes, also rund **27 Millionen Euro**, fließt in die Dopingbekämpfung: sieben Millionen Euro zur Aufrüstung der Kontrolllabors, jeweils zehn Millionen Euro in die Prävention und in zusätzliche Kontrollen.

**8** Unabhängige, erheblich aufgerüstete **Kontrolllabors** mit wissenschaftlicher Begleitforschung. Von den zusätzlichen Einnahmen durch die Bundesgelder müssen Forschungsaufträge ausgeschrieben werden.

**9** Schaffung von **Datenbanken**, in denen die Blutwerte aller Spitzensportler gespeichert werden. Hinterlegung von DNA-Tests, um gegebenenfalls den Abgleich mit Blutkontrollen vornehmen und Blutaustausch ausschließen zu können.

**10** Verabschiedung eines **Gesetzes** gegen Sportbetrug und Bildung von Schwerpunkt-Staatsanwaltschaften. Abschöpfung von Gewinnen, die durch Doping erworben wurden.

**11** Scharfe **Trennung** des Kontrollsystems von Verbandsstrukturen. Niemand darf Sportler kontrollieren, der ein Amt im organisierten Sport hat oder hatte.

**12** Bildung einer **Stiftung** zur Prävention von Doping. Selbstverpflichtung von Sponsoren, in diese Stiftung einzuzahlen.

**13** Erhebliche Aufstockung der Mittel für Aufklärungs- und Präventionsprogramme. Neben den zehn Millionen Euro durch den Bund müssen auch von den Fördergeldern der Länder 10 Prozent abgezweigt werden. Aufnahme von Dopingaufklärung in die **Lehrpläne von Schulen** und in die Ausbildung von Trainern und Übungsleitern.

**14** Bildung einer **internationalen Eingreiftruppe** für Dopingkontrollen. Keine Visapflicht für Dopingfahnder. Länder, die sich verweigern, werden aus dem organisierten Sport ausgeschlossen. Einzelsportler dieser Länder dürfen an Wettkämpfen teilnehmen, wenn sie sich dem Kontrollsystem anderer Länder anschließen.

# Danksagung

Wir danken Jens Schadendorf für seine im Frühjahr 2006 entwickelte Idee und die engagierte Begleitung beim Entstehen dieses Buches, an dem wir ein Jahr lang arbeiteten. Dank gebührt dem Dokumentationsjournalisten Dr. Andreas Meyhoff und der Lektorin Regina Carstensen, ohne deren Arbeit das Buch voller Fehler und Unklarheiten wäre.

Wir danken den *Spiegel*-Redakteuren Klaus Brinkbäumer, Mike Großekathöfer, Gerhard Pfeil und Michael Wulzinger für ihre Unterstützung und der gesamten *Spiegel*-Redaktion, ohne die viele Dopingaffären in Deutschland unentdeckt geblieben wären.

Wir danken Dr. Hans Heid vom Deutschen Krebsforschungszentrum in Heidelberg für seine Recherchebeiträge. Wir möchten uns außerdem bedanken bei Birgit Weimer-Ludwig für ihre Mithilfe beim Korrigieren sowie bei Lena und Philipp Ludwig für die Erledigung von Rechercheaufträgen.

# Editorische Notiz

Da sich dieses Buch auf die spektakulärsten Dopingfälle der vergangenen Jahre bezieht, habe ich auch im Spiegel über diese Affären geschrieben. Besonders in den Reportagen über Andreas Münzer, Heidi Krüger und Marios Diamantis ließen sich Überschneidungen nicht vermeiden.

*Udo Ludwig*

# Literatur

Berendonk, Brigitte (1991): *Doping-Dokumente. Von der Forschung zum Betrug.* Springer. Berlin/Heidelberg/New York
(1992): *Doping. Von der Forschung zum Betrug.* Rowohlt. Reinbek

Bette, Karl-Heinrich; Schimank, Uwe (2006): *Die Dopingfalle. Soziologische Betrachtungen.* Transcript. Bielefeld

Bette, Karl-Heinrich (Hrsg.; 1994): *Doping im Leistungssport – sozialwissenschaftlich betrachtet.* Suhrkamp. Frankfurt am Main

Catlin, Don H.; Ahrens, Brian D.; Kucherova, Yuliya (2002): *Detection of norbolethone, an anabolic steroid never marketed, in athletes' urine.* In: Rapid Communications in Mass Spectrometry. Bd. 16, S. 1273–1275

Catlin, Don H.; Sekera, Michael H.; Ahrens, Brian D.; Starcevic, Borislav; Chang, Yu-Chen; Hatton, Caroline K. (2004): *Tetrahydrogestrinone: discovery, synthesis, and detection in urine.* In: *Rapid Communications in Mass Spectrometry.* Bd. 18, S. 1245–1249

D'hont, Jef (2007): *Memories van een Wielerverzorger.* Van Halewyck. Leuven

Dubin, Charles L. (1990): *Commission of Inquiry Into the Use of Drugs and Banned Practices Intended to Increase Athletic Performance.* Canadian Government Publishing Centre

Fainaru-Wada, Mark; Williams, Lance (2006): *Game of Shadows. Barry Bonds, BALCO, and the Steroids Scandal that Rocked Professional Sports.* Gotham Books. New York

Grunding, Peter; Bachmann, Manfred (1994): *Anabole Steroide.* Ingenohl. Heilbronn

Hoberman, John; Møller, Verner; Hrsg. (2004): *Doping and Public Policy.* University Press of Southern Denmark. Odense

Kistler, Luitpold (2006): *Todesfälle bei Anabolikamissbrauch. Todesursache, Befunde und rechtsmedizinische Aspekte.* Dissertation

(Dr. med.) aus dem Institut für Rechtsmedizin, Medizinische Fakultät der Ludwig-Maximilians-Universität, München

Kochakian, C.D. (1976): *Anabolic-Androgenic Steriods. Handbook of Experimental Pharmacology Vol. 43.* Springer-Verlag. Berlin.

Kopera, Hans (Hrsg.; 1993): *Anabolic-Androgenic Steroids Towards the Year 2000.* Blackwell-MZV. Wien

Parisotto, Robin (2006): *Blood Sports. The Inside Dope on Drugs in Sport.* Hardie Grant Books. Prahran/Victoria, Australien

Singler, Andreas; Treutlein, Gerhard (2001): *Doping – von der Analyse zur Prävention.* Meyer & Meyer Sport. Aachen

– (2006): *Doping im Spitzensport.* Meyer & Meyer Sport. Aachen

Sinner, D. (2007): *Anabole Steroide. Das Schwarze Buch.* BMS Verlag. Gronau

Steinmeier, R. (2003) A*nabolika.* Sportverlag 2001. Halle

Sytkowski, Arthur J. (2004): *Erythropoetin. Blood, Brain and Beyond.* Wiley-VCH Verlag. Weinheim

Ullrich, Jan (2005): *Ganz oder gar nicht. Meine Geschichte.* Econ. Berlin

Voet, Willy (1999): *Gedopt. Der Ex-Festina-Masseur packt aus.* Sportverlag. Berlin

Voy, Robert; Deeter, Kirk D. (1991): *Drugs, Sport, and Politics. The inside story about drug use in sport and its political cover-up, with a prescription for reform.* Leisure Press. Champaign, Illinois

Weinreich, Jens (Hrsg.; 2006): *Korruption im Sport. Mafiose Dribblings, Organisiertes Schweigen.* Forum Verlag. Leipzig

Yesalis, Charles E. (Hrsg.; 1993): *Anabolic Steroids in Sport and Exercise.* Human Kinetics Publishers. Champaign, Illinois

# Weitere Quellen

Die Autoren haben persönlich gesprochen mit Jörg Börjesson, Marios Diamantis, Jörg Jaksche, Werner Hübner, Jef D'hont, Maria Klement, Andreas Krieger, Kilian Münzer.

# Bildnachweis

### Kapitel 1:

Seite 11 – AP Photo/Fotograf: Jasper Juinen
Seite 14 – Hans Rauchensteiner

### Kapitel 2:

Seite 24 – AP Photo
Seite 27 – dpa/Bildarchiv
Seite 30 – AP Photo
Seite 38 – dpa – Report

### Kapitel 3:

Seite 45 – SV-Bilderdienst: Hellgoth B.
Seite 51 – Hans Rauchensteiner
Seite 57 – dpa/Sportreport
Seite 62 – dpa/Sportreport
Seite 65 – AP Photo/Jockel Finck
Seite 69 – dpa/Sportreport
Seite 85 – AP Photo/Jockel Finck

### Kapitel 4:

Seite 91 – Hans Rauchensteiner
Seite 99 – SV-Bilderdienst: Sportbildagentur Rolf Kosecki
Seite 108 – AP Photo/Fritz Reiss
Seite 115 – dpa/Report
Seite 118 – Aus einer deutschen Übersetzung des offiziellen Berichts der spanischen Guardia Civil zur »Operación Puerto«
Seite 124 – AP Photo/Joerg Sarbach

### Kapitel 5:

Seite 137 – AP Photo/Thomas Kienzle
Seite 147 – AP Photo/Adam Butler
Seite 151 – AP Photo/Paul Sakuma
Seite 154 – AP Photo/David Guttenfelder
Seite 158 – picture-alliance /ASA
Seite 161 – AP Photo/Marcio Jose Sanchez
Seite 162 – AP Photo/Newsports
Seite 164 – AP Photo/Aris Messinis
Seite 173 – Hans Rauchensteiner

### Kapitel 6:

Seite 182 – dpa – Report
Seite 186 – Jim Amentler
Seite 195 – Wir danken dem Institut für Rechtsmedizin der Ludwig-Maximilians-Universität München für die Überlassung des Fotos zum Abdruck.
Seite 197 – Wir danken dem Institut für Rechtsmedizin der Ludwig-Maximilians-Universität München für die Überlassung des Fotos zum Abdruck.
Seite 203 – Wir danken dem Institut für Rechtsmedizin der Ludwig-Maximilians-Universität München für die Überlassung des Fotos zum Abdruck.

### Kapitel 7:

S. 245 – dpa

Der Verlag hat sich um die Einholung der nötigen Bildrechte bemüht. In Fällen, in denen er nicht erfogreich war, bittet er eventuelle Rechteinhaber, sich mit ihm in Verbindung zu setzen.

**ZS DEBATTEN**
Das kritische Sachbuch im ZS Verlag Zabert Sandmann.

Louis Begley
**Transatlantische Missverständnisse**
Eine europäisch-amerikanische Tradition
ISBN: 978-3-89883-190-1
48 Seiten, 3,00 € [D], 3,10 € [A], 5,70 sFr

Sabine Kuegler
**Gebt den Frauen das Geld!**
Und sie werden die Welt verändern
ISBN: 978-3-89883-189-5
176 Seiten, 17,95 € [D], 18,50 € [A], 32,95 sFr

Petra Thorbrietz
**Leben bis zum Schluss**
Abschiednehmen und würdevolles Sterben –
eine persönliche Streitschrift
ISBN: 978-3-89883-186-4
176 Seiten, 16,95 € [D], 17,50 € [A], 29,95 sFr

Ludger Wößmann
**Letzte Chance für gute Schulen**
Die 12 großen Irrtümer und was wir wirklich ändern müssen
ISBN: 978-3-89883-187-1
184 Seiten, 16,95 € [D], 17,50 € [A], 29,95 sFr

www.zsdebatten.com